JN493338

Childcare practice

보육실습

이신주 김수진 김희은 이인원 최혜영 공저

양성원

머리말

최근 보육의 질에 대한 사회적 요구가 증가됨에 따라 보육현장에서는 자질을 갖춘 보육교사 양성의 필요성이 대두되고 있다. 이를 위하여 보육교사를 양성하는 교육체계가 강화되었다. 보육교사의 인성과 자질을 향상시켜 전문성을 높이고, 이수 교과목의 확장, 대면교육 의무화, 보육실습의 강화 등 보육교사 자격 기준도 강화되었다.

보육교사가 되기 위해서는 대학 등의 기관에서 필요한 교과목을 이수하고, 자격증 취득을 위한 보육실습을 마지막 단계에서 실시한다. 보육실습은 보육교사가 되고자 하는 학생들이 그동안 보육교사 양성기관에서 배운 지식과 기술 등을 어린이집 현장에서 경험해 보는 과정으로 예비보육교사들에게는 매우 의미 있는 일이다. 특히, 보육실습은 보육교사 양성기관에서 접하지 못한 현장 경험을 통하여 교사로서 갖추어야 역할과 태도 등 실제 현장에서 직접 배우는 과정이기 때문에 반드시 예비보육교사들에게 필수적인 과정이다.

한편, 보육교사의 전문성 향상시키는 방안으로 보육실습을 6주 240시간으로 확대하여 보육실습 전반에 대한 지도를 강화하고 있다.

본 저서는 보육실습 기간 중 실습생들에게 어린이집 현장에 대한 이해를 돕고자 1부 보육실습의 기초, 2부 보육실습의 이해, 3부 보육실습의 실제로 구성하였다. 1부 보육실습의 기초에서는 보육실습의 이해, 보육실습생의 역할과 자세, 보육실습 과정, 보육실습 평가로 구성하였다. 2부 보육실습의 이해는 제4차 표준보육과정의 이해, 일과운영의 이해로 구성하였다. 3부 보육실습의 실제에서는 보육계획안 작성, 보육실습일지 작성, 놀이지원의 이해, 관찰기록의 작성으로 구성하였다.

본 저서가 예비보육교사들이 참된 교사로 성장하는 데 도움이 되길 바라며, 본서의 출판을 위해 도움을 양성원 대표님과 직원 여러분들에게 감사를 드린다.

저자 일동

차 례

머리말 / 3

PART 1 보육실습의 기초

CHAPTER 01 보육실습의 이해 11
1. 보육실습의 목적과 의의 13
2. 보육실습 교과목 내용 18
3. 보육실습 단계 21
4. 보육실습의 법적 기준 39

CHAPTER 02 보육실습생의 역할과 자세 43
1. 보육실습생의 역할 45
2. 보육실습생의 자세 45
3. 보육실습생의 윤리규정 48

CHAPTER 03 보육실습 과정 51
1. 보육실습의 유형 53
2. 보육실습 과정 58

CHAPTER 04 보육실습 평가 63
1. 보육실습 평가의 목적 65
2. 보육실습 평가의 내용 66
3. 보육실습 평가의 방법 67
4. 보육실습 사후의 관리 71
5. 국가자격제도 안내 75
6. 자격증(자격확인서) 신청 및 발급 77

PART 2 보육실습의 이해

CHAPTER 05 표준보육과정(누리과정)의 이해 83

1. 0~2세 표준보육과정 85
2. 3~5세 누리과정 89
3. 표준보육과정과 누리과정의 영역별 비교 94

CHAPTER 06 일과운영의 이해 99

1. 영아반의 일과운영 101
2. 유아반의 일과운영 108

PART 3 보육실습의 실제

CHAPTER 07 보육계획안의 작성 119

1. 보육계획안 작성의 중요성 121
2. 보육계획안 작성 122
3. 놀이중심 활동 계획안 175

CHAPTER 08 보육실습일지 작성 189

1. 보육실습일지의 기능 191
2. 보육실습일지의 구성 193
3. 보육실습일지의 내용 234
4. 보육실습일지 작성의 원리 236

CHAPTER 09 놀이지원의 이해 241

1. 영아반 놀이지원 243
2. 유아반 놀이지원 250

CHAPTER 10 관찰 261

1. 관찰의 목적 및 필요성 263
2. 관찰 절차 264
3. 관찰의 유형 266
4. 표집방법 270
5. 기록방법 272
6. 실습생의 관찰영역 280
7. 관찰에서 자료수집 대상 285
8. 놀이관찰과 기록의 실제 288
9. 지도교사 수업 관찰과 기록의 실제 290

▌참고문헌 / 296

▌찾아보기 / 299

PART

1

보육실습의 기초

Chapter 01 보육실습의 이해

Chapter 02 보육실습생의 역할과 자세

Chapter 03 보육실습 과정

Chapter 04 보육실습 평가

01 Chapter

보육실습의 이해

배울내용

1. 보육실습의 목적과 의의
2. 보육실습의 교과목 내용
3. 보육실습의 단계
4. 보육실습의 법적 기준

학습목표

1. 보육실습의 목적과 의의를 설명할 수 있다.
2. 보육실습 교과목 내용에 대해 이해한다.
3. 보육실습 단계에 대해 이해한다.
4. 보육실습의 법적 기준을 설명할 수 있다.

보육실습은 보육교사 양성기관 교육과정의 일환으로 어린이집이나 유치원의 보육활동에 참여하는 것을 의미한다. 이 장에서는 보육실습의 목적과 의의, 보육실습의 내용, 보육실습의 단계, 보육실습의 법적 기준에 대해 살펴봄으로써 보육실습에 대한 이해를 돕고자 한다.

1. 보육실습의 목적과 의의

1) 보육실습의 목적

보육실습은 보육실습생들이 양성기관에서 배운 이론적 지식과 기술을 보육현장에 적용해 볼 수 있는 중요한 과정이다. 보육교사가 지녀야 할 역할과 자세를 보육현장에서 직접 경험함으로써 보육교사가 되기 위한 사전 준비를 하는 데 목적이 있다.

보육실습은 국가가 발급하는 보육교사 자격증을 취득하기 위한 필수적 과정뿐만 아니라 보육교사가 갖추어야 할 지식, 기술, 태도 등을 현장에서 배우는 모든 과정을 의미한다.

보육실습생이 보육실습을 통해 성취할 수 있는 목표는 다음과 같다(한국보육진흥원, 2017).

- 보육의 철학과 목적 및 목표에 대한 이해를 돕는다.
- 실제 경험을 토대로 영유아에 대한 심화된 이해를 한다.
- 연령과 발달 수준에 적합한 구체적인 보육 내용, 놀이중심의 상호작용, 영유아의 흥미를 고려한 효과적인 교수법 등을 관찰하고 직접 수행해 본다.

- 실습기관의 실내 · 외 환경 구성 및 다양한 자료를 경험한다.
- 보육교사의 전문적 역할과 책임, 태도를 직접 경험한다.
- 보육실습생 스스로 보육교사로서의 자질을 파악하고 전문성을 향상하기 위한 노력을 한다.
- 보육실습기관과 가정, 지역사회와의 연계를 경험하고, 어린이집 내 조직문화 등을 이해한다.

또한, 보육실습은 보육교사가 되기 위한 필수과정으로 보육실습 효과를 높이기 위한 보육실습 목적을 다음과 같이 구체화할 수 있다(박남자 외, 2006; 손순옥 외, 2018).

- **영유아 보육현장을 이해하는 과정이다.**

  하루 12시간 이상을 보육하는 현장에서는 영유아, 교사, 학부모에게 다양한 상황과 사건들이 일어날 수 있으며, 그때마다 보육교사의 역할 또한 다르게 요구된다. 따라서 보육현장에 대한 이해는 보육현장에서의 지속적인 경험을 통해서만이 가능하다.

- **영유아 보육이론을 실제 적용하는 과정이다.**

  보육실습생은 보육실습 과정을 통하여 보육활동을 수행하고 영유아의 행동을 지도하는 등의 경험을 갖게 된다. 이러한 과정은 양성기관에서 배운 이론, 지식을 보육현장에 적용하는 실험과정이다. 보육현장의 다양한 상황에 따라 영유아의 발달이론, 교수학습이론, 활동 선정의 원리 등을 적용해 보고 그 결과를 관찰 · 분석해 봄으로써 양성기관에서 배운 이론이 현장에 어떻게 적용되는지를 이해할 수 있게 된다.

- **보육교사로서의 전문성을 준비하는 과정이다.**
  보육실습 과정에서 영유아들에게 영향을 미치는 위치가 되어 영유아의 생활지도와 학습 운영에 필요한 실제적이며 구체적인 기술을 배울 수 있다. 또한 실습생은 부분 수업, 연결 수업, 종일제 수업을 통해 영유아와 상호작용하는 방법 등을 배우고 보육 전반에 걸친 내용을 파악하게 되면서 보육교사로서의 전문성을 높여가게 된다.

- **보육 전반에 관한 내용과 문제점 파악을 통해 새로운 시각을 형성하는 과정이다.**
  보육실습은 보육현장에서 일어나는 구체적이고 특별한 요구와 상황을 경험하면서 배우고 건전한 인간관계 형성의 기회를 얻는 새로운 학습의 장이다. 양성기관에서 배운 지식을 연습하고 적용할 뿐만 아니라 생동적인 보육현장에서 일어나는 구체적인 사례를 통해 보육에 대한 문제의식을 가질 수 있다. 또한, 문제해결을 위한 탐색 과정을 거치며 보육을 보는 시각이 변화될 수 있다.

- **보육교사로서의 적성과 능력을 점검하는 과정이다.**
  실습과정 동안 영유아를 보호하고 교육하면서 보육교사로서의 자질을 가지고 있는지, 보육교사라는 직업이 자신의 적성에 맞는지 점검하고 검토할 수 있게 된다.

2) 보육실습의 의의

보육실습은 보육현장에서 보육교사로 근무하기 이전에 보육교사 자격 취득 교과목을 마무리하는 마지막 과정이다. 보육실습생은 교사가 되기 위해 준비하는 과정에 있어 보육교사가 담당하는 모든 역할을 보육현장에 적용해 봄으로써 보육교사로서의 기초능력을 습득할 수 있는 기회를 갖는다. 또한, 영유아들을 직접 접촉하고 경험을 통해서 영유아에 대한 이해를 높이는 기회를 가지며, 현직 교사의 교수법을 관찰하고 배우는 기회를 통해 예비보육교사로서 자신을 평가해 보는 기회를 갖는다. 특히, 영유아에 대한 이해와 가정, 지역사회와의 관계 등을 간접적으로 체험함으로써 보육의 목적을 이해하고 보육교사로서 적성을 파악하며 사명감과 긍지를 갖을 수 있는 기초적인 기회가 된다. 이러한 측면에서 보육실습의 구체적인 의의를 살펴보면 다음과 같다(이소희 외, 2006).

- 보육현장에 참여하여 직접 보육과정을 경험함으로써 보육교사직에 대한 인식을 새롭게 한다.
- 보육교사로서 필요한 지식과 기술을 획득하는 과정을 알게 된다.
- 현직교사의 교수법을 관찰하고 배우는 기회를 갖는다.
- 영유아들과 직접 접촉하는 경험을 통해서 영유아에 대한 이해를 높이는 기회를 갖는다.
- 보육시설에서 일정 기간의 직접적인 교수 경험을 통하여 교직을 체험하는 기회를 갖는다.
- 보육시설 내의 종사자들과 역동적인 인간관계를 체험함으로써 인간관계의 중요성을 인식하게 된다.
- 보육시설 운영에 필요한 관리기술을 관찰하고 배우는 기회를 갖게 된다.
- 보육시설의 전반적인 운영과정을 파악할 수 있다.
- 보육시설과 지역사화와의 연계에 대해 이해하게 된다.
- 예비보육교사로서의 자신을 평가해 보는 기회를 갖게 된다.

교사의 자질 함양에 있어 현장실습의 중요성이 대두되면서 보육교사와 예비보육교사의 전문적 소양에 대하여 제도적으로 강화되었다. 2017년 보육교사의 전문성 강화의 일환으로 보육교사 양성과정에서 보육실습 기간을 4주에서 6주로 연장하는 방안을 내놓게 되었다. 이는 예비보육교사가 보육교사의 업무를 이해하고 수행하는 데 직접적인 경험이 부족하기 때문에 영유아에 대한 이해와 상호작용에 대한 다양한 경험을 쌓을 수 있도록 하기 위한 것이다(이종신 외, 2020). 2005년 1월 30일부터 「영유아보육법 시행규칙」이 대학(교)의 보육 관련 교과목 및 학점 등이 전면 개정되고, 보육에 대한 기초영역과 더불어 보육실습 과목을 필수 이수 교과목으로 규정하였다. 현재 보육실습의 기준도 '보육실습 세부기준'으로 구체화되어 실습기간을 6주 240시간 이상을 원칙으로 하며, 실습의 평가 점수도 80점 이상을 받은 경우에만 실습을 이수한 것으로 인정한다고 명시하고 있다. 보육실습에 대한 제도가 변화하는 것은 보육실습생들이 보육현장에서 스스로 느끼고 얻게 되는 실제적인 경험을 통해 보육교사로서의 전문성, 사명감, 자질 등을 완성해 가고, 보육교사직에 대한 태도와 인식의 형성이 시작되는 중요한 기초가 되기 때문이다. 따라서 보육실습은 전문성을 갖춘 질 높은 교사를 양성한다는 측면에서 매우 중요한 역할을 한다(이종신 외, 2020).

보육실습생의 보육실습 경험이 갖는 의미는 다음과 같다(한국보육진흥원, 2017).

- 이론중심으로 배웠던 지식을 보육현장에 실제 적용해 보면서 실천적 지식을 습득하고, 영유아에 대한 이해를 향상하는 기회를 갖는다.
- 보육계획 수립, 하루 일과의 운영, 놀이지도, 활동 운영과 자료활용, 상호작용 방법 등을 관찰하고 어린이집 교사의 전문적인 역할을 배우는 기회를 갖는다.
- 실습생이 직접 보육활동을 계획하고 실행해 봄으로써 바람직한 일과 운영을 익히고 효과적인 교수학습 방법을 이해하는 기회를 갖는다.
- 어린이집 교사의 역할에 대해 현실적으로 이해하고 보육교사로서 자신의 능력과 자질을 평가해 보는 기회를 갖는다.

• 어린이집 원장, 보육교사 및 부모 등의 다양한 관점과 요구 등을 관찰하고, 지역사회에서 어린이집의 역할과 기능에 대해 생각해 보는 기회를 갖는다.
• 영유아에게 영향을 미치는 넓은 관점으로 사회현상, 보육정책, 부모교육 등과 영유아에 대하여 심도 있는 연구 결과들에 관심을 가질 수 있다.
• 어린이집에서 6주간의 보육실습을 성공적으로 끝내고 향후 새롭게 시도할 다양한 경험에 대한 도전 정신과 긍정적 태도를 줄 수 있다.

2. 보육실습 교과목 내용

1) 보육실습 교과목의 운영

보육실습 과목은 이론 및 실무 능력을 위해 필요한 교과목을 충분히 이수한 후 취득 가능한 교과목이다. 양성교육기관에서는 관련 교과목을 이수한 후 보육실습 과목을 이수하여 보육현장실습에 임하도록 지도해야 한다.

「영유아보육법 시행규칙」 제12조 제1항 관련 [별표 4]에서 명시하고 있는 '보육 관련 교과목 및 학점'(제12조 제1항 관련)으로 다음과 같다.

〈표 1-1〉 대학 등에서 이수해야 할 교과목 및 학점 일반

영역	교과목		이수과목 (학점)
교사인성	보육교사(인성)론, 아동권리와 복지		2과목 (6학점)
보육지식과 기술	필수	보육학개론, 보육과정, 영유아발달, 영유아교수방법론, 놀이지도, 언어지도, 아동음악(또는 아동동작, 아동미술), 아동수학지도(또는 아동과학지도), 아동안전관리(또는 아동생활지도)	9과목 (27학점)

영역	교과목		이수과목(학점)
	선택	아동건강교육, 영유아 사회정서지도, 아동문학교육, 아동상담론, 장애아지도, 특수아동의 이해, 어린이집 운영 관리, 영유아 보육프로그램 개발과 평가, 보육정책론, 정신건강론, 인간행동과 사회환경, 아동간호학, 아동영양학, 부모교육론, 가족복지론, 가족관계론, 지역사회복지론	4과목(12학점)
보육실무	아동관찰 및 행동연구, 보육실습		2과목(6학점)
17과목(51학점) 이상			

※ 비고
1. 교과목 명칭이 서로 다르더라도 교과목의 내용이 비슷하면 같은 교과목으로 인정하고, 다목의 교과목 중 보육실습은 교과목 명칭과 관계없이 보육실습기관과 보육실습 기간의 조건을 충족하면 보육실습으로 인정한다.
2. 각 교과목은 3학점을 기준으로 하되, 최소 2학점이어야 한다.
3. 17과목 이상, 51학점 이상 이수하여야 한다.

〈표 1-2〉 대면 교과목

영역	교과목
교사인성	보육교사(인성)론, 아동권리와 복지
보육지식과 기술	놀이지도, 언어지도, 아동음악(또는 아동동작, 아동미술), 아동수학지도(또는 아동과학지도), 아동안전관리(또는 아동생활지도)
보육실무	아동관찰 및 행동연구, 보육실습

※ 비고
1. 대면 교과목은 8시간 출석 수업과 1회 이상 출석 시험을 실시한다.
2. 다목의 교과목 중 보육실습에 관한 기준은 다음 각 목에 따른다.
   가. 보육실습은 이론수업과 보육현장 실습으로 운영한다.
   나. 보육현장 실습은 6주 이상 240시간 이상을 원칙으로 하되, 2회에 나누어 실시할 수 있다.
   다. 보육교사의 자격을 취득하려는 사람이 보육실습을 시작하는 때에 보육정원이 15명 이상이고 법 제30조 제1항에 따른 평가에서 보건복지부장관이 정하는 등급 이상을 받은 어린이집 또는 방과 후 과정을 운영하는 유치원에서 보육교사 1급 또는 유치원 정교사 1급 자격을 가진 사람이 보육실습을 지도해야 한다. 이 경우 실습 지도교사 1명당 보육실습생은 3명 이하로 한다.
   라. 보육실습은 평일 오전 9시부터 오후 7시 사이에 한 경우에만 인정하며, 보육실습 시간은 하루 8시간으로 한다. 다만, 부득이한 사유가 있다고 보건복지부 장관이 인정하는 경우로서 하루에 실습한 시간이 6시간 이상인 경우에는 실제로 실습한 시간을 인정한다.
   마. 보육실습의 평가는 보건복지부장관이 정하는 보육실습일지와 보육실습 평가서에 작성하되 평가점수가 80점 이상인 경우에만 보육실습을 이수한 것으로 인정한다.

2) 보육실습 교과목의 내용

보육실습 과목은 예비보육교사 자격증을 취득하고자 하는 경우 필수적으로 이수해야 하는 교과목이다. 보육실습 교과목은 현장실습과 보육실습 이론수업으로 구성되며, 보육실습 과목에서 다루어야 하는 내용은 보육실습 계획 및 역할, 보육실습을 위한 내용, 6주 보육실습 실시, 보육실습 평가 및 사후관리로 구성할 수 있다.

① 보육실습 계획 및 역할
실습을 위해 필요한 구체적인 내용과 자세 등을 배우고 준비하는 과정을 포함한다. 보육실습의 전 과정을 예상해 보고 미리 계획해 보며, 보육실습을 실행하기 전 필요한 사전 준비 서류 및 서류를 확인한다. 보육실습생으로서 지켜야 할 윤리규정을 숙지하고 실습 현장에서 필요한 준비물들을 확인해야 한다.

② 보육실습생은 보육현장을 미리 관찰하여 중점사항과 유의점을 확인해야 한다. 보육실습일지 및 보육실습 활동보고서 작성 방법을 이해한다.

③ 6주 보육실습을 위하여 보육실습기관을 선정한 후 실습기간 동안의 현장실무교육을 충실히 이행한다.

④ 보육실습을 평가할 때 보육실습생이 보육교사 양성교육기관에서 배운 지식, 기술, 태도를 실천적 지식으로 얼마나 변화시켰는지에 초점을 맞추어 평가해야 한다. 보육실습 종료 후 실습 관련 서류를 확인하고 제출할 수 있도록 한다.

3. 보육실습 단계

1) 보육실습의 계획

양성교육기관은 보육실습이 정확히 이루어질 수 있도록 전 과정에 걸쳐 세밀한 계획을 세워 모든 보육실습 과정이 제대로 이루어지도록 해야 한다. 보육실습생은 양성교육기관에서 안내한 내용을 살펴 준비해야 하는 사항들에 관하여 확인해야 한다.

〈표 1-3〉 보육실습 계획

	준비사항	서류 및 준비물
양성교육기관	• 보육 실습기관 섭외 및 선정 • 실습생 상해보험 가입 • 양성교육기관에서의 실습생 사전실습 교육 • 보육실습비 지급 • 보육실습생 건강진단결과서 발급지도 • 아동학대 관련 범죄 및 성범죄 경력 조회 안내 • 보육실습 실시 오리엔테이션	• 보육실습 신청서 • 보육실습 협조 공문 • 보육실습 동의서 • 보육실습생 자기소개서 • 보육실습생 서약서 • 보육실습 확인서 • 보육실습 평가서 • 보육실습지 영수증 • 보육실습일지 제작
실습생	• 실습기관 사전방문 및 사전교육 • 서류작성 및 실습기관에 서류전달 　– 보육실습생 신상 카드 　– 보육실습 평가서 양식 　– 보육실습생 자기소개서 　– 보육실습비 영수증 양식 　– 보육실습 확인서 양식 　– 보육실습생 서약서 　– 건강진단 결과서(구. 보건증)	• 이름표 (소속 양성기관명, 실습생 이름) • 실내화 또는 덧신 • 보육실습일지 및 필기구 • 보건소 전염병 질환 (간염, 결핵, 장티푸스, 성병 등)에 대한 건강진단 결과서(보건증)

보육실습 기간이 6주간 연속되지 않더라도 동일 기관에서 실습을 실시하는 경우 다음 〈표 1-4〉와 같은 절차에 따라 진행된다. 단 실습을 두 개의 다른 기관에서 실시할 때에는 보육실습 계획 시 사전에 두 개의 실습기관을 선정한다.

〈표 1-4〉 보육실습 절차

보육실습 관련 내용	주체
실습기관 섭외 및 선정	양성교육기관, 실습기관, 실습생
실습협조 공문 발송	양성교육기관→실습기관
실습 동의서 수령	실습기관→양성교육기관
보육실습생 상해보험 가입	양성교육기관→보험사
보육실습비 송금	양성교육기관→실습기관
양성교육기관에서의 실습생 사전교육	양성교육기관→실습생
실습관련 서류 전달 및 지도 (실습생 신상카드, 서약서, 자기소개서, 실습일지 등)	양성교육기관→실습생
실습생 실습기관 사전 방문	실습생→실습기관
실습기관의 실습생 사전교육	실습기관→실습생
각종 서류 전달 –실습생 신상 카드 –서약서 –보육실습 확인서 –실습평가서 –실습비 영수증 –실습생 건강진단 결과서	양성교육기관→실습생→실습기관
6주간 실습실시	실습기관→실습생
지도교수 방문지도	양성교육기관→실습생
실습기관의 실습 관련 서류 전달 –보육실습 평가서 –보육실습 확인서 –실습비 영수증 보육실습일지 제출	실습기관→학생→양성교육기관
보육실습 평가회 및 보육실습 종료	양성교육기관→실습생

2) 보육실습 진행 단계

(1) 보육실습기관 섭외 및 선정

양성교육기관에서 보육실습기관을 선정할 때에는 실습 담당교수와 보육실습생이 협의하여 결정한 후 해당 보육실습기관으로부터 실습 동의서를 받아 선정한다. 보육실습기관 선정 시 유의사항은 다음과 같다(한국보육진흥원, 2013).

- 실습기관의 법적 기준인 15인 이상을 충족하는 어린이집인지, 교육과정과 방과 후 과정을 모두 운영하는 유치원인지 등을 파악한다.
- 보육실습 지도교사의 보육교사 1급 자격증 또는 유치원 정교사 1급 자격증 소지 여부를 확인한다.
- 실습기관 현황과 특수보육 현황 등을 파악하여 실습기관의 특성을 고려한다.
- 실습기관의 현재 평가제 결과를 파악한다.

(2) 양성교육기관의 실습 협조 공문 발송

양성교육기관에서는 보육실습을 요청하는 협조 공문을 실습기관으로 발송한다. 발송 시 보육실습 동의서와 동봉하여 실습기관으로부터 보육실습 동의서를 받는다. 양성교육기관은 사전에 보육실습기관에 실습생의 실습가능 여부를 미리 확인하고 보육실습을 의뢰하기 위하여 협조공문 발송 전에 유선 연락을 취할 수 있다.

(3) 보육실습 동의서

양성교육기관은 협조 공문과 동의서를 함께 실습기관으로 발송한다. 보육실습 동의서는 우편이나 보육실습생이 직접 기관을 방문하고 수령하여 양성교육기관에 제출할 수 있다.

(4) 보육실습생 상해보험 가입

양성교육기관에서는 실습생을 위한 상해보험에 가입을 한다.

(5) 보육실습비 송금

보육실습비는 지도교사의 실습지도 수당, 실습생의 간식 및 급식, 실습 중 필요한 자료 제작에 소비되는 실습기관의 물품 비용 등을 책정하여 양성교육기관에 고지하나 기준이 없을 경우 양성교육기관에서 책정할 수 있다. 양성교육기관에서는 각 실습기관의 명의로 된 통장으로 보육실습비를 송금한다.

(6) 양성교육기관에서의 실습생 사전교육

양성교육기관에서는 실습기관의 원장 및 지도교사를 초청하여 사전교육을 실시할 수 있다. 실습지도 경험이 있는 기관의 원장 및 지도교사 사전교육은 보육실습을 앞둔 실습생들에게 효과적으로 지도할 수 있다.

(7) 실습서류 서류 전달 및 작성 지도

보육실습생은 실습생 신상카드, 서약서, 자기소개서, 실습일지 서류를 양성기관에서 전달받아 서식에 따라 작성하도록 한다.

① 보육실습생 신상카드

양성교육기관에서는 자신의 기초정보를 기록할 수 있는 신상카드를 보육실습생이 작성할 수 있도록 지도한다.

보육실습생 신상카드

<table>
<tr><td rowspan="2">성 명</td><td>한 글</td><td colspan="3">(남, 여)</td><td rowspan="4">(사 진)</td></tr>
<tr><td>한 자</td><td colspan="3"></td></tr>
<tr><td>생 년 월 일</td><td colspan="4"></td></tr>
<tr><td>소 속</td><td colspan="4"></td></tr>
<tr><td>집 주 소</td><td colspan="5"></td></tr>
<tr><td rowspan="3">학 력</td><td colspan="2">. . ~ . .</td><td colspan="3">고등학교 입학 및 졸업</td></tr>
<tr><td colspan="2">. . ~ . .</td><td colspan="3"></td></tr>
<tr><td colspan="2">. . ~ . .</td><td colspan="3"></td></tr>
<tr><td rowspan="4">가족사항</td><td colspan="2">성명</td><td>연령</td><td>관계</td><td>비고</td></tr>
<tr><td colspan="2"></td><td></td><td></td><td></td></tr>
<tr><td colspan="2"></td><td></td><td></td><td></td></tr>
<tr><td colspan="2"></td><td></td><td></td><td></td></tr>
<tr><td rowspan="3">비상연락처</td><td colspan="5">집전화 :</td></tr>
<tr><td colspan="5">본인휴대폰 :</td></tr>
<tr><td colspan="5">비상시 연락휴대폰 : (관계 :)</td></tr>
<tr><td>e-mail 주소</td><td colspan="5"></td></tr>
<tr><td colspan="6">위의 사항이 틀림없음을 확인합니다.

년 월 일

본인 서명 (인)

원 장 귀 하</td></tr>
<tr><td colspan="6">개인정보 수집 · 이용 동의</td></tr>
<tr><td colspan="6">보육실습생 관리를 위하여 '개인정보보호법'에 따라 개인정보 수집 · 이용에 대한 내용을 알려드리오니 동의하여 주시기 바랍니다.

[법률근거] 개인정보보호법 제15조 '개인정보의 수입 · 이용'에 관한 법률
[수집 · 이용 항목] 이름, 주민등록번호, 연락처(전화번호, 휴대폰번호), 이메일, 주소
[수집 · 이용 목적] 보육실습생 관리를 위한 목적으로 이용되며, 수집한 개인정보는 다른 목적으로 사용되지 않습니다.
[이용 및 보유기간] 보육실습이 종료되는 시점에 수집한 개인정보는 폐기됩니다.
[동의거부 및 불이익] 위의 개인정보 수집 · 이용에 관한 내용에 동의하지 않는 경우에는 보육실습이 불가합니다.

□ 동의함 □ 동의하지 않음
실 습 생 : (인)</td></tr>
</table>

② 보육실습생 서약서

보육실습생이 직접 보육실습 지도기관에 작성한 서약서를 제출하도록 한다. 실습생은 보육실습 서약서 작성을 통해 임하는 각오와 자세를 다시 한번 되짚어 볼 수 있을 것이다.

보육실습생 서약서

실습생:

상기 본인은 귀 어린이집의 보육실습생으로서 보육실습의 목적과 중요성을 충분히 이해하고 어린이집의 제반 규정을 성실히 준수하여 보육능력 향상에 최선을 다할 것을 서약합니다.

년 월 일

보육실습생: (인)

_______________ 어 린 이 집 원 장 귀 하

③ 보육실습생 자기소개서

자기소개서를 작성할 때는 성장배경, 성격의 장단점, 인생관 및 교육관, 실습포부 등으로 작성한다. 양성교육기관에서는 실습생이 작성한 서류를 검토하고 필요한 경우 첨삭지도를 한다.

자 기 소 개 서

1. 성장과정

2. 성격의 장단점

3. 학창시절 및 교육관련 경험

4. 실습에 대한 포부

④ 건강진단 결과서

건강진단 결과서는 면역력이 약한 영유아에게 옮길 수 있는 전염성 질환 보유 유무를 실습기관에서 확인할 수 있도록 제출하는 서류이다. 건강진단 결과서는 수령하기까지 시간이 많아 소요될 수 있다. 보육실습생은 보건소나 동네 병원에서 발급이 가능하며, 전염성 질환(간염, 결핵, 장티푸스, 성병 등)에 대해 건강검진을 받고 건강진단 결과서를 수령해야 한다.

⑤ 성범죄 경력 조회 및 아동학대 관련 범죄 전력 조회 동의서

성범죄 경력 조회 및 아동학대 관련 범죄 전력 조회 경우 경찰청 온라인시스템(범죄경력회보서발급시스템, http://crims.police.go.kr)을 통하여 신청한다. 실습생의 동의를 얻어 기관장이 신청서를 작성하고 회보서를 확인하게 되므로 실습기관 사전 방문을 했을 때 성범죄 경력 조회 및 아동학대 관련 범죄 전력 조회 동의서를 작성한다. 실습기관에서는 관할 경찰서에 성범죄 경력 조회 및 아동학대 관련 범죄 전력 조회를 신청하여 추후 수령한 회신서를 보관하게 됨을 안내한다.

■ 아동 · 청소년의 성보호에 관한 법률 시행규칙 [별지 제10호의2서식] (앞쪽)

성범죄 경력 및 아동학대관련범죄 전력 조회 동의서

대상자	성 명(외국인의 경우 영문으로 작성)
	주민등록번호(외국인의 경우 외국인등록번호/국적)
	연락처(휴대전화 등)

본인은 ○○어린이집 기관(시설)(예: 유치원, 어린이집, 아동복지시설, 청소년쉼터, 청소년활동시설, 의료기관 등)의 취업자등으로서 「아동 · 청소년의 성보호에 관한 법률」 제56조 및 같은 법 시행령 제25조에 따른 성범죄경력 조회와 장은어린이집 기관(시설)(예: 유치원, 어린이집, 아동복지시설, 청소년쉼터, 청소년활동시설, 의료기관 등)의 취업(예정)자 또는 노무 제공(예정)자로서 「아동복지법」 제29조의3 및 같은 법 시행령 제26조의5에 따른 아동학대관련범죄 전력 조회에 동의합니다.

년 월 일

동의자 (서명 또는 인)

____________________ 경찰서장 귀하

유의사항

1. 개인정보 수집항목: 성명, 주민등록번호(외국인의 경우 외국인등록번호 및 국적)
2. 개인정보 제공 거부에 따른 제한사항: 귀하는 개인정보 제공 동의를 거부할 권리가 있으나, 동의 거부 시에는 취업에 제한을 받을 수 있습니다.
3. 개인정보의 수집 · 이용 목적: 수집된 개인정보는 성범죄 경력 조회 신청, 아동학대관련범죄 전력 조회 신청 등을 위하여 사용됩니다.
4. 동의자가 2인 이상일 경우에는 뒤쪽에 일괄하여 작성할 수 있습니다.

210㎜×297㎜[백상지(80g/㎡) 또는 중질지(80g/㎡)]

그 외 기관에 따라 준비해야 할 추가 서류가 있을 수 있으므로 사전 방문을 위한 약속을 정하는 전화를 할 때, 실습을 위해 준비해야 하는 서류가 무엇인지 문의하고 준비하는 것이 좋다.

(8) 보육실습생 실습기관 사전 방문

보육 실습기관 사전 방문은 기관의 위치를 먼저 익힐 수 있고, 기관에 미리 방문함으로써 실습을 하게 될 교실과 실습지도 선생님, 원장님 등 기관의 교사들과 친밀감을 형성할 수 있다. 또한, 실습 시 유의사항을 먼저 들음으로써 실습을 준비할 수 있다(양수영, 2021).

① 전화로 방문 약속 정하기

사전방문은 대체로 실습이 시작되기 일주일 전 쯤 이루어지는 것이 좋다. 실습이 시작되기 2주 전에는 사전 방문을 위해 기관에 전화하여 방문 일정을 정하도록 한다. 동일한 기관에 여러 명이 실습을 나가는 경우에는 한 명이 대표로 전화를 하며, 전화를 하기 전 미리 실습생들이 다 함께 방문 가능한 요일과 시간에 맞추는 것이 좋다.

② 사전 방문하기

사전방문 시 기관에 제출할 서류를 준비하고 방문 시 복장과 용모를 단정하게 하여 긍정적 인상을 주도록 한다. 필기도구를 준비하여 실습 유의사항 등을 기록하는 것이 좋다. 동일한 기관에 여러 명이 실습을 나가는 경우에는 같은 시간에 도착할 수 있도록 근처에서 함께 만나 방문한다. 도착하기 1시간 전 쯤에는 다시 한번 기관에 연락하여 기관에서 사전방문을 재인지 할 수 있도록 돕는다.

방문 시 마주치는 교직원에게 밝은 표정으로 공손히 인사를 하고, 실습할 때 필요한 준비물이나 유의사항, 실습을 하게 되는 연령과 교실, 실습 첫날 출근 시간 등을 질문하고 기록해 둔다.

사전 방문을 통해 실습생이 알아두어야 할 사항

- 실슬기관의 위치와 교통편 확인(위치, 출퇴근 소요시간, 교통편)
- 실습기관의 보육목표, 보육방법 및 내용, 보육시간, 실습기관 시설 및 환경 구성, 총 보육교직원 수, 실습 담당 학급 배정 및 원아 수
- 실습기관 원장 및 지도교사의 성명
- 실습기관 주변 환경
- 실습기관 보육계획안 및 보육활동 범위
- 실습하게 될 담당 학급에서 실습기간 내 선정된 놀이주제 및 활동
- 실습 담당 학급 구성원

(9) 보육실습기관의 실습생 사전교육

보육실습생이 기관을 방문했을 때 실습기관에서는 보육실습이 원활히 이루어질 수 있도록 사전교육을 실시한다. 실습기관에서의 사전교육은 원장 또는 실습 지도교사가 담당한다.

원장과 실습지도교사의 사전교육 내용을 살펴보면 다음과 같다(보건복지부, 육아정책연구소, 2016).

① 원장의 사전교육

- 보육실습의 의의 및 실습 지침 안내
- 실습기관 보육철학 및 프로그램 안내
- 실습기관 현황 안내
- 실습기관의 보육교직원 소개
- 실습생의 실습 담당반 특성(연령, 인원수, 성별 비율, 영유아 개인별 특성, 하루 일과 등) 및 담당 지도교사 소개
- 보육실습 일정 및 내용
- 실습기간 중 행사 일정 안내
- 실습기관 동의하에 가능한 기관 촬영 범위 안내

• 실습생 역할과 윤리 안내(개인의 인터넷 공간에 영유아의 사진 및 이름을 올리는 행동은 영유아의 초상권 침해)
• 지도기관에서 실습생 준수 사항 및 유의사항 안내(결석, 지각 등 문제 발생 시 처리 절차)
• 실습시 준비물 안내

② 실습지도교사의 사전교육

• 실습 담당 반 구성(연령, 인원수, 성비, 영유아의 특성, 하루일과 등) 소개
• 실습기간 중 연간 및 월간, 주간계획, 행사일정 안내
• 실습기간 중 기관 내에서 보육실습생의 역할 안내
• 보육실습생의 보육활동 계획 작성 안내(영역별 보육활동, 연계보육활동, 반일 또는 일일보육활동 등)
• 보육일지 작성 안내
• 실습 준비물 안내
• 안전사고 예방교육 실시(위급상황 대처 요령, 영유아에게 투약 금지, 보육실 내에서 글루건, 칼 등 위험 물건 사용 금지 등)
• 영유아 일상생활 지도 지침 제공(급간식, 낮잠, 배변지도 등)
• 기타 보육실습에 필요한 정보 제공

부적합한 보육실습 내용

보육실습기관의 원장과 실습 지도교사는 보육실습생들이 졸업 후 전문성 있는 보육교사가 될 수 있도록 지도해야 한다. 보육실습 중 현장 보육실습 취지에 맞지 않는 불합리하고 부적절한 업무를 보육실습생에게 전가하지 않도록 주의를 기울여야 한다.

• 영유아의 등하원 차량지도
• 영유아의 식사조리
• 보육실습 지도교사 부재 시 보육실습생을 대체교사로 활용

- 보육활동 이외의 다른 업무 지시
- 보육실습 학급 이외 보육실습 지도기관 전체 정리정돈 업무
- 보육실습 학급 이외 다른 반에서 사용할 교재교구 제작
- 학부모 상담
- 영유아 응급처치 및 아픈 영유아와 병원 가기
- 오전 · 오후 통합보육 담당

출처: 이정아 외(2021). 예비 영유아교사를 위한 보육실습. 경기: 어가.

(10) 양성교육기관의 각종 서류 전달

보육실습생은 실습기관을 사전 방문할 때 양성교육기관에서 받아온 각종 서류(실습생 신상카드, 서약서, 협약서, 보육실습 확인서, 실습 평가서, 실습비 영수증, 실습생 건강진단 결과서 등)를 원장에게 제출한다. 양성교육기관은 보육실습기관을 선정함과 동시에 실습기관의 원장이나 주임교사에게 보육실습의 과정, 필요한 서류 및 절차, 사전교육 시 포함될 내용, 보육실습의 운영 내용, 사후관리 방안 등에 대한 협조를 구한다. 그 외 보육실습비로 인한 민원 발생을 막기 위해 보육실습기관의 실습비 수령에 대한 내역과 책정 방법, 지급 방법, 영수증 수령 등의 방법을 구체적으로 안내한다. 보육실습 시 실습 지도교사나 실습생으로 인해 발생하는 문제와 처리 절차에 대해 협의한다.

(11) 6주 보육실습 실시

보육실습생은 평일 오전 9시부터 오후 7시 사이 매일 8시간 6주 240시간에 걸쳐 보육실습일지를 기록하고 출근 여부와 근무시간을 날인하며 결석이나 지각, 조퇴는 불가하다. 만약, 결석, 조퇴 및 지각 사유가 불가피하게 발생할 경우 양성교육기관의 보육실습 담당교수와 실습기관 원장이 논의하여 보육실습 기간 중 부족한 시간이나 날짜만큼 보충하여 법적 이수시간(240시간)을 충족시키도록 한다(박찬옥 외, 2020).

(12) 지도교수 방문지도

보육실습이 진행된 후 3, 4주차가 되면 양성교육기관의 실습담당 지도교수가 실습기관을 방문한다. 지도교수는 사전에 실습기관장과 약속한 방문 일자에 기관을 방문한다. 원장 또는 실습 지도교사로부터 실습생의 근무태도, 자질, 보육활동 계획 및 실행 등에 대한 내용을 전달받는다. 방문 지도 시 논의된 사항은 차후 양성교육기관 보육실습 준비 시 반영하도록 한다.

지도교수는 원장실, 교사실 등의 공간에서 보육실습생과 대화를 나눈다. 지도교수는 실습생의 이야기를 경청하며 실습을 끝까지 마무리할 수 있도록 심리적 · 정서적 지원을 해 준다.

(13) 실습기관이 실습 서류 전달 및 보육실습일지 제출

실습기관에서 실습이 종료된 후 실습생은 양성교육기관에 실습 관련 서류를 발송한다.

보육실습 확인서는 실습기관에서 '어린이집지원시스템'을 통해 입력하고 출력하여 직인 날인 후 양성교육기관에 송부한다.

실습종료 후 14일 이내에 양성교육기관에 송부할 서류

- 보육실습 확인서
- 보육실습 평가서
- 보육실습비 영수증
- 보육실습 출근부
- 보육실습일지(보육실습생이 양성교육기관에 직접 제출)
- 보육실습 지도교사 자격증 사본
- 보육실습기관 인가증 사본 또는 어린이집 위탁계약서 사본
  (보육실습 당시 계약일시가 명시된 위탁계약증서)

출처: 박찬옥 외(2020)

보 육 실 습 확 인 서

1. 실습 이수자 기본사항

이 름	생년월일	양성교육기관명

2. 실습기관

<table>
<tr><td colspan="2">실습기관명</td><td></td><td>기관종류</td><td></td></tr>
<tr><td colspan="2">실습기관 인가 정원</td><td></td><td>최초인가일</td><td>년 월 일</td></tr>
<tr><td rowspan="2">구분</td><td>평가제</td><td></td><td>평가 등급
(평가 주기 시작일)</td><td>년 월 일</td></tr>
<tr><td>평가인증제</td><td></td><td>인증유효기간</td><td>년 월 일 ~
년 월 일</td></tr>
<tr><td colspan="2">주소</td><td></td><td>연락처</td><td></td></tr>
</table>

* 어린이집은 운영형태(가정, 민간, 직장, 국공립 등) 기재, 유치원은 방과후과정 운영 여부 기재

3. 실습 지도교사

이 름	자격 종류	자격번호

* 실습 지도교사는 동일 실습기간 내, 보육실습생을 3명 이내로 지도하였습니까?
(예 □/ 아니오 □)

4. 실습기간

실습기간	년 월 일 ~ 년 월 일(주간)
실습시간	총 시간(매주 월요일 ~ 금요일까지, 오전 시 ~ 오후 시)

위 사람은 영유아보육법시행규칙 제12조제1항에 따른 보육실습 기준을 준수하여 보육실습을 충실히 이수하였음을 확인합니다.

년 월 일

OOO어린이집원장 (직인)

학과장 (직인)

○ **'13. 3. 1. 이후 어린이집에서 보육실습을 이수하는 경우, 「어린이집지원시스템」을 통하여 보육실습 내용 등록 및 제출**

○ **보육실습 내용 시스템 미등록자는 첨부서류(① 실습기관 인가증 사본 ② 보육실습 지도교사 자격증 사본) 제출 필수**

※ 영유아보육법 제48조에 따라 거짓이나 그 밖의 부정한 방법으로 자격증을 취득한 경우, 보육교직원 자격이 취소될 수 있습니다.

보 육 실 습 평 가 서

성　　　명 :
생 년 월 일 :
보육실습기관명 :
보육실습기간 :　　년　　월　　일 ~　　년　　월　　일

<table>
<tr><th>평가영역(배점)</th><th colspan="2">평가항목</th><th>배점</th><th>점수</th></tr>
<tr><td rowspan="4">근무태도와 자질
(20점)</td><td>근무사항</td><td>출석, 결석, 지각, 조퇴 등</td><td>5</td><td></td></tr>
<tr><td>태도</td><td>성실성, 근면성, 친절, 적극성,
복장 및 용모, 예절</td><td>5</td><td></td></tr>
<tr><td>자질</td><td>영유아 존중, 책임감, 인성, 열의</td><td>5</td><td></td></tr>
<tr><td>관계형성</td><td>실습지도교사와의 관계
동료실습생과의 관계</td><td>5</td><td></td></tr>
<tr><td rowspan="2">보육활동 계획과
실행(30점)</td><td>보육활동
계획</td><td>영역별, 반일(일일)보육활동
계획의 적합성과 충실한 준비</td><td>15</td><td></td></tr>
<tr><td>보육활동
실행</td><td>영역별, 반일(일일)보육활동의
효과적이고 적절한 실행 정도</td><td>15</td><td></td></tr>
<tr><td rowspan="3">예비보육
교사로서
역할수행(30점)</td><td colspan="2">영유아 행동 및 놀이 관찰, 보육환경 관찰</td><td>5</td><td></td></tr>
<tr><td colspan="2">보육일과 진행 보조와 일상생활지도</td><td>10</td><td></td></tr>
<tr><td colspan="2">영유아 상호작용과 놀이 참여</td><td>15</td><td></td></tr>
<tr><td>보육실습일지
작성(10점)</td><td colspan="2">구체적이고 충실한 보육실습일지 작성과 일일자기평가
및 지도교사로서 향상 정도</td><td>10</td><td></td></tr>
<tr><td>총평(10점)</td><td colspan="2">실습기간동안 예비보육교사로서 향상 정도</td><td>10</td><td></td></tr>
<tr><td colspan="3">총　점</td><td>100</td><td></td></tr>
</table>

년　　월　　일

보육실습 지도교사 :　　　　(인)
OO어린이집 원장 :　　　　(직인)

보육실습비 영수증

실습 기관명 :

실 습 기 간 :

실습생 이름 :

실 습 비 : 금 ________________________ 원정(₩)

________________________ 기관에서 실습비를 정히 영수합니다.

년 월 일

OO어린이집 원장 : (직인)

보육실습생 출근부

학 교 명		학 번:	이 름:
학 과 명			
보육실습기관명		만 세 반	보육실습 지도교사:
보육실습기 간	. . . ~ . . . (총 주, 시간)		

구 분	월	화	수	목	금
보육실습생	㊞	㊞	㊞	㊞	㊞
보육실습 지도교사	㊞	㊞	㊞	㊞	㊞
월 일 시 분부터 시 분까지	월 일 시 분부터 시 분까지	월 일 시 분부터 시 분까지	월 일 시 분부터 시 분까지	월 일 시 분부터 시 분까지	월 일 시 분부터 시 분까지
보육실습생	㊞	㊞	㊞	㊞	㊞
보육실습 지도교사	㊞	㊞	㊞	㊞	㊞
날짜	월 일 시 분부터 시 분까지	월 일 시 분부터 시 분까지	월 일 시 분부터 시 분까지	월 일 시 분부터 시 분까지	월 일 시 분부터 시 분까지
보육실습생	㊞	㊞	㊞	㊞	㊞
보육실습 지도교사	㊞	㊞	㊞	㊞	㊞
날짜	월 일 시 분부터 시 분까지	월 일 시 분부터 시 분까지	월 일 시 분부터 시 분까지	월 일 시 분부터 시 분까지	월 일 시 분부터 시 분까지
보육실습생	㊞	㊞	㊞	㊞	㊞
보육실습 지도교사	㊞	㊞	㊞	㊞	㊞
날짜	월 일 시 분부터 시 분까지	월 일 시 분부터 시 분까지	월 일 시 분부터 시 분까지	월 일 시 분부터 시 분까지	월 일 시 분부터 시 분까지
보육실습생	㊞	㊞	㊞	㊞	㊞
보육실습 지도교사	㊞	㊞	㊞	㊞	㊞
날짜	월 일 시 분부터 시 분까지	월 일 시 분부터 시 분까지	월 일 시 분부터 시 분까지	월 일 시 분부터 시 분까지	월 일 시 분부터 시 분까지

※ 결석 · 지각 · 조퇴는 불가하며, 불가피할 경우 위의 기재된 보육실습 기간 중 법적 이수 시간(240시간)을 채워야 한다.

※ 보육실습은 평일 오전 9시부터 오후 7시 사이에 한 경우에만 인정하며, 실습시간은 하루 8시간을 초과할 수 없다.

〈확 인〉 지도교사 : ____________ (印)

원 장 : ____________ (印)

4. 보육실습의 법적 기준

1) 보육실습기관 선정

보육실습기관 선정 시 「영유아보육법 시행규칙」 제12조 제1항 [별표 4]에 의해 다음과 같은 기준을 충족하는 기관이어야 한다.

- 보육정원이 15명 이상이고 「영유아보육법」 제30조 제1항에 따른 평가에서 보건복지부장관이 정하는 등급 이상을 받은 어린이집
- 교육과정과 방과후 과정을 모두 운영하는 유치원

「영유아보육법 시행규칙」 개정(2017. 12. 12. 일부개정, 보건복지부령 제541호)에 따라 보육실습이 6주 240시간으로 확대되면서 기존 1회 연속하여 보육실습을 실시하던 것에서 2회 분리하여 보육실습을 실시할 수 있게 되었다. 단, 2회로 나누어 두 기관에서 실습을 하는 경우에는 두 기관 모두 보육실습기관의 요건을 충족해야 하며, 관련 절차 및 서류 모두 두 기관에서 받아야 한다.

2) 보육실습 지도교사

보육실습 지도교사 자격 기준은 「영유아보육법 시행규칙」 제12조 제1항에 의해 다음과 같은 기준을 충족하여야 한다.

- 보육실습을 지도하는 교사는 보육교사 1급 또는 유치원 정교사 1급 자격증을 가진 교사이어야 한다.

- 보육교사 1급 승급교육을 이수했다고 하더라도 발급 심사 중이거나 발급 예정자로 자격증이 미발급된 교사는 실습 지도교사로 부적격하므로 반드시 보육교사 1급 자격증을 발급받아 소지하고 있는 교사에게 지도를 받아야 한다.
- 어린이집 원장은 실습 지도교사가 될 수 없다. 단, 소규모 가정어린이집의 경우 원장이 보육교사 1급 자격증을 소지하고 실제 학급을 담당하면서 담임교사와 원장을 겸직으로 역할 수행하는 경우에만 지도교사로 인정한다.
- 보육실습 지도교사는 교사 1명당 3명 이내의 보육실습생을 지도할 수 있다.

3) 보육실습 교과목 학점 기준

보육교사 인성과 자질을 향상시키고 어린이집 내 보육의 질 개선을 위하여 보육교사 자격 기준이 강화되었다. 2017년 1월 1일 이후 입학자, 학점인정 기관인 경우 2018년 1월 1일 이후 학위 취득자부터 보육 관련 교과목과 학점 기준이 변경되었다. 보육실습 교과목(3학점)은 평가점수 80점 이상일 경우에만 실습을 이수한 것으로 인정되며, 평가점수는 보육실습기관 평가 80점 이상과 보육실습 교과목 80점 이상을 동시에 충족해야 한다.

4) 보육실습 시간 기준

- 보육실습은 6주 240시간 이상을 연속으로 실행하되 평일(월~금)에 이루어져야 하며, 1일 8시간 실습이 원칙이다. 평일 오전 9시부터 오후 7시 사이에 한 보육실습만 인정된다.
- 주 3회 실습 또는 특정 요일, 토요일 실습과 1일 8시간을 초과하는 야간실습은 인정되지 않는다(실습기관에서 실습 시간을 인정해 주어도 추후 자격 발

급시 불인정).

- 실습기간 중 공휴일이 포함되어 있는 경우, 휴일 일수만큼 실습기간을 연장하여 실습 일수를 맞추도록 한다.
- 학교와 실습기관의 사전 허락없이 무단결근, 지각, 조퇴, 개인 외출 등으로 실습 날짜가 빠진 경우에 실습 시간을 연장할 수 없다(실습 인정 불가).
- 보육실습 교과목이 개설된 학기에 보육실습을 실시하여야 한다.

02

Chapter

보육실습생의 역할과 자세

배울내용

1. 보육실습생의 역할
2. 보육실습생의 자세
3. 보육실습생의 윤리규정

학습목표

1. 보육실습생의 전문적 역할을 숙지하고 수행할 수 있다.
2. 보육실습생의 자세에 대해 살펴본다.
3. 보육실습생이 지켜야 할 윤리규정을 이해하고 준수할 수 있다.

1. 보육실습생의 역할

보육실습생은 보육실습기관의 보육철학과 목표, 방침을 이해하고 이를 달성하기 위해 적극적으로 협력한다. 이와 더불어 보육실습기관의 규정을 준수하면서 보육실습생으로서의 역할을 수행하며 성실한 자세로 보육현장 실습에 참여해야 한다. 보육실습생이 보육실습기관에서 담당하는 구체적인 역할은 다음과 같다(한국보육진흥원, 2017).

- 보육실습기관의 환경을 주의 깊게 관찰해야 한다.
- 개별 영유아의 행동 및 활동을 관찰해야 한다.
- 하루 일과 및 보육활동을 관찰하고 참여해야 한다.
- 보육실습일지를 상세하게 작성해야 한다.
- 보육활동 계획안을 작성해야 한다.
- 관찰기록을 작성해야 한다.
- 영역별, 반일, 일일 보육활동을 계획하여 실행해야 한다.
- 보육실습기관의 가정 및 지역사회연계 프로그램에 참여해야 한다.
- 보육실을 정리정돈하는 데 참여해야 한다.

2. 보육실습생의 자세

보육실습생은 성실한 태도와 자세로 보육현장 실습에 참여할 필요가 있다. 보육실습생이 준수해야 할 일반적인 근무태도, 근무시간, 언어사용, 복장 및 용모에 대해 살펴보고자 한다(한국보육진흥원, 2017).

1) 보육실습생의 근무태도

보육실습생은 보육현장 실습에서 예비보육교사로서의 자세와 태도를 가져야 한다. 구체적으로 살펴보면 다음과 같다.

- 6주 보육실습 기간 동안 예비보육교사로서 품위를 지키고, 영유아의 본보기가 되어야 한다.
- 보육실습일지를 작성하며 실습 지도교사의 조언을 받고 따라야 한다.
- 보육실습생 간 호칭은 '○○○ 선생님'으로 하고 항상 존대어를 사용한다.
- 보육활동 전 실습지도 교사에게 교구제작 계획안, 일일 보육 실습일지, 보육활동 계획안(영역별 활동계획안, 반일 보육활동 계획안, 일일 보육활동 계획안 등)을 제출하여 지도를 받은 후 보육활동을 실시한다.
- 교구제작 계획안, 보육실습일지, 보육활동 계획안 등의 제출물은 기일을 엄수하여 제출한다.
- 보육실습기관에 비치된 비품 및 기자재를 사용하고자 할 때는 실습 지도교사와 담당자의 허락을 받고 사용 방법에 유의하여 사용해야 한다.
- 영유아의 일상생활 지도에 대한 지침은 보육실습기관의 내용에 따른다.
- 갈등 상황 발생 시 보육실습기관의 규정과 절차에 따라 해결한다.
- 보육실습기관에서 실시하는 영유아 안전사고 예방에 대한 사전교육 내용을 숙지하고 실천해야 한다.
- 응급 상황 발생 즉시 실습 지도교사에게 알리고 지도를 받아야 한다.
- 보육실습생은 영유아의 부모와 상담하지 않도록 한다.
- 보육실습기관에서는 흡연하지 않아야 하며, 휴대폰을 사용하지 않아야 한다.
- 커피 및 음료는 보육실이 아닌 기관 내에 정해진 장소에서 음용해야 한다.

2) 보육실습생의 근무시간

보육실습생의 근무시간은 보육현장 실습에 대한 평가에서 중요한 고려사항이므로 6주 240시간 이상의 보육현장 실습에 참여하기 위해 다음과 같은 내용은 준수해야 한다.

- 보육실습생의 총 실습기간은 6주 240시간 이상을 원칙으로 하며 하루 8시간 근무를 한다.
- 보육실습기관의 출퇴근 규정에 따라 실습 인정 시간을 충족시켜야 한다.
- 보육실습 기간 동안 출근 시간을 엄수해야 하며 무단으로 지각, 외출 및 조퇴를 금한다.
- 불가피하게 결근해야 할 경우 사전에 보육실습기관장과 실습 지도교사의 허락을 받는다.
- 결근을 허락 받은 경우에는 결근 일수만큼 다른 날짜를 협의하여 지정하고 보육실습을 보충한다.
- 매일 정해진 시간에 출근하여 출근부에 날인한다.
- 퇴근 시 실습 지도교사와 실습기관장에게 허락을 받고 퇴근한다.

3) 보육실습생의 언어 사용

- 표준어를 사용하며 발음을 분명하게 한다.
- 말이 너무 빠르거나 음성 톤이 높지 않도록 유의해야 하며 부드럽게 이야기한다.
- 보육실습기관 모든 교직원과 영유아, 부모에게 예의에 어긋난 언어를 사용하지 않는다.

- 영유아를 부를 때는 이름을 불러 준다.
- 비언어적 행동(표정, 손짓, 몸짓 등)에서도 예비보육교사로서의 품위를 지킨다.

4) 보육실습생의 복장 및 용모

- 실습생 이름표를 가슴에 부착한다.
- 복장과 용모는 청결하고 단정하게 유지하며, 지나치게 화려한 옷이나 노출이 심한 옷은 입지 않는다.
- 민소매, 짧은 치마나 바지, 속옷이 비치거나 보이는 옷 등은 입지 않는다.
- 진한 향수나 짙은 화장뿐만 아니라 영유아의 안전상 문제가 되는 장신구는 하지 않아야 한다.
- 긴 줄의 목걸이나 귀걸이는 영아가 잡아당길 수 있으므로 착용하지 않는다.
- 손톱은 짧게 깎고 손을 청결하게 관리하며, 긴 머리카락의 경우 단정하게 묶는다.
- 실내에서는 실내화(덧신) 또는 양말을 신어야 하며, 실내 · 외에서 슬리퍼나 굽이 높은 신발은 신지 않는다.

3. 보육실습생의 윤리규정

보육실습생은 실습에 참여하면서 예비보육교사가 갖추어야 할 전문성을 향상시키고, 영유아의 바람직한 인성 형성을 돕기 위해 도덕적 규범과 윤리를 준수해야 한다(한국보육진흥원, 2017).

- 신체적 · 정신적 · 사회적으로 건강해야 한다.
- 영유아를 존중하고 편견이나 차별 없이 그대로 수용해야 한다.
- 영유아를 돌보고 지도하는 것을 즐거워하며 인내심이 있어야 한다.
- 보육실습 지도교사 및 보육교직원에게 예의를 지키고 존중한다.
- 보육실습생 상호 간에는 존중하고 예의를 지킨다.
- 특정 영유아를 편애하거나 언어적 · 신체적 처벌 및 상벌을 하지 않는다.
- 실습 지도교사가 지시하기 전에 보육실습생으로서 자신이 해야 할 일들을 미리 솔선수범하여야 한다.
- 보육실습 기간 중에 부여된 일에 대하여 책임 있게 수행한다.
- 항상 긍정적이고 밝은 모습을 갖도록 노력한다.
- 학부모를 존중하고 예의를 지키되, 학부모와 개인적인 관계를 갖지 않는다.
- 영유아의 신상에 관련된 사항(주민등록번호, 가정사, 질병 등)을 외부로 유출하지 않는다.
- 실습기관의 내부 정보를 외부로 유출하지 않는다.
- 실습기관의 물품을 함부로 다루지 않으며, 개인적 용도로 사용하지 않는다.
- 실습기관의 영유아 사진이나 이름, 보육실습기관명 등을 실습생의 개인 홈페이지, SNS 등에 올리지 않는다.

03 Chapter

보육실습 과정

배울내용

1. 보육실습의 유형
2. 보육실습의 과정

학습목표

1. 보육실습의 유형을 숙지한다.
2. 보육실습의 과정을 구체적으로 파악한다.

1. 보육실습의 유형

보육교사의 자격기준을 강화하기 위해 보육실습 기간을 4주 160시간 이상에서 6주 240시간 이상으로 확대하였다. 더불어 6주 동안 실시되는 보육실습은 연속형과 분리형으로 선택 운영할 수 있다. 「영유아보육법 시행규칙」 일부 개정안(2016.8.1. 시행)에 제시된 보육실습 세부기준은 다음과 같다.

〈표 3-1〉「영유아보육법」에 제시된 보육실습 세부기준

구분	「영유아보육법」 제12조 제1항	2016년 보육사업 안내 세부 기준
실습기관	보육시설, 종일제 유치원	평가인증을 유지하는 어린이집(정원 15인 이상) 또는 교육과정과 방과후 과정을 운영하는 유치원(교육청에 방과후 과정 운영 유치원으로 등록해야 함)
실습기간	6주 240시간	1일 8시간(평일 오전 9시부터 오후 7시 사이)
지도교사	보육교사1급 유치원 정교사 1급 자격증 소지자	종전과 동일

1) 연속형

6주 동안의 보육실습은 실습기관에 따라 다르지만 주로 1주는 참관실습, 2~5주는 수업실습으로 한 영역을 수업하는 부분수업과 연결수업을 실시하고 6주에는 하루일과를 계획하고 실행하는 전체수업을 하게 된다.

〈표 3-2〉 6주 연속형 보육실습 내용의 예시

<table>
<tr><th colspan="2">주</th><th>1일차</th><th>2일차</th><th>3일차</th><th>4일차</th><th>5일차</th></tr>
<tr><td colspan="2">사전 방문과 교육</td><td colspan="5">• 사전 방문하여 실습 오리엔테이션을 실시함
• 보육실습 일정과 내용, 준비물, 준비 서류 및 기타 유의 사항 합의</td></tr>
<tr><td>사전 참여 실습</td><td>1주</td><td colspan="5">• 어린이집의 운영철학 및 보육서비스 등의 특징 파악
• 어린이집 보육교직원들과 친밀감 형성
• 모든 연령의 반 참여관찰: 일과운영, 영유아-교육 상호작용 등 영아반과 유아반을 고르게 경험, 실습기관의 지침에 따라 순서는 융통성 있게 운영
• 보육실습일지 작성과 지도교사의 평가</td></tr>
<tr><td rowspan="8">보육 활동 운영 실습</td><td rowspan="2">2주</td><td colspan="5">• 실습반 영유아의 친밀감 형성하기
• 보조교사로서의 역할 수행하기</td></tr>
<tr><td colspan="2">• 실습반 관찰(일과운영, 보육환경, 영유아-교사 상호작용 등)</td><td colspan="3">• 3주차 영역별 보육활동 선정 및 계획안 제출과 지도, 교사의 평가</td></tr>
<tr><td rowspan="2">3주</td><td></td><td>영역별 보육활동 실습</td><td></td><td>영역별 보육활동 실습</td><td></td></tr>
<tr><td></td><td>자기평가, 지도교사 평가</td><td>영역별 보육활동 선정</td><td>자기 평가, 지도교사 평가</td><td>연계활동 계획안 제출</td></tr>
<tr><td rowspan="2">4주</td><td></td><td>연계활동 실시</td><td></td><td></td><td></td></tr>
<tr><td>연계활동 자료준비 및 제작</td><td>자기평가, 지도교사 평가</td><td colspan="2">반일(일일) 보육계획 협의</td><td>반일(일일) 보육계획안 제출</td></tr>
<tr><td rowspan="2">5주</td><td></td><td></td><td>반일(일일) 보육활동 실시</td><td rowspan="2"></td><td rowspan="2"></td></tr>
<tr><td colspan="2">반일(일일)보육활동 자료 점검</td><td>자기 평가, 지도교사 평가</td></tr>
<tr><td>사후 참여 실습</td><td>6주</td><td colspan="3">• 참여관찰(일과운영, 보육환경, 영유아-교사 상호작용 등)
• 보조교사 역할 수행하기
• 보육실습일지 작성</td><td>최종 어린이집 실습 평가회(원장, 지도교사 등 참여)</td><td>실습일지 및 기타 실습 관련 서류 제출</td></tr>
</table>

2) 분리형

(1) 분리 A형(사전 참여실습): 2주 사전 참여실습 + 4주 보육활동 운영실습

<table>
<tr><th colspan="2">주</th><th>1일차</th><th>2일차</th><th>3일차</th><th>4일차</th><th>5일차</th></tr>
<tr><td colspan="2">사전방문과 교육</td><td colspan="5">• 사전 방문하여 실습 오리엔테이션을 실시함
• 보육실습 일정과 내용, 준비물, 준비 서류 및 기타 유의 사항 합의</td></tr>
<tr><td rowspan="2">사전 참여 실습</td><td>1주</td><td colspan="5">• 어린이집의 운영철학 및 보육서비스 등의 특징 파악
• 어린이집 보육교직원들과 친밀감 형성
• 모든 연령의 반 참여관찰: 일과운영, 영유아-교육 상호작용 등
• 보조교사로서의 역할 수행하기
• 보육실습일지 작성 및 참관 경험에 대한 저널 작성하기</td></tr>
<tr><td>2주</td><td colspan="5">• 모든 연령의 반 참여관찰: 일과운영, 보육환경, 영유아-교사 상호작용 등
• 보조교사로서의 역할 수행하기
• 실습반의 영유아와 친밀감 형성하기
• 보육실습일지 작성 및 지도교사 평가
• 3주차 영역별 보육활동 선정 및 계획안 제출</td></tr>
<tr><td rowspan="9">보육 활동 운영 실습</td><td rowspan="3">3주</td><td colspan="5">• 실습반의 영유아와 친밀감 형성하기
• 보조교사로서의 역할 수행하기</td></tr>
<tr><td></td><td></td><td></td><td>영역별 보육활동실습</td><td></td></tr>
<tr><td></td><td>영역별 보육활동 선정</td><td></td><td>자기 평가, 지도교사 평가</td><td>4주차 영역별 보육활동 계획안 제출</td></tr>
<tr><td rowspan="2">4주</td><td></td><td></td><td>영역별 보육 활동 선정</td><td></td><td></td></tr>
<tr><td>영역별 보육활동 선정</td><td></td><td>자기 평가, 지도교사 평가</td><td>연계활동 계획안 제출</td><td>열계활동 자료 준비 및 제작</td></tr>
<tr><td rowspan="2">5주</td><td></td><td>연계활동 실시</td><td></td><td></td><td></td></tr>
<tr><td></td><td>자기 평가, 지도교사 평가</td><td colspan="2">반일(일일)보육계획 협의</td><td>반일(일일)보육 계획안 제출</td></tr>
<tr><td rowspan="2">6주</td><td></td><td></td><td>반일(일일) 보육활동 실시</td><td rowspan="2">최종 어린이집 실습 평가회(원장, 지도교사 등 참여)</td><td rowspan="2">실습일지 및 기타 실습 관련 서류 제출</td></tr>
<tr><td colspan="2">반일(일일)보육활동 자료점검</td><td>자기 평가, 지도교사 평가</td></tr>
</table>

(2) 분리 B형(사후 참여실습): 4주 보육활동 운영실습 + 2주 사후 참여 실습

<table>
<tr><th colspan="2">주</th><th>1일차</th><th>2일차</th><th>3일차</th><th>4일차</th><th>5일차</th></tr>
<tr><td colspan="2">사전방문과 교육</td><td colspan="5">• 사전 방문하여 실습 오리엔테이션을 실시함
• 보육실습 일정과 내용, 준비물, 준비 서류 및 기타 유의 사항 합의</td></tr>
<tr><td>보육 활동</td><td>1주</td><td colspan="5">• 어린이집의 운영철학 및 보육서비스 등의 특징 파악
• 어린이집 보육교지구언들과 친밀감 형성
• 실습반 관찰: 일과운영, 보육환경, 영유아-교사 상호작용 등
• 실습반의 영유아와 친밀감 형성하기
• 보조교사로서의 역할 수행
• 보육실습일지 작성 및 지도교사 평가
• 2주차 영역별 보육활동 선정 및 계획안 제출</td></tr>
<tr><td rowspan="6">운영 실습</td><td rowspan="2">2주</td><td></td><td>영역별 보육 활동 실습</td><td></td><td>영역별 보육 활동 실습</td><td></td></tr>
<tr><td></td><td>자기 평가, 지도교사 평가</td><td>영역별 보육활동 선정</td><td>자기 평가, 지도교사 평가</td><td>영역별 보육 활동 선정</td></tr>
<tr><td rowspan="2">3주</td><td></td><td>연계활동 실시</td><td></td><td></td><td></td></tr>
<tr><td>연계활동 자료 준비 및 제작</td><td>자기 평가, 지도교사 평가</td><td colspan="2">반일(일일)보육계획 협의</td><td>반일(일일)보육 계획안 제출</td></tr>
<tr><td rowspan="2">4주</td><td></td><td></td><td>반일(일일) 보육활동 실시</td><td rowspan="2"></td><td rowspan="2"></td></tr>
<tr><td colspan="2">반일(일일)보육활동 자료 점검</td><td>자기 평가, 지도교사 평가</td></tr>
<tr><td rowspan="3">사후 참여 실습</td><td>5주</td><td colspan="5">• 참여관찰: 일과운영, 보육환경, 영유아-교사 상호작용 등
• 보조교사로서의 열할 수행하기
• 보육실습일지 작성 및 참관 경험에 대한 저널 작성 및 지도교사 평가
• 6주차 영역별 보육활동 선정 및 계획안 제출</td></tr>
<tr><td rowspan="2">6주</td><td></td><td>영역별 보육 활동 실습</td><td></td><td rowspan="2">최종 어린이집 실습 평가회 (원장, 지도교사 등 참여)</td><td rowspan="2">실습일지 및 기타 실습 관련 서류 제출</td></tr>
<tr><td></td><td>자기평가, 지도교사 평가</td><td></td></tr>
</table>

(3) 분리 C형(보육활동 운영실습 분리): 3주 보육활동 운영실습 + 3주 보육활동 운영실습

주		1일차	2일차	3일차	4일차	5일차
사전방문과 교육		• 사전 방문하여 실습 오리엔테이션을 실시함 • 보육실습 일정과 내용, 준비물, 준비 서류 및 기타 유의 사항 합의				
보육활동 운영실습 1	1주	• 어린이집의 운영철학 및 보육서비스 등의 특징 파악 • 어린이집 보육교직원들과 친밀감 형성 • 모든 연령 반 참여관찰: 일과운영, 보육환경, 영유아-교사 상호작용 • 실습반 영유아와의 친밀감 형성하기 • 보조교사로서의 역할 수행 • 본 실습반 관찰: 일과운영, 보육환경, 영유아-교사 상호작용 등 • 보육실습일지 작성과 지도교사의 평가 • 2주차 영역별 보육활동 선정 및 계획안 제출				
	2주				영역별 보육활동 실습	연계활동 계획안 제출
					자기평가, 지도교사 평가	
	3주		연계활동 실시		최종 어린이집 실습 평가회 (원장, 지도교사 등 참여)	실습일지 및 기타 실습 관련 서류 제출
		연계활동 자료 준비 및 제작	자기평가, 지도교사 평가	영역별 보육활동 선정		
보육활동 운영실습 2	4주				영역별 보육활동 실시	
				영역별 보육활동 선정	자기평가, 지도교사 평가	
	5주			반일(일일)보육계획 협의		반일(일일)보육 계획안 제출
	6주			반일(일일)보육 활동 실시	최종 어린이집 실습 평가회 (원장, 지도교사 등 참여)	실습일지 및 기타 실습 관련 서류 제출
		반일(일일)보육활동 자료 점검		자기평가, 지도교사 평가		

2. 보육실습 과정

보육실습은 사전실습, 정규실습, 사후실습을 모두 포함하는 형태로 이루어진다. 그리고 보육실습은 실습기관을 선정하는 것에서부터 시작되며, 출퇴근이 용이한 위치적 거리를 고려해야 한다. 또한 기본적으로 평가인증 유지와 1급 보육교사가 있어야 하며 원아수가 15인 이상이어야 한다. 실습기관이 정해지면 공식적인 절차를 통해 보육실습 신청서와 실습기관 동의서 및 건강진단서(보건소)를 제출하고, 실습을 시작하기 전 기관을 방문하여 실습기간과 실습에 필요한 공식적인 절차를 진행한다.

〈표 3-3〉 6주 보육실습 주요 내용

	사전지도계획
1주	• 보육실습어린이집 및 보육실습에 대한 전체적인 오리엔테이션 • 수업관찰을 충분히 할 수 있는 자료와 시간 제공(영유아 관찰 · 기록 후 피드백하기) • 영유아를 대하는 자세와 언어사용 지도 • 환경 구성 및 지도
2주	• 영유아 관찰 및 기록 • 지도교사 수업 보조: 수업 및 놀이와 생활참여 지도 • 교재 · 교구 제작, 환경 구성 및 정리 지도 • 활동 계획안 작성 및 제출과 그에 따른 피드백 제공
3주	• 영유아 관찰 및 기독 • 부분수업과 연계수업 실시 및 평가 • 교재 · 교구 제작 환경 구성 및 정리 지도
4주	• 부분수업과 연계수업 실시 및 평가 • 교재 · 교구 제작, 환경 구성 및 정리 지도 • 학급 운영 전반에 대한 이해: 영유아, 교직원, 학부모, 지역사회 이해
5주	• 부분수업과 연계수업 실시 및 평가 • 교재 · 교구 제작, 환경 구성 및 정리 지도 • 영유아와의 상호작용에 대한 조언 및 평가
6주	• 부분수업과 전일수업 실시 및 평가 • 영유아 관찰 및 기록 • 보육실습 총 평가

보육실습관련 내용	실행주체
보육실습신청서(방학 중 실습실시 경우)제출	학생 → 보육실습 담당교수
실습기관 선정	양성교육기관, 학생 협의
실습협조공문 발송	양성교육기관 → 보육실습기관
실습동의서 수령	보육실습기관 → 양성교육기관
보육실습생 상해보험 가입(권장사항)	양성교육기관 → 보험사
보육실습비 송금	양성교육기관 → 보육실습기관
양성교육기관에서 실습생 사전교육	양성교육기관 → 학생
실습생 신상카드, 서약서, 자기소개서 작성 지도, 실습일지 및 실습관련 서류 전달	양성교육기관 → 학생
실습생 실습기관 사전 방문 및 사전교육	학생 → 보육실습기관 → 학생
각종 서류 전달 (실습생신상카드, 서약서, 자기소개서, 보육실습확인서양식, 보육실습평가서양식, 실습비영수증양식, 실습건강진단결과서)	양성교육기관 → 학생 → 보육실습기관
6주 실습 실시 및 지도	보육실습기관 → 학생
각종 서류 전달 (보육실습확인서, 보육실습평가서, 실습비영수증) 보육실습일지 제출	보육실습기관 → 학생 → 양성교육기관 학생 → 양성교육기관
보육실습 평가회 및 보육실습 종료	

※ 「어린이집지원시스템」을 통하여 보육실습확인서를 제출한 경우 첨부서류를 제출하지 않아도 됨
(단, 유치원은 양성교육기관에서 양식제공)

1) 1주차 보육실습

1주차 보육실습은 실습생에게 낯선 환경에 적응하기 위한 긴장의 시간이다. 영유아 및 지도교사와 상호작용하며 필요한 업무와 보육활동을 숙지하는 기간이다.

오리엔테이션을 통해서 실습기관의 철학과 프로그램 운영, 반 구성과 환경 구성, 실습생의 역할과 준수사항 등에 대해 안내받게 된다.

보육실습생은 담당 반 영유아에 대한 발달 특성을 이해하고 개별적인 특성을 파악하며 놀이를 관찰하도록 하고, 관찰된 행동에 대한 분석 및 평가를 기록한다. 또한 보육환경을 관찰하고 점검하여, 영유아에게 적합한 보육환경이 될 수 있도록 구성한다. 지도교사의 지도에 따라 영역 배치와 하루 일과운영이 청결하고 안전하게 이루어질 수 있도록 청소 및 환기, 위생 점검을 수시로 하도록 한다.

실습을 시작한 날부터 일지를 작성하고 지도교사를 통해 일지작성에 조언을 받고 매일 작성하도록 한다. 보육실습일지는 일과운영에 따른 보육내용과 평가, 지도교사의 조언 등으로 구성된다.

2) 2주차 보육실습

2주차에는 일과운영과 놀이 관찰, 상호작용 등을 관찰하며 영유아와 친밀한 관계를 형성해 나가는 것에 초점을 둔다. 먼저 영유아와의 친밀한 상호작용을 위해서 연령에 따른 발달 특성을 이해하는 것이 중요하고, 개별적인 행동 특성을 파악하는 것이 중요하다. 또한 일과운영을 이해하고 등원 및 맞이하기와 간식, 기저귀 갈기 및 화장실 다녀오기에서의 실습생 역할을 파악하는 것이 필요하다. 오전 실내 놀이와 바깥놀이, 오후 실내놀이에서 교사의 놀이지원과 영유아 놀이를 관찰하게 된다.

2주차 보육실습에서 그 다음 주 보육활동을 계획하고, 놀이, 활동, 일상생활 등 3주차에 이루어질 아이들의 놀이를 예측하고 주제에 맞는 보육활동을 지도교사와 논의하여 계획한다.

3) 3주차 보육실습

실습환경의 적응과 영유아와 친밀한 관계 형성이 이루어지면 3주차에는 실제로 보육활동에 참여하는 것이 필요하다. 계획한 보육활동을 영유아에게 직접 제시해 보고 실행한 후 놀이를 관찰하고 기록 및 평가하여 다음날 놀이 지원을 계획한다. 보육활동에 대한 자기평가와 지도교사 평가를 하고 4주차 놀이와 활동에 대한 계획안 작성을 한다.

4) 4주차 보육실습

영역별 보육활동 실행 후 놀이와 일상, 활동 등을 2개 연계한 보육활동을 계획하여 영유아들이 흥미롭게 참여하여 진행될 수 있도록 한다. 보육활동 계획을 지도교사에게 검토 받으며 계획한 보육활동에 필요한 자료 및 교재교구를 준비한다.

5) 5주차 보육실습

일과 중 반나절 또는 종일을 주 교사로서 보육활동을 계획하고 실행하게 된다. 반일 또는 종일 실습을 하며 실제 보육교사로서의 역할을 경험하게 되는 기간이다. 하루 일과를 진행하며 영유아의 개별적 상황을 고려하였는지, 놀이와 활동, 일상생활이 어떻게 진행되었는지와 활동 간의 연계가 적절히 이루어졌는지를 평가해 보고 차후 보완해야 하는 것에 대해 점검해 본다.

6) 6주차 보육실습

6주 동안의 최종 평가를 통해 실습을 종료하는 과정으로 영유아 관찰 평가와 보육일지를 마감해야 한다. 또한 실습과정을 함께 생활한 영유아에게도 인사를 나누고 지도해 주신 선생님과 실습의 기회를 마련해 준 기관과 원장님께도 감사한 마음을 가질 수 있도록 한다.

자기평가(저널, 실습 소감문, 실습 평가서, 체크리스트 등)를 통해 최종 마무리를 하며, 실습평가서를 통해 보육실습 기간을 되돌아보고 자신을 점검하는 시간을 가져본다. 또한 기관에서 평가하는 평가 영역을 잘 숙지하고 보육교사에게 필요한 여러 영역을 잘 수행할 수 있도록 하는 것이 중요하다.

기관평가는 100점 만점으로 근무 태도 및 자질(20점), 보육활동 계획과 실행에 따른 평가(30점), 영유아 행동 및 놀이 관찰, 영유아 상호작용과 놀이 참여 등의 예비교사로서 역할 수행(30점), 보육실습일지 작성(10점), 실습기간 동안 예비교사로서 향상 정도를 평가하는 총평(10점)으로 구성된다.

04

Chapter

보육실습 평가

배울내용

1. 보육실습 평가의 목적
2. 보육실습 평가의 내용
3. 보육실습 평가의 방법
4. 보육실습 사후의 관리
5. 국가자격제도 안내
6. 자격증(자격확인서) 신청 및 발급

학습목표

1. 보육실습 평가의 목적을 이해한다.
2. 보육실습 평가의 내용을 숙지한다.
3. 보육실습 평가의 방법을 숙지한다.
4. 보육실습 사후의 관리를 이해한다.
5. 국가자격제도를 이해한다.
6. 자격증 신청 및 발급 절차를 숙지한다.

1. 보육실습 평가의 목적

보육실습 평가는 교사로서의 실습생의 기본자질과 역할을 확인하는 기회를 제공하고, 영유아보육의 역량을 증진시킬 수 있는 활동으로 대상자에 따라 실습 지도교사와 원장, 보육실습생 자기평가로 나누어 볼 수 있다. 그리고 보육실습 평가의 주목적은 원장과 지도교사와 실습생이 함께 참여하여 실습과정의 목표와 내용 및 방법을 객관적이고 과학적으로 검토하고자 하는 것이다. 한국보육진흥원(2013)에서 보육실습 평가의 목적과 목표에 대한 지침내용은 다음과 같다.

1) 보육실습 평가의 목적

- 이론과 실습을 겸비하여 영유아에 대한 심화된 이해를 돕는다.
- 보육실습의 진행 정도를 파악하여 실습의 질을 진단한다.
- 실습생이 보육 역량을 강화하여 전문성을 획보한다.
- 예비보육교사의 발전과정을 이해하여 반성적 사고를 촉진한다.
- 보육교사의 역할 수행에 대해 긍정적 태도를 기른다.

2) 보육실습 평가의 목표

- 보육실습의 목표 달성 여부를 확인한다.
- 실습생의 보육실습 성취도를 구체화한다.
- 실습생에게 보육교사로서의 향후 진로에 도움을 준다.
- 실습생에게 보육교사로서의 역량 여부에 대한 자기 이해를 돕는다.

• 보육실습 결과를 확인하여 보완점을 파악한다.
• 국가자격증 부여의 조건인 교과목 이수 인정의 근거 자료가 된다.

2. 보육실습 평가의 내용

보육실습의 평가는 평가의 영역과 내용에 따른 배점표에 기준하여 공정성과 형평성, 객관성을 유지하면서 엄정하게 진행해야 한다.

영역		평가항목	배점
근무태도와 자질 (20점)	근무사항	출석, 결석, 지각, 조퇴 등	5
	태도	성실성, 근면성, 친절, 적극성, 복장 및 용모, 예절	5
	자질	영유아 존중, 책임감, 인성, 열의	5
	관계형성	실습 지도교사와의 관계, 동료 실습생과의 관계	5
보육활동 계획과 실행 (30점)	보육활동계획	영역별, 반일(일일)보육활동 계획의 적합성과 충실한 준비	15
	보육활동실행	영역별, 반일(일일)보육활동 효과적이고 적절한 실행 정도	15
예비보육교사로서 역할 수행(30점)		영유아 행동 및 놀이 관찰, 보육환경 관찰	5
		보육일과 진행 보조와 일상생활지도	10
		영유아 상호작용과 놀이 참여	15
보육실습일지 작성 (10점)		구체적이고 충실한 보육실습일지 작성과 일일자기평가 및 지도교사 평가 반영	10
총평(10점)		실습기간 동안 예비보육교사로서 향상된 정도	10
총점			100

3. 보육실습 평가의 방법

예비보육교사로서의 역할수행에 얼마나 친숙해지고 직무에 적응하였는지에 초점을 맞추어 실습생을 평가하도록 한다.

1) 보육실습생의 자기평가

실습생이 스스로 하는 자기평가는 보육실습의 과정과 결과에 기초하여 자신을 객관적으로 평가하는 것이며, 보육교사로서 특별히 요구되는 태도, 자질, 역할, 능력 면에서 자신을 파악할 수 있다. 보육실습의 주체는 실습생 자신이므로 이러한 실습의 기회가 자신의 역량을 발견하는 데 도움을 주는 중요한 계기로 삼아야 한다.

자신의 보육실습 과정과 결과를 평가 척도에 의한 자기평가, 반성적 저널에 의한 자기평가, 보육실습 종료 후 보육실습 소감을 기록하거나 보육실습일지에 자기평가를 기록할 수 있다. 반성적 사고는 자기 분석, 지도교사와의 협의회, 다른 교사의 관찰, 저널쓰기 등 많은 교육 경험을 통해서 일어날 수 있으며, 이 중 저널쓰기는 자신의 교수활동을 반성하는 데 가장 도움이 되는 방법이다.

- 자기평가는 자기반성을 위한 평가이기 때문에 자기 행동을 가능한 한 객관적으로 평가해야 한다.
- 자기평가표는 장래 교사 생활의 반성 자료로 활용할 수 있다.

보육실습 시 교사로서의 자기 분석 및 평가를 해 보고 다른 학생들과 실습 경험을 나누는 기회를 통해, 자신의 경험을 객관화하고 전문성을 갖춘 교사로서 향후 발전 방향을 탐색하는 기회를 갖는다. 이때 실습기관을 1~2회 사후 방문하여 실습 후의 보육실(반)운영에 대한 좀 더 폭 넓어진 시각을 경험하거나 실습지도교사와 교사 자질 및 역할에 대한 다양한 조언을 듣는 기회를 갖는 것이 바람직하다.

실습이 끝난 후에 실습에 관한 실습생 자기평가, 수업시간 내 평가 사례를 제시하면 다음과 같다.

- 보육실습이 끝난 후 다른 실습생과 실습 관련 내용에 대해 토론하기
- 보육실습 후 다른 실습생과 자신의 실습일지를 돌려 읽으며 자신의 보육일지에 대해 서로 발전적인 조언해 주기
- 보육실습일지를 학생 스스로 다시 읽어보고 자신의 생각과 행동을 분석, 평가해 본 후 자기평가표에 기록하기
- 실습 시 보았던 교사의 역할 이외에 어떤 다른 역할들이 있는가에 대해 토론하기
- 실습생과 지도교사의 역할을 바꾸어 보고 상대방 입장에서 자신의 실습 자세와 내용에 대해 평가해 보기, 이때 지도 교사의 어려움이 무엇이었는가를 논의해 보기

2) 보육실습기관의 평가

원장은 실습생과 실습 지도교사의 보육실습 지도에 대해 객관적 평가를 하고 바람직한 보육실습의 방향을 제시해야 하며, 실습지도가 적합하게 이루어지고 있는지 실습의 과정을 관리 및 감독하고, 실습 지도교사가 열의를 가지고 실습생을 지도할 수 있도록 지지하고 조언해 주어야 한다. 또한 보육실습일지 점검이나 실습생과의 면담을 통해 실습생의 어려움을 경청하고 해결 방안을 찾도록 도와주고 전반적인 평가를 해야 한다.

〈보육실습기관 원장의 평가내용〉

- 보육실습기관의 원장은 보육실습생과 실습지도교사의 보육실습 지도에 대해 객관적 평가를 하고 바람직한 보육실습의 방향을 제시한다.
- 원장은 보육실습 지도가 적합하게 이루어지고 있는지 보육실습의 전 과정을 관리 및 감독한다.
- 원장은 보육실습 지도교사가 열의를 가지고 보육실습생을 지도할 수 있도록 실습 지도교사를 지지해 주며 업무상 어려운 점을 파악하여 조언해 준다.
- 보육실습일지 점검이나 보육실습생과의 면담을 통해 실습생의 어려움을 경청하고 해결 방안을 찾도록 도와준다.
- 원장은 보육실습 지도교사와의 협의를 통해 보육실습에 대해 전반적인 평가를 한다.

실습지도교사는 실습생의 행동과 태도를 잘 관찰하여 기록 및 평가하고 예비보육교사로서의 역할 수행을 잘 할 수 있도록 지도한다. 실습생의 올바른 언어 사용, 자세와 태도, 성실성, 책임감 등을 관찰하여 미숙한 점과 부족한 점을 평가하고 성심껏 조언하여야 하며, 계획안과 보육실습일지를 검토하여 전문성 향상에 초점을 두고 구체적인 지도를 해 주어야 한다. 지도교사의 객관적인 평가를 통해 실습생의 자기반성적 사고에 도움을 줄 수 있도록 평가가 이루어져야 한다.

〈보육실습 지도교사의 평가내용〉

- 지도교사는 실습생의 행동과 태도를 관찰하여 기록 및 평가하고 예비보육교사로서의 역할수행을 잘 할 수 있도록 지도한다.
- 실습생의 바른 언어사용, 자세와 태도, 성실성, 책임감 등을 관찰하여 미숙한 점과 부족한 점을 평가하고 성심껏 조언한다.
- 실습생의 보육활동계획안을 검토하여 교사로서의 전문성 향상에 초점을 맞추어 구체적으로 제안해 준다.

- 보육실습을 진행하는 동안 실습생이 직접 작성한 자료와 보육실습일지 등을 세심하게 검토하여 타당하고 신뢰성 있는 평가를 실시한다.
- 실습생의 보육활동 실습에 대해 계획 및 준비부터 결과까지 구체적인 평가를 시행한다.
- 지도교사의 객관적인 평가를 통해 실습생의 자기 반성적 사고에 도움을 줄 수 있는 합리적인 평가가 이루어지도록 한다.
- 보육실습을 시작할 때부터 마칠 때까지 다양한 영역을 포함하여 꾸준하고 지속적인 평가가 이루어지도록 한다.
- 지도교사는 보육실습평가서를 객관적으로 정확히 작성한다.

3) 양성교육 기관(대학)의 평가

양성교육 기관(대학)에서는 실습기관에서 평가한 실습결과 보고서와 실습 순회지도를 통해 파악한 실습기관의 상황과 실습생에 대한 관찰 기록, 실습일지, 연구수업 계획안, 교구제작 계획서 등과 같은 과제 수행 자료와 기록물을 근거로 실습생의 실습 결과에 대한 객관적인 종합적 평가를 한다.

담당 지도교수는 보육실습기관을 선정한 때부터 실습기관과 교류를 시작하고, 원장과 지도교사에게 교과운영 특성, 실습생의 학문적 배경, 보육실습 준비 상태 등을 알려주어야 한다. 또한 실습생의 보육실습 진행 여부를 세밀히 관찰하고, 실습생으로서 경험하는 심리적 정서적 지원도 해 주어야 한다.

실습기관을 방문 지도 후 실습기관에 대한 방문소감과 지도교사 및 원장과의 면담 내용, 실습생의 보육실습 과정 및 참여 태도, 어린이집의 요구 사항과 취업 상담 등의 내용을 종합적으로 정리하여 보육실습기관 방문결과 보고서를 작성하도록 한다.

보육교사 자격증 획득을 위해서 보육실습기관에서 평가하여 작성한 평가서와 실습기관 방문을 통해 작성한 면담 자료, 실습기관의 현황과 실태, 실습생의 관찰 기록, 실습생이 작성 완료한 보육실습일지, 보육계획안, 교구제작 계획안, 사진 자료 등의 여러 자료를 근거로 종합적으로 평가한다.

4. 보육실습 사후의 관리

보육실습을 마친 후 지도교수와 보육실습생이 함께 참여하여 실습에 대한 평가회를 개최한다. 평가회는 보육실습생에게 실습 시작부터 끝까지 예비교사로서 자신의 변화를 재확인하고, 반성적 사고의 기회를 제공할 수 있도록 한다. 보육실습 평가회에 실습생을 지도하였던 지도교사나 원장을 초대하여 보육실습기관의 측면에서 바라본 실습 평가 내용을 듣는 기회를 갖는 것이 바람직하다.

1) 보육실습 평가회

평가회는 보육교직원의 입장에서 실습생에게 유익한 조언과 제안을 해 주며 더 나아가 미래의 교사에게 보육의 비전을 제시하는 시간이 되도록 하는 것에 의미가 있다.

보육실습기관의 원장은 실습지도교사와 실습생의 인간관계와 직무관계를 통합적으로 지원하고 관리하는 역할을 수행하고, 실습생이 좀 더 객관적이고 포괄적인 관점에서 보육실습을 바라보고 이론을 배울 때 현장 경험의 중요성을 재인식할 수 있도록 격려한다. 또 나아가 실습생에게 유익한 조언과 제안을 해 주며 예비보육교사로서의 비전을 제시하는 시간이 되도록 한다.

실습지도교사는 실습생을 지도하는 개인의 역량을 바탕으로 실습생과 인간적 관계를 유지하면서 동시에 보육교사의 역할에 기반한 직무수행을 통해 멘토의 역할을 할 수 있도록 한다.

보육실습생은 실습과정을 통해 교사로서의 자질 형성뿐만 아니라 현장실습의 목표달성이 잘 이루어졌는지 확인하는 과정이다. 특히 보육실습을 2개 기관으로 나누어 진행하는 경우 첫 번째 기관에서 중간 평가회를 가지고 마지막 기관에서 최종 평가회를 가지도록 한다. 평가회 진행 시 학생이 주의할 점은 다음과 같다.

- 보육실습 시 보육실습기관이나 실습지도교사의 잘못된 점을 논의하는 시간이 아님을 염두에 두고, 현장에서 이론을 접목한 점, 지도교사의 적절한 조언이나 평가, 현장에서 배울 점 등에 대해 실습생으로서 자신을 평가한다.
- 어떤 지속적인 개선 노력을 통해 보육교사로서의 전문성을 확보할 수 있는지 다각적인 해결방안에 중점을 두고 다른 학생과 열린 마음으로 의견을 나눈다.
- 6주 동안 진행된 보육실습의 내용에 중점을 두어 예비교사로서 성장할 수 있는 자신의 장점과 강점을 평가해 본다.
- 영유아를 상세히 관찰하고 직접 지도한 보육활동의 경험을 바탕으로 자신의 지도법을 회상하여 다른 학생들과 비교해 본다.
- 동료학생들의 실습일지를 서로 나누어 읽고 서로에게 조언을 주는 상호보완적 평가의 시간을 갖는다.
- 실습에서 드러난 문제에 대해서는 개인적이나 지도교사와의 관계 차원에서 그 문제의 원인을 찾기보다는 다각적인 차원에서 원인과 해결책을 찾아보도록 한다. 즉 자기 자신, 보육실습기관, 양성교육기관, 부모, 국가 정책이 이러한 문제에 대해 어떻게 해결책을 찾아야 하는가를 토론해 본다.

2) 보육실습 관련 자료 보관

보육교사 양성교육 기관에서는 보육실습과 관련하여 실습기록대장을 영구 보존하고, 다음의 자료는 연도별로 5년 동안 보관한다.

- 보육실습 확인서 사본
- 보육실습기관 방문결과 보고서
- 보육실습 평가서
- 보육실습비 영수증
- 보육실습 동의서
- 보육실습 지도교사 자격증 사본
- 보육실습기관 인가증 사본

3) 보육교사 자격증 신청

보육교사 자격증은 〈보육인력 국가자격증〉 홈페이지를 통해 신청 가능하다. 자격증 신청과 관련된 서류 중 보육실습 확인서 제출 시 변경 사항은 다음과 같다.

자격증 신청 변경사항

1. 어린이집 "평가제" 또는 "평가인증제" 표기
   - 보육실습 시작일을 기준으로 어린이집의 "평가제" 또는 "평가인증제(종전규정)" 체크
   → "평가제" 해당 시: 평가등급 기재
   → "평가인증제" 해당 시: 인증 유효기간 기재

2. 실습 지도교사 1인당 3인 이내 보육실습생 확인 방법
   - 「어린이집지원시스템」에 지도교사 등록 시: 자동체크
   - 「어린이집지원시스템」에 지도교사 등록하지 않은 경우
   : '3. 실습 지도교사' 작성 후 (예□/아니오□) 체크 후 하단의 원장직인, 학과장직인 필.
   ※ 미체크 시 「실습 지도교사 1인당 3인 이내의 보육실습생 지도 확인서」

「참고자료」- 코로나 19로 인한 간접실습

코로나19 예방을 위해 2020~2021학년도에 한하여 양성교육기관의 보육실습을 다음과 같이 운영 가능합니다.

(보육현장실습 운영)

1. 총 6주 240시간 중, 4주 160시간은 보육현장 직접실습으로 진행, 2주는 교육부 방침과 동일하게 간접실습 방식으로 보육현장실습 대체운영 가능
   * 양성기관 내 특강 · 모의수업, 온라인 수업 · 참관 등 간접 방식으로 대체 등
   - 단, 보육실습 교과목이 2020~2021년에 개설된 경우에 한하여 적용 가능함

2. 2주 간접실습 이수 시, 4주 직접실습에 대해서는 기존과 동일하게 '보육실습확인서' 제출 필수
   - 6주 240시간 동안 직접실습을 이수한 자는 '보육실습확인서'만 제출

출처: 보육인력국가자격증

5. 국가자격제도 안내

1) 국가자격제도 도입 배경

- 어린이집 원장과 보육교사 자격관리의 효율성 및 투명성을 제고하고, 보육 서비스의 질적 수준을 향상하기 위하여 국가자격증 제도를 도입함
- 어린이집 원장과 보육교사로 근무하기 위해서는 보건복지부장관이 검정 · 수여하는 국가자격증을 받은 자이어야 함
- 또한 장애영유아를 위한 보육교사의 자질 및 전문성을 향상시키고 장애영유아 보육서비스의 질적 수준을 향상하기 위해 2015년 7월 1일 장애영유아를 위한 보육교사 자격확인서 제도를 도입함

2) 자격증 수여권자 및 자격검정 · 발급기관

- 수여권자: 보건복지부장관
- 자격검정 및 발급기관: 한국보육진흥원
  - 어린이집 원장 · 보육교사의 자격검정과 자격증 발급 · 재발급에 관한 업무는 한국 보육진흥원에서 수행함
  - 장애영유아를 위한 보육교사 자격확인서는 한국보육진흥원장 명의로 발급함
- 보육인력 국가자격증 홈페이지: http://chrd.childcare.go.kr/
- 한국보육진흥원 주소: 서울시 용산구 청파로345 주연빌딩 5층 한국보육진흥원 자격관리팀(04303)

- 관련근거: 「영유아보육법」 제51조의2 및 「동법 시행령」 제26조의2(업무의 위탁), 「장애영유아를위한보육교사 자격검정을 위한 업무 위탁기관 지정 및 자격검정절차 등에 관한 고시」 (보건복지부 고시 제2015-121호. 2015.7.1.)

3) 자격검정 방법

- 자격검정 방법: 무시험검정
- 자격검정 일반원칙
  - 어린이집 원장 · 보육교사, 장애영유아를 위한 보육교사의 자격검정은 무시험을 원칙으로 하며, 「영유아보육법 시행령」 제21조 [별표1], 「장애아동복지지원법 시행령」 제5조 및 「동법 시행규칙」 제12조 [별표3]에 의한 자격기준을 갖추었는지 여부를 신청자가 제출한 서류를 심사하여 검정

  * 자격검정 및 자격증(자격확인서) 발급 관련 중요사항은 보육시설종사자 자격검 정위원회의 심의 · 의결을 통해 결정

4) 자격증(자격확인서) 발급

- 어린이집 원장 및 보육교사 자격기준을 갖추고 자격검정에 합격한 사람에게는 「영유아보육법 시행규칙」 제18조 제3항 관련 별지 제12호의2 서식에 따른 자격증 발급
- 「장애영유아를 위한 보육교사의 자격기준을 갖추고 자격검정에 합격한 사람에게는 「장애영유아를 위한 보육교사 자격검정을 위한 업무 위탁기관 지정 및 자격검정절차 등에 관한 고시」 별지 제3호 서식에 따른 자격확인서 발급

6. 자격증(자격확인서) 신청 및 발급

1) 신청

- 보육인력 국가자격증 홈페이지(www.chrd.childcare.go.kr)에서 인터넷 신청
  * 2010년 12월 신청방법 단일화로 인터넷 신청 필수
- 신청 시 수수료 납부(10,000원)
- 인터넷 신청 후 자격기준별 제출서류는 등기우편으로 발송
- 자격증 신청 후 진행현황은 보육인력 국가자격증 홈페이지(www.chrd.childcare.go.kr) 마이페이지에서 조회
  * 제출서류 및 수수료는 '서류접수완료' 후 반환 불가

보 육 실 습 확 인 서

1. 실습 이수자 기본사항

이 름	생년월일	양성교육기관명

2. 실습기관

<table>
<tr><td colspan="2">실습기관명</td><td></td><td>기관종류</td><td></td></tr>
<tr><td colspan="2">실습기관 인가 정원</td><td></td><td>최초인가일</td><td>년 월 일</td></tr>
<tr><td rowspan="2">구분</td><td>평가제</td><td></td><td>평가 등급
(평가 주기 시작일)</td><td>년 월 일</td></tr>
<tr><td>평가인증제</td><td></td><td>인증유효기간</td><td>년 월 일 ~
년 월 일</td></tr>
<tr><td colspan="2">주소</td><td></td><td>연락처</td><td></td></tr>
</table>

* 어린이집은 운영형태(가정, 민간, 직장, 국공립 등) 기재, 유치원은 방과후과정 운영 여부 기재

3. 실습 지도교사

<table>
<tr><td>이 름</td><td>자격 종류</td><td>자격번호</td></tr>
<tr><td></td><td></td><td></td></tr>
<tr><td colspan="3">* 실습 지도교사는 동일 실습기간 내, 보육실습생을 3명 이내로 지도하였습니까?
(예 □/ 아니오 □)</td></tr>
</table>

4. 실습기간

실습기간	년 월 일 ~ 년 월 일(주간)
실습시간	총 시간(매주 월요일 ~ 금요일까지, 오전 시 ~ 오후 시)

위 사람은 영유아보육법시행규칙 제12조제1항에 따른 보육실습 기준을 준수하여 보육실습을 충실히 이수하였음을 확인합니다.

년 월 일

OOO어린이집원장 (직인)

학과장 (직인)

- **'13. 3. 1. 이후 어린이집에서 보육실습을 이수하는 경우, 「어린이집지원시스템」을 통하여 보육실습 내용 등록 및 제출**
- **보육실습 내용 시스템 미등록자는 첨부서류(① 실습기관 인가증 사본 ② 보육실습 지도교사 자격증 사본) 제출 필수**

※ 영유아보육법 제48조에 따라 거짓이나 그 밖의 부정한 방법으로 자격증을 취득한 경우, 보육교직원 자격이 취소될 수 있습니다.

〈보육실습확인서 작성 방법 및 유의사항〉	
실습 이수자 기본사항	보육실습 이수자의 기본정보를 빠짐없이 기재합니다. 양성교육기관명에는 재학 중인 대학 또는 교육기관명을 기재합니다.
실습기관	2017. 1. 1. 이후 보육실습 이수자는 어린이집 평가 관련 사항을 반드시 기재합니다.(단, 2016.12월 말까지 보육실습 이수자는 평가 관련 사항 제외) 가. 실습기관명: 보육실습을 이수한 어린이집 또는 유치원명을 기재합니다. 나. 기관종류: 어린이집은 운영형태(민간, 가정, 직장, 국공립 등), 유치원은 방과 후 과정 운영 여부를 기재합니다. 다. 실습기관 인가정원: 보육실습 시작일 기준으로 실습기관의 인가받은 정원을 기재합니다. 마. 구분: 보육실습 시작일 기준으로 실습기관이 평가제를 받은 어린이집인 경우 '평가제'에 체크(○), 종전규정에 따라 평가인증을 받은 어린이집인 경우 '평가인증제'에 체크(○)합니다.(유치원은 해당하지 않음) 바. 평가 등급('평가제'체크 시 작성): 보육실습 시작일 기준으로 어린이집의 평가제 결과 등급(예: A, B)을 기재합니다.(유치원은 해당하지 않음) * 평가 주기 시작일: 보육실습 시작일 기준으로 어린이집이 받은 평가등급의 주기 시작 일자를 기재합니다.(유치원은 해당하지 않음) 사. 인증 유효기간('평가인증제' 체크 시 작성): 보육실습 시작일 기준으로 종전 규정에 따라 평가인증을 받은 어린이집의 인증 유효기간을 기재합니다.(유치원은 해당하지 않음) 아. 주소: 실습기관의 주소지를 기재합니다. 자. 연락처: 실습기관의 연락처를 기재합니다.
실습 지도교사	가. 2007년 이후 보육실습 이수자부터는 실습 지도교사의 이름, 자격 종류(보육교사 1급 또는 유치원 정교사 1급 중 택1), 자격번호를 기재합니다. 나. 2013년 3월 1일 이후 보육실습 이수자부터는 실습 지도교사가 동일한 실습 지도기간 내에 실습생을 3명 이내로 지도하였는지 체크합니다. (체크 시 기존「실습 지도교사 1인당 3인 이내의 보육실습생 지도 확인서」제출 불필요) ※ 실습 지도교사가 2인 이상인 경우 모두 기재함.
실습기간	가. 총 시간: 1일 실습 시간에 실습 일수를 곱한 시간을 기재합니다. (예: 8시간(1일 실습 시간) X 30일(실습일수) = 240시간) 나. 오전 9시~오후 7시 사이의 시간을 입력합니다. ※ 유의사항 • 실습기간 중 질병으로 인하여 연속실습 불가능한 경우, 결석당일의 진료확인서를 준비하여 자격증 신청 시 제출함.(실습기간 6주 240시간은 준수해야 함) • 실습 중 실습기관 방학 등으로 실습기간 확인이 필요한 경우 '가정통신문(어린이집 직인 필수)등'을 준비하여 자격증 신청시 제출함.
직인	보육실습확인서 1장에 어린이집 원장, 학과장 직인을 모두 날인해야 합니다. ※ 교육기관별(대학, 보육교사교육원, 평생교육원) 학과장 직인 날인 방법 • 대학: 보육실습 교과목이 개설된 학과의 학과장 직인 날인 • 보육교사교육원: 보육교사교육원장 직인 날인 • 평생교육원: 평생교육원장 직인 날인

간접실습 확인서

보육실습생 ○○○는 2021년 ○학기에 보육실습 6주 240시간 중 2주를 간접실습으로 실시하였음을 확인합니다.

1. 성　　　명 : ○○○
2. 생 년 월 일 : 0000년 00월 00일
3. 양성교육기관 : ○○대학교 ○○학과
4. 학　　　번 :
5. 간접실습 내용

담당교수	간접실습기간	간접실습시간	운영방법 및 세부내용
○○○	'21.00.00.~00.00.	ㅇㅇ시간	세부 운영방법 및 내용 상세기재

년　　월　　일

학과장　　　　　　　(서명 또는 인)

※ 간접실습은 교육부 방침과 동일하게 대체운영 가능(양성기관 내에서 특강 · 모의수업, 온라인 수업 · 참관 등 간접방식으로 운영)
※ 2주 간접실습 이수 시, 4주 직접실습에 대해서는 기존과 동일하게 '보육실습확인서' 제출 필수
※ 6주 240시간 동안 직접실습을 이수한 자는 '보육실습확인서'만 제출

PART

2

보육실습의 이해

Chapter 05 표준보육과정(누리과정)의 이해
Chapter 06 일과운영의 이해

05
Chapter

표준보육과정(누리과정)의 이해

배울내용

1. 표준보육과정(0~2세)과 누리과정(3~5세)의 목적과 목표를 알고, 각 연령별 세부 내용에 대해 알아본다.
2. 표준보육과정과 누리과정의 영역별 비교를 통해 영유아의 연속적 경험과 연령 간 발달적 연계에 대해 알아본다.

학습목표

1. 표준보육과정(0~2세)과 누리과정(3~5세)의 목적과 목표를 알 수 있다.
2. 표준보육과정(0~2세)과 누리과정(3~5세)의 내용에 대해 알 수 있다.

1. 0~2세 표준보육과정

1) 0~2세 표준보육과정의 목적 및 목표

어린이집 표준보육과정(이하, '표준보육과정'이라 함)은 0~5세 영유아를 위한 국가 수준의 보육과정이며 0~1세 보육과정, 2세 보육과정, 3~5세 보육과정(누리과정)으로 구성한다.

표준보육과정의 목적에는 영유아기의 특성을 반영하여 표준보육과정이 지향해야 하는 바를 제시하였다. 표준보육과정의 목적 아래 제시된 목표는 영유아가 추구하는 인간상으로 성장하기 위해 필요한 사항을 중심으로 구성하였다.

표준보육과정의 목적은 영유아가 놀이를 통해 심신의 건강과 조화로운 발달을 이루고 바른 인성과 민주 시민의 기초를 형성하는 데에 있다.

표준보육과정의 목적에는 '놀이를 통해'라는 표현을 제시하여 영유아기의 고유한 특성을 강조하였다. 또한 전통적으로 영유아 보육에서 강조해 온 '심신의 건강', '조화로운 발달'과 '민주 시민'의 가치를 반영하였다. 인성의 중요성이 사회 전반에 걸쳐 강조되고 있다는 점을 반영하여 이번 개정 표준보육과정의 목적에 '바른 인성'을 추가하였다. 표준보육과정의 다섯 가지 목표에서는 추구하는 인간상의 구체적인 내용을 설명하고 있다. 이와 같이 표준보육과정의 추구하는 인간상, 목적, 목표는 체계적으로 연계되어 있다.

표준보육과정이 추구하는 인간상은 다음과 같다.

- 건강한 사람
- 자주적인 사람
- 창의적인 사람
- 감성이 풍부한 사람
- 더불어 사는 사람

(1) 표준보육과정의 목적

표준보육과정의 목적은 영유아가 놀이를 통해 심신의 건강과 조화로운 발달을 이루고 바른 인성과 민주 시민의 기초를 형성하는 데에 있다.

(2) 표준보육과정의 목표

① 자신의 소중함을 알고, 건강하고 안전한 환경에서 즐겁게 생활한다.
② 자신의 일을 스스로 하고자 한다.
③ 호기심을 가지고 탐색하며 상상력을 기른다.
④ 일상에서 아름다움에 관심을 가지고 감성을 기른다.
⑤ 사람과 자연을 존중하고 소통하는 데 관심을 가진다.

2) 0~2세 표준보육과정의 내용

(1) 기본생활

연령	0~1세	2세
목표	건강하고 안전한 일상생활을 경험한다. • 건강한 일상생활을 경험한다. • 안전한 일상생활을 경험한다.	건강하고 안전한 생활습관의 기초를 형성한다. • 건강한 생활습관의 기초를 형성한다. • 안전한 생활습관의 기초를 형성한다.
내용 범주	내용	
건강하게 생활하기	- 도움을 받아 몸을 깨끗이 한다. - 음식을 즐겁게 먹는다. - 하루 일과를 편안하게 경험한다. - 배변의사를 표현한다.	- 자신의 몸을 깨끗이 해본다. - 음식에 관심을 가지고 즐겁게 먹는다. - 하루 일과를 즐겁게 경험한다. - 건강한 배변습관을 갖는다.
안전하게 생활하기	- 안전한 상황에서 놀이하고 생활한다. - 안전한 상황에서 교통수단을 이용해본다. - 위험하다는 말에 주의한다.	- 일상에서 안전하게 놀이하고 생활한다. - 교통수단을 안전하게 이용해본다. - 위험한 상황에 대처하는 방법을 경험한다.

(2) 신체운동

연령	0~1세	2세
목표	감각으로 탐색하고 신체활동을 즐긴다. • 감각으로 신체를 탐색한다. • 신체활동을 즐겁게 경험한다.	감각을 활용하고, 신체활동을 즐긴다. • 감각을 활용하고 신체를 인식한다. • 신체활동을 즐긴다.
내용 범주	내용	
감각과 신체 인식하기	– 감각적 자극에 반응한다. – 감각으로 주변 환경을 탐색한다. – 신체를 탐색한다.	– 감각 능력을 활용한다. – 신체를 인식하고 움직인다.
신체활동 즐기기	– 대 · 소근육을 조절한다. – 기본운동을 시도한다. – 실내외 신체활동을 즐긴다.	– 대 · 소근육을 조절한다. – 기본운동을 즐긴다. – 실내외 신체활동을 즐긴다.

(3) 의사소통

연령	0~1세	2세
목표	의사소통 능력의 기초를 형성한다. • 일상생활에서 듣기와 말하기를 즐긴다. • 읽기와 쓰기에 관련된 관심을 가진다. • 책이나 이야기에 관심을 가진다.	의사소통 능력과 상상력의 기초를 형성한다. • 일상생활에서 듣기와 말하기를 즐긴다. • 읽기와 쓰기에 관심을 가진다. • 책과 이야기에 재미를 가진다.
내용 범주	내용	
듣기와 말하기	– 표정, 몸짓, 말과 주변의 소리에 관심을 갖고 듣는다. – 상대방의 이야기를 들으면서 말소리를 낸다. – 표정, 몸짓, 말소리로 의사표현을 한다.	– 표정, 몸짓, 말에 관심을 갖고 듣는다. – 상대방의 이야기를 듣고 말한다. – 표정, 몸짓, 단어 또는 문장으로 의사표현을 한다. – 자신의 요구와 느낌을 말한다.
읽기와 쓰기에 관심 가지기	– 주변의 그림과 상징에 관심을 가진다. – 끼적이기에 관심을 가진다.	– 주변의 그림과 상징, 글자에 관심을 가진다. – 끼적이며 표현하기를 즐긴다.
책과 이야기 즐기기	– 책에 관심을 가진다. – 이야기에 관심을 가진다.	– 책에 관심을 가지고 상상한다. – 말놀이와 이야기에 재미를 느낀다.

(4) 사회관계

연령	0~1세	2세
목표	나를 인식하고 친숙한 사람과 관계를 맺는다. • 나와 다른 사람을 구별된 존재로 인식한다. • 안정적인 애착을 형성하고 또래, 교사와 함께 지낸다.	나를 알고 다른 사람과 더불어 생활하는 경험을 한다. • 나를 알고 긍정적으로 여긴다. • 다른 사람과 즐겁게 지내기 위한 태도를 기른다.
내용 범주	내용	
나를 알고 존중하기	- 나를 인식한다. - 나의 욕구와 감정을 나타낸다. - 나와 친숙한 것을 안다.	- 나와 다른 사람을 구별한다. - 나의 감정을 표현한다. - 내가 좋아하는 것을 한다.
더불어 생활하기	- 안정적인 애착을 형성한다. - 또래에게 관심을 가진다. - 다른 사람의 감정과 행동에 관심을 가진다. - 반에서 편안하게 지낸다.	- 가족에게 관심을 가진다. - 또래와 함께 놀이한다. - 다른 사람의 감정과 행동에 반응한다. - 반에서 규칙과 약속을 알고 지킨다.

(5) 예술경험

연령	0~1세	2세
목표	아름다움을 느끼고 경험한다. • 자연과 생활에서 아름다움에 관심을 가진다. • 예술적 경험을 표현한다.	아름다움을 느끼고 즐긴다. • 자연과 생활에서 아름다움을 느끼고 관심을 가진다. • 예술을 통해 자유롭게 표현한다.
내용 범주	내용	
아름다움 찾아보기	- 자연과 생활에서 아름다움을 느낀다. - 아름다움에 관심을 가진다.	- 자연과 생활에서 아름다움을 느낀다. - 아름다움에 관심을 가진다.
창의적으로 표현하기	- 소리와 리듬 노래에 반응한다. - 감각적으로 미술경험을 한다. - 모방행동을 즐긴다.	- 익숙한 노래와 리듬을 표현한다. - 움직임과 춤으로 자유롭게 표현한다. - 미술 재료와 도구로 표현해본다. - 일상생활 경험을 상상놀이로 표현한다.

(6) 자연탐구

연령	0~1세	2세
목표	주변 환경과 자연에 관심을 가진다. • 일상생활에서 탐색을 즐긴다. • 주변 환경을 탐색한다. • 생명과 자연에 관심을 가진다.	주변 환경과 자연을 탐색하는 과정을 즐긴다. • 일상생활에서 탐색하는 과정을 즐긴다. • 주변 환경에 관심을 가지고 탐색한다. • 생명과 자연에 관심을 가진다.
내용 범주	내용	
탐구과정 즐기기	– 주변 세계와 자연에 대해 호기심을 가진다. – 사물과 자연을 탐색하기를 즐긴다.	– 주변 세계와 자연에 대해 호기심을 가진다. – 사물과 자연을 탐색하기를 즐긴다.
생활 속에서 탐구하기	– 친숙한 물체를 감각으로 탐색한다. – 물체의 수량에 관심을 가진다. – 주변 공간과 모양을 탐색한다. – 규칙성을 경험한다.	– 친숙한 물체의 특성과 변화를 감각으로 탐색한다. – 물체의 수량에 관심을 가진다. – 주변 공간과 모양을 탐색한다. – 규칙성에 관심을 가진다. – 주변 사물을 같고 다름에 따라 구분한다. – 생활도구에 관심을 가진다.
자연과 더불어 살기	– 주변의 동식물에 관심을 가진다. – 날씨의 변화를 감각으로 느낀다.	– 주변의 동식물에 관심을 가진다. – 날씨와 계절의 변화를 감각으로 느낀다.

2. 3~5세 누리과정

1) 3~5세 누리과정의 목적 및 목표

'3~5세 연령별 누리과정'은 2012년 제정 이래 현재까지 유치원과 어린이집에 다니는 3~5세 유아를 위한 '공통과정'으로 시행되고 있다. 한편 누리과정을 '교육과정'으로 명시하고, 추구하는 인간상 등을 제시하여 국가 수준의 교육과정으로 구성

체계를 확립해야 한다는 요구가 꾸준히 제기되었다. 이와 함께 역량을 중심으로 개정한 '2015 개정 초 · 중등학교 교육과정'의 취지와 내용을 누리과정 개정에 반영할 필요성이 대두었고, 국가 수준의 교육과정으로서 구성 체계 확립을 위한 개정이 이루어졌다.

교육과정에서 제시되는 누리과정의 성격은 국가 수준의 교육과정의 구성체계를 확립하는 출발점으로서 누리과정을 '3~5세 유아를 위한 국가 수준의 공통 교육과정'으로 정의하였다. '2015 개정 초 · 중등학교 교육과정' 성격의 구성 체계와 연계하고, 유아기 고유한 특징을 반영하여 '유아중심 및 놀이중심'을 강조하고 있다.

'2019 개정 누리과정'은 유치원과 어린이집에 다니는 3~5세 유아에게 공통으로 적용되는 교육과정으로 2020년 3월부터 시행되었다. '2019 개정 누리과정'에 대한 목적 및 목표는 다음과 같다(보건복지부 · 교육부, 2019).

(1) 누리과정의 목적

누리과정의 목적은 유아가 놀이를 통해 심신의 건강과 조화로운 발달을 이루고 바른 인성과 민주 시민의 기초를 형성하는 데에 있다.

(2) 누리과정의 목표

① 자신의 소중함을 알고, 건강하고 안전한 생활습관을 기른다.
② 자신의 일을 스스로 해결하는 기초능력을 기른다.
③ 호기심과 탐구심을 가지고 상상력과 창의력을 기른다.
④ 일상에서 아름다움을 느끼고 문화적 감수성을 기른다.
⑤ 사람과 자연을 존중하고 배려하며 소통하는 태도를 기른다.

2) 3~5세 표준보육과정의 내용

(1) 신체운동 · 건강

목표	실내외에서 신체활동을 즐기고, 건강하고 안전한 생활을 한다. • 신체활동을 즐겁게 참여한다. • 건강한 생활습관을 기른다. • 안전한 생활습관을 기른다.
내용 범주	**내용**
신체활동 즐기기	– 신체를 인식하고 움직인다. – 신체 움직임을 조절한다. – 기초적인 이동운동, 제자리 운동, 도구를 이용한 운동을 한다. – 실내외 신체활동에 자발적으로 참여한다.
건강하게 생활하기	– 자신의 몸과 주변을 깨끗이 한다. – 몸에 좋은 음식에 관심을 가지고 바른 태도로 즐겁게 먹는다. – 하루 일과에서 적당한 휴식을 취한다. – 질병을 예방하는 방법을 알고 실천한다.
안전하게 생활하기	– 일상에서 안전하게 놀이하고 생활한다. – TV, 컴퓨터, 스마트폰 등을 바르게 사용한다. – 교통안전 규칙을 지킨다. – 안전사고, 화재, 재난, 학대, 유괴 등에 대처하는 방법을 경험한다.

(2) 의사소통

목표	일상생활에 필요한 의사소통 능력과 상상력을 기른다. • 일상생활에서 듣고 말하기를 즐긴다. • 읽기와 쓰기에 관심을 가진다. • 책이나 이야기를 통해 상상하기를 즐긴다.
내용 범주	**내용**
듣기와 말하기	– 말이나 이야기를 관심 있게 듣는다. – 자신의 경험, 느낌, 생각을 말한다. – 상황에 적절한 단어를 사용하여 말한다. – 상대방이 하는 이야기를 듣고 관련해서 말한다. – 바른 태도로 듣고 말한다. – 고운 말을 사용한다.

읽기와 쓰기에 관심 가지기	- 말과 글의 관계에 관심을 가진다. - 주변의 상징, 글자 등의 읽기에 관심을 가진다. - 자신의 생각을 글자와 비슷한 형태로 표현한다.
책과 이야기 즐기기	- 책에 관심을 가지고 상상하기를 즐긴다. - 동화, 동시에서 말의 재미를 느낀다. - 말놀이와 이야기 짓기를 즐긴다.

(3) 사회관계

목표	자신을 존중하고 더불어 생활하는 태도를 가진다. • 자신을 이해하고 존중한다. • 다른 사람과 사이좋게 지낸다. • 우리가 사는 사회와 다양한 문화에 관심을 가진다.
내용 범주	**내용**
나를 알고 존중하기	- 나를 알고 소중히 여긴다. - 나의 감정을 알고 상황에 맞게 표현한다. - 내가 할 수 있는 것을 스스로 한다.
더불어 생활하기	- 가족의 의미를 알고 화목하게 지낸다. - 친구와 서로 도우며 사이좋게 지낸다. - 친구와의 갈등을 긍정적인 방법으로 해결한다. - 서로 다른 감정, 생각, 행동을 존중한다. - 친구와 어른께 예의 바르게 행동한다. - 약속과 규칙의 필요성을 알고 지킨다.
사회에 관심 가지기	- 내가 살고 있는 곳에 대해 궁금한 것을 알아본다. - 우리나라에 대해 자부심을 가진다. - 다양한 문화에 관심을 가진다.

(4) 예술경험

목표	아름다움과 예술에 관심을 가지고 창의적 표현을 즐긴다. • 자연과 생활 및 예술에서 아름다움을 느낀다. • 예술을 통해 창의적으로 표현하는 과정을 즐긴다. • 다양한 예술 표현을 존중한다.

내용 범주	내용
아름다움 찾아보기	- 자연과 생활에서 아름다움을 느끼고 즐긴다. - 다양한 예술적 요소에 관심을 갖고 찾아본다.
창의적으로 표현하기	- 노래를 즐겨 부른다. - 신체, 사물, 악기로 간단한 소리와 리듬을 만들어본다. - 신체나 도구를 활용하여 움직임과 춤으로 자유롭게 표현한다. - 다양한 미술 재료와 도구로 자신의 생각과 느낌을 표현한다. - 극놀이로 경험이나 이야기를 표현한다.
예술 감상하기	- 다양한 예술을 감상하며 상상하기를 즐긴다. - 서로 다른 예술 표현을 존중한다. - 우리나라 전통 예술에 관심을 갖고 친숙해진다.

(5) 자연탐구

목표	탐구하는 과정을 즐기고, 자연과 더불어 살아가는 태도를 가진다. • 일상에서 호기심을 가지고 탐구하는 과정을 즐긴다. • 생활 속의 문제를 수학적, 과학적으로 탐구한다. • 생명과 자연을 존중한다.
내용 범주	**내용**
탐구과정 즐기기	- 주변 세계와 자연에 대해 지속적으로 호기심을 가진다. - 궁금한 것을 탐구하는 과정에 즐겁게 참여한다. - 탐구과정에서 서로 다른 생각에 관심을 갖는다.
생활 속에서 탐구하기	- 물체의 특성과 변화를 여러 가지 방법으로 탐색한다. - 물체를 세어 수량을 알아본다. - 물체의 위치와 방향, 모양을 알고 구별한다. - 일상에서 길이, 무게 등의 속성을 비교한다. - 주변에서 반복되는 규칙을 찾는다. - 일상에서 모은 자료를 기준에 따라 분류한다. - 도구와 기계에 대해 관심을 가진다.
자연과 더불어 살기	- 주변의 동식물에 관심을 가진다. - 생명과 자연환경을 소중히 여긴다. - 날씨와 계절의 변화를 생활과 관련짓는다.

3. 표준보육과정과 누리과정의 영역별 비교

<table>
<tr><th colspan="2">연령별 영역</th><th colspan="2">내용범주</th><th colspan="3">내용</th></tr>
<tr><th>0~2세</th><th>3~5세</th><th>0~2세</th><th>3~5세</th><th>0~1세</th><th>2세</th><th>3~5세</th></tr>
<tr><td>기본 생활</td><td rowspan="4">신체 운동 · 건강</td><td colspan="2">건강하게 생활하기</td><td>• 도움을 받아 몸을 깨끗이 한다.
• 음식을 즐겁게 먹는다.
• 하루 일과를 편안하게 경험한다.
• 배변의사를 표현한다.</td><td>• 자신의 몸을 깨끗이 해본다.
• 음식에 관심을 가지고 즐겁게 먹는다.
• 하루 일과를 즐겁게 경험한다.
• 건강한 배변습관을 갖는다.</td><td>• 자신의 몸과 주변을 깨끗이 한다.
• 몸에 좋은 음식에 관심을 가지고 바른 태도로 즐겁게 먹는다.
• 하루 일과에서 적당한 휴식을 취한다.
• 질병을 예방하는 방법을 알고 실천한다.</td></tr>
<tr><td rowspan="3">신체 운동</td><td colspan="2">안전하게 생활하기</td><td>• 안전한 상황에서 놀이하고 생활한다.
• 안전한 상황에서 교통수단을 이용해본다.
• 위험하다는 말에 주의한다.</td><td>• 일상에서 안전하게 놀이하고 생활한다.
• 교통수단을 안전하게 이용해본다.
• 위험한 상황에 대처하는 방법을 경험한다.</td><td>• 일상에서 안전하게 놀이하고 생활한다.
• TV, 컴퓨터, 스마트폰 등을 바르게 사용한다.
• 교통안전 규칙을 지킨다.
• 안전사고, 화재, 재난, 학대, 유괴 등에 대처하는 방법을 경험한다.</td></tr>
<tr><td>감각과 신체 인식하기</td><td rowspan="2">신체 활동 즐기기</td><td>• 감각적 자극에 반응한다.
• 감각으로 주변 환경을 탐색한다.
• 신체를 탐색한다.</td><td>• 감각 능력을 활용한다.
• 신체를 인식하고 움직인다.</td><td rowspan="2">• 신체를 인식하고 움직인다.
• 신체 움직임을 조절한다.
• 기초적인 이동운동, 제자리 운동, 도구를 이용한 운동을 한다.
• 실내 · 외 신체활동에 자발적으로 참여한다.</td></tr>
<tr><td>신체 활동 즐기기</td><td>• 대 · 소근육을 조절한다.
• 기본운동을 시도한다.
• 실내 · 외 신체활동을 즐긴다.</td><td>• 대 · 소근육을 조절한다.
• 기본운동을 즐긴다.
• 실내 · 외 신체활동을 즐긴다.</td></tr>
</table>

의사소통	듣기와 말하기	• 표정, 몸짓, 말과 주변의 소리에 관심을 갖고 듣는다. • 상대방의 이야기를 들으면서 말소리를 낸다. • 표정, 몸짓, 말소리로 의사표현을 한다.	• 표정, 몸짓, 말에 관심을 갖고 듣는다. • 상대방의 이야기를 듣고 말한다. • 표정, 몸짓, 단어 또는 문장으로 의사표현을 한다.	• 말이나 이야기를 관심 있게 듣는다. • 자신의 경험, 느낌, 생각을 말한다. • 상황에 적절한 단어를 사용하여 말한다. • 상대방이 하는 이야기를 듣고 관련해서 말한다. • 바른 태도로 듣고 말한다. • 고운 말을 사용한다.
	읽기와 쓰기에 관심 가지기	• 주변의 그림과 상징에 관심을 가진다. • 끼적이기에 관심을 가진다.	• 주변의 그림과 상징, 글자에 관심을 가진다. • 끼적이며 표현하기를 즐긴다.	• 말과 글의 관계에 관심을 가진다. • 주변의 상징, 글자 등의 읽기에 관심을 가진다. • 자신의 생각을 글자와 비슷한 형태로 표현한다.
	책과 이야기 즐기기	• 책에 관심을 가진다. • 이야기에 관심을 가진다.	• 책에 관심을 가지고 상상한다. • 말놀이와 이야기에 재미를 느낀다.	• 책에 관심을 가지고 상상하기를 즐긴다. • 동화, 동시에서 말의 재미를 느낀다. • 말놀이와 이야기 짓기를 즐긴다.
사회관계	나를 알고 존중하기	• 나를 인식한다. • 나의 욕구와 감정을 나타낸다. • 나와 친숙한 것을 안다.	• 나와 다른 사람을 구별한다. • 나의 감정을 표현한다. • 내가 좋아하는 것을 한다.	• 나를 알고 소중히 여긴다. • 나의 감정을 알고 상황에 맞게 표현한다. • 내가 할 수 있는 것을 스스로 한다.
	더불어 생활하기	• 안정적인 애착을 형성한다. • 또래에게 관심을 가진다. • 다른 사람의 감정과 행동에 관심을 가진다.	• 가족에게 관심을 가진다. • 또래와 함께 놀이한다. • 다른 사람의 감정과 행동에 반응한다.	• 가족의 의미를 알고 화목하게 지낸다. • 친구와 서로 도우며 사이좋게 지낸다. • 친구와의 갈등을 긍정적인 방법으로 해결한다.

		• 반에서 편안하게 지낸다.	• 반에서 규칙과 약속을 알고 지킨다.	• 서로 다른 감정, 생각, 행동을 존중한다. • 친구와 어른께 예의 바르게 행동한다. • 약속과 규칙의 필요성을 알고 지킨다.
	사회에 관심 가지기			• 내가 살고 있는 곳에 대해 궁금한 것을 알아본다. • 우리나라에 대해 자부심을 가진다. • 다양한 문화에 관심을 가진다.
예술경험	아름다움 찾아보기	• 자연과 생활에서 아름다움을 느낀다. • 아름다움에 관심을 가진다.	• 자연과 생활에서 아름다움을 느낀다. • 아름다움에 관심을 가진다.	• 자연과 생활에서 아름다움을 느끼고 즐긴다. • 다양한 예술적 요소에 관심을 갖고 찾아본다.
	창의적으로 표현하기	• 소리와 리듬 노래에 반응한다. • 감각적으로 미술 경험을 한다. • 모방행동을 즐긴다.	• 익숙한 노래와 리듬을 표현한다. • 움직임과 춤으로 자유롭게 표현한다. • 미술 재료와 도구로 표현해본다. • 일상생활 경험을 상상놀이로 표현한다.	• 노래를 즐겨 부른다. • 신체, 사물, 악기로 간단한 소리와 리듬을 만들어본다. • 신체나 도구를 활용하여 움직임과 춤으로 자유롭게 표현한다. • 다양한 미술 재료와 도구로 자신의 생각과 느낌을 표현한다. • 극놀이로 경험이나 이야기를 표현한다.
	예술 감상하기			• 다양한 예술을 감상하며 상상하기를 즐긴다. • 서로 다른 예술 표현을 존중한다. • 우리나라 전통 예술에 관심을 갖고 친숙해진다.

자연탐구	탐구과정 즐기기	• 주변 세계와 자연에 대해 호기심을 가진다. • 사물과 자연을 탐색하기를 즐긴다.	• 주변 세계와 자연에 대해 호기심을 가진다. • 사물과 자연을 탐색하기를 즐긴다.	• 주변 세계와 자연에 대해 지속적으로 호기심을 가진다. • 궁금한 것을 탐구하는 과정에 즐겁게 참여한다. • 탐구과정에서 서로 다른 생각에 관심을 가진다.
	생활 속에서 탐구하기	• 친숙한 물체를 감각으로 탐색한다. • 물체의 수량에 관심을 가진다. • 주변 공간과 모양을 탐색한다. • 규칙성을 경험한다.	• 친숙한 물체의 특성과 변화를 감각으로 탐색한다. • 물체의 수량에 관심을 가진다. • 주변 공간과 모양을 탐색한다. • 규칙성에 관심을 가진다. • 주변 사물을 같고 다름에 따라 구분한다. • 생활도구에 관심을 가진다.	• 물체의 특성과 변화를 여러 가지 방법으로 탐색한다. • 물체를 세어 수량을 알아본다. • 물체의 위치와 방향, 모양을 알고 구별한다. • 일상에서 길이, 무게 등의 속성을 비교한다. • 주변에서 반복되는 규칙을 찾는다. • 일상에서 모은 자료를 기준에 따라 분류한다. • 도구와 기계에 대해 관심을 가진다.
	자연과 더불어 살기	• 주변의 동식물에 관심을 가진다. • 날씨의 변화를 감각으로 느낀다.	• 주변의 동식물에 관심을 가진다. • 날씨와 계절의 변화를 감각으로 느낀다.	• 주변의 동식물에 관심을 가진다. • 생명과 자연환경을 소중히 여긴다. • 날씨와 계절의 변화를 생활과 관련짓는다.

06 Chapter

일과운영의 이해

배울내용

1. 영아반(0~2세)과 유아반(3~5세)의 일과운영 원리 및 실제에 대해 알아본다.
2. 일과 운영에서 교사의 역할에 대해 알아본다.

학습목표

1. 영아반의 일과운영 원리를 알고, 영아반 일과운영의 실제에 대해 알 수 있다.
2. 유아반의 일과운영 원리를 알고, 유아반 일과운영의 실제에 대해 알 수 있다.

1. 영아반의 일과운영

1) 영아반의 일과운영 원리

영아와 걸음마기 영아를 위한 일반적인 하루일과 원리는 다음과 같다(Whaley, 2005; 김용희 외, 2014).

- 개별적인 양질의 상호작용을 제공한다.
- 영아의 요구와 선택을 존중하는 개별화된 일과를 구성한다.
- 일상생활 속에서의 다양한 경험이 학습으로 이끌어지도록 실제적인 경험을 할 수 있는 기회를 제공한다.
- 영아가 성취감을 느끼며 성공적인 경험을 할 수 있도록 돕는다.
- 반복적인 일과를 통해 영아가 안정감을 갖도록 한다.
- 일과 중의 활동은 적정 속도를 유지하여 서두르지 않는다.
- 영아들이 스스로 할 수 있도록 격려한다.
- 영아들이 자신의 행동의 한계에 대해 배워야 하고 그 한계를 수용할 수 있도록 돕는다.
- 영아의 부모를 존중하고 그들의 선택을 존중한다.

2) 영아반 일과운영의 실제

영아기는 개인차가 크기 때문에 개별적인 양질의 상호작용이 제공되도록 일과를 구성한다. 특히 일상생활 속에서 겪게 되는 다양한 경험으로 인해 성취감을 느끼며 긍정적인 영향을 받을 수 있도록 돕는 것이 필요하다. 또한 이런 부분들이 학습적인 측면까지 이끌어지도록 구체적이고 실제적인 경험을 할 수 있도록 격려하며 인적 · 물리적 환경을 지원하며 생리적인 욕구에 맞추어 일과운영을 계획한다.

(1) 등원 및 맞이하기

하루 일과 중 교사가 영아를 개별적으로 처음 만나는 시간이 등원시간이다. 영아가 부모로부터 분리되는 불안한 마음을 읽어주고 영아와 교사간의 신뢰감을 쌓는 것이 필요하다. 영아가 매일 아침 부모와 헤어질 때 인사할 수 있도록 도와주고, 영아가 심하게 우는 경우 안정되도록 적절한 시간을 기다리며, 부모가 떠날 수 있는 분위기를 만들어 준다. 영아를 맞이할 때는 아침의 기분, 발열상태, 수유, 배변상태, 식사 여부, 투약의뢰 등에 대한 정보를 교환하여 영아의 컨디션을 파악한다. 영아의 모습이나 옷차림에 대해 이야기해 주거나 영아가 좋아하는 놀잇감을 소개하여 정서적인 안정감을 가질 수 있도록 한다. 특히, 부모와 떨어지기 어려워하는 영아를 맞이할 때는 정서적으로 안정감을 가질 수 있도록 영아를 안아주고, 쓰다듬어 주면서 영아가 안전한 곳에서 사랑과 보호를 받고 있다는 확신을 갖도록 도와주는 것이 중요하다.

〈선생님과 인사해요〉

〈열 체크를 해요〉

〈교실에 들어와요〉

(2) 실내외 자유놀이

영아는 개인차가 크기 때문에 영아의 개별적인 특성과 욕구를 반드시 고려하여 활동을 제안하거나 반응해 주어야 한다. 영아는 탐색을 통해 세상을 배운다. 새로운 사물이나 상황 속에서 먼저 탐색하고 탐색을 통하여 익숙하게 된 후에 놀이를 하게 된다. 영아에게 새로운 사물이나 놀잇감, 새로운 환경을 제공할 때는 영아가 먼저 자신의 감감능력과 운동능력에 기초하여 사물을 탐색해 보는 충분한 시간을 갖도록 하는 것이 중요하다.

실내놀이는 활동에 필요한 놀잇감과 자료를 각 영역에 배치하고 충분한 공간이 확보되었는지 점검하며 영아의 흥미와 관심에 따라 자유롭게 놀이할 수 있도록 교사는 놀잇감이나 활동을 제시한다. 영아의 놀이과정과 영아의 탐색을 관찰하면서 필요할 때 민감하고 즉각적인 반응으로 자발적인 탐색을 격려하며, 적극적인 상호작용을 통해 영아들이 자유놀이를 즐길 수 있도록 도와준다.

실외놀이는 영아들이 자연과 만나고 여러 가지 자연스러운 감각적인 경험이 이루어진다. 영아는 개방된 공간에서 보다 적극적인 신체활동에 참여할 수 있으며 개방적인 실외환경이 영아의 긴장감을 완화시키고 즐거움을 느낄 수 있다. 바깥놀이는 계절과 날씨 상황 등을 고려하여 산책, 자연물 탐색, 대근육 활동, 모래놀이, 그림 그리기, 반죽놀이, 물감놀이, 동화책 보기 등의 다양한 활동이 가능하다. 무엇보다 놀이 시 실외 위험요소가 없는지 반드시 사전 점검하여 안전하고 편안하게 놀이할 수 있는 환경을 제공한다.

〈알록달록 색깔놀이를 해요〉

〈텃밭을 가꾸어요〉

〈놀이 후 그늘에서 쉬어요〉

(3) 기저귀 갈기 및 배변

기저귀를 갈기와 배변은 영아들에게 반복되는 중요한 일과로서 개별적으로 이루어지는 활동이다. 교사는 영아를 민감하게 관찰하여 기저귀 갈기를 해 주어야 하며, 영아가 편안하고 안정감을 느끼면서 기저귀를 갈거나 화장실을 이용할 수 있도록 배려해 주어야 한다. 배변훈련은 영아가 배변훈련 준비가 되었을 때 가정과 연계하여 진행하며, 영아의 개인차를 고려하고 무리하게 강요하거나 스트레스 받지 않도록 적절하게 지도한다.

기저귀를 갈 때 교사와 영아가 서로 눈을 맞추고 정서적인 교감과 소통이 이루어질 수 있도록 개별적 상호작용의 의미 있는 시간이 되도록 한다.

영아가 화장실을 이용할 수 있게 되면, 두려움 없이 변기를 사용할 수 있도록 안내한다. 실수하여 옷을 버리는 경우 꾸짖거나 부끄럽게 여기지 않도록 배려한다.

화장실은 영아가 미끄러지지 않도록 미끄럼 방지를 위한 시설과 설비를 갖추고 화장실 바닥에 물기가 없도록 주의를 기울인다.

〈기저귀를 갈아요〉

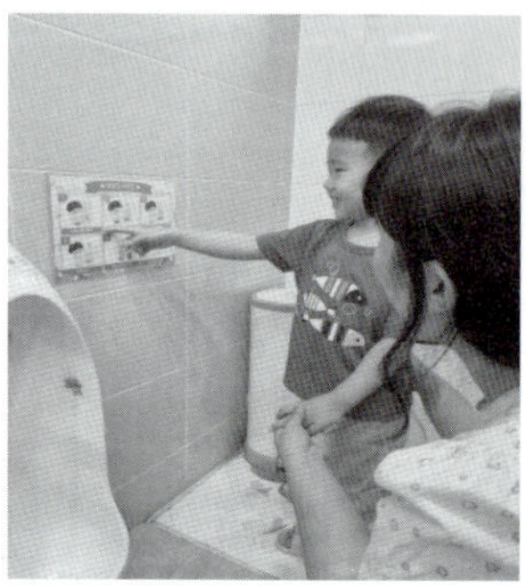

〈순서에 따라 소변을 보아요〉

〈변기에 앉는 연습을 해요〉

(4) 수유 및 이유, 간식 및 점심

영아들은 수유나 이유식, 간식과 점심을 통해 성장과 발달에 필요한 음식을 섭취한다. 하루 1회 식사와 2회 정도의 간식을 계획할 수 있으며, 건강과 영양을 고려한 균형 있는 식단이 제공되도록 한다. 수유 및 이유, 간식 및 점심시간은 영아가 편안함을 느끼며 즐겁게 먹을 수 있도록 배려하고 바른 식습관을 형성할 수 있도록 돕는다. 어린 영아의 경우 우유를 먹일 때 교사는 팔로 아기를 똑바로 안으며 눈맞추기, 이야기하기, 미소짓기 등의 상호작용으로 정서적인 안정감을 느낄 수 있도록 한다. 우유를 먹인 후에는 반드시 트림을 시키도록 한다. 영아들은 새로운 음식을 만나게 되는 경우가 많은데 이러한 경우 충분히 탐색하고 적응할 수 있는 시간을 준다. 좀 더 연령이 높은 영아들은 스스로 먹기, 손 씻기, 정리하기, 양치질하기 등 영아가 일상생활 습관을 학습하고 위생과 청결한 습관을 기를 수 있도록 한다.

〈손을 깨끗이 씻어요〉

〈간식을 먹어요〉

〈선생님의 도움 받아 양치질해요〉

(5) 낮잠 및 휴식

영아는 낮잠과 휴식을 통해 건강하고 즐겁게 생활할 수 있는 새로운 힘을 얻는다. 낮잠과 휴식은 영아들의 신체적인 피로를 회복하고 정서적으로 안정감을 주는 활동으로 일정한 시간대에 규칙적으로 낮잠을 자도록 계획한다. 하루일과 중 대부분 점심시간 이후 계획되지만 개별영아의 상황에 따라 개인차를 허용하여 유연하게 적용할 수 있다. 각 영아의 낮잠습관을 관찰하고 낮잠을 잘 잘 수 있는 방법을 파악하고 자장가를 불러주거나 조용한 음악을 틀어주어 정서적으로 안정감을 가질 수 있게 해 준다. 교사는 낮잠시간에 아늑한 분위기를 만들기 위해 커튼을 내려주고 영아기 잠자기 편안한 복장으로 옷을 갈아입힌다. 기저귀 갈거나 화장실에 다녀오도록 하고 가능한 한 매일 같은 위치에 낮잠용 침구를 준비하여 자신의 잠자리를 알게 한다. 교사는 영아가 낮잠을 자는 동안 영아의 수면상태를 살피고 영아가 깨어났을 때는 부드럽고 따뜻한 목소리로 영아를 반겨주어 기분 좋은 상태가 되도록 도와준다.

〈낮잠 들기에 편안한 분위기를 만들어요〉

〈낮잠을 자요〉

〈낮잠자리에서 기분 좋게 일어나요〉

(6) 귀가지도

하루일과를 끝내고 가정으로 귀가하는 시간은 교사와 부모가 영아에 대한 의견과 정보를 나누고 개별 영아들이 하루 일과를 정리하고 즐거운 마음으로 부모님을 만날 수 있도록 하는 시간이다. 부모가 영아를 데리러 올 때 영아의 배변상태, 수유와 점심, 낮잠, 놀이활동, 투약, 건강과 기분상태 등을 전달하고 하루 중 특별한 일이 있었으면 부모에게 자세히 알려준다. 교사는 영아가 부모와 기분 좋은 상태로 귀가하고 다음날 다시 오고 싶은 마음을 갖도록 편안하고 밝은 태도로 귀가지도를 한다. 영아의 개별 소지품을 챙기고 반드시 약속된 보호자와 함께 귀가하는지 확인한다.

〈스스로 옷을 입어요〉

〈선생님과 인사해요〉

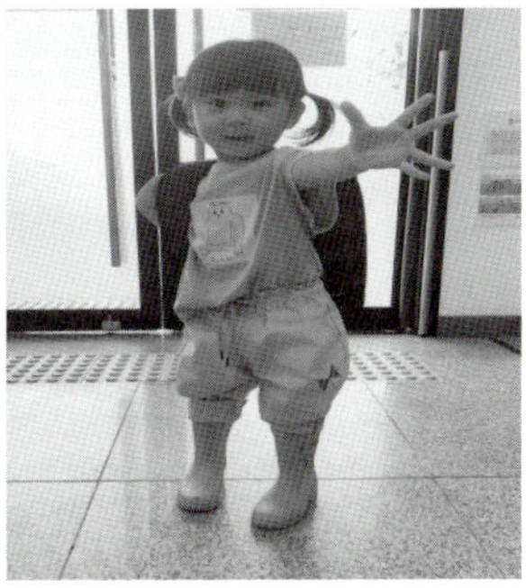

〈내일 또 만나요〉

〈표 6-1〉 영아반의 하루 일과 예시

시간	주요일과	활동내용
07:30~09:00	등원 및 통합보육	• 영아를 맞이하고 보호자에게 영아의 상태를 듣기 • 영아의 기분과 건강상태 확인 • 놀잇감을 이용하여 자유롭게 놀이
09:00~10:30	실내(외) 자유놀이 및 오전 간식	• 여러 영역의 놀이를 자유롭게 탐색하고 놀이하기 • 손을 씻겨 주고 숟가락이나 포크를 사용하여 스스로 먹을 수 있도록 도와주기
10:30~10:50	기저귀 갈이 및 화장실 다녀오기	• 기저귀를 살피고 갈아주기 • 변기를 사용할 수 있도록 도와주기 • 손을 씻겨주고 스스로 손을 씻을 수 있도록 도와주기
10:50~12:00	자유놀이 및 바깥놀이	• 여러 영역의 놀이를 자유롭게 탐색하고 놀이하기 • 바깥놀이 산책, 대근육활동 등 놀이하기
12:00~13:30	기저귀 갈이 및 화장실 다녀오기 점심식사 및 이 닦기	• 교사의 도움 받아 손 씻고 점심 먹기 • 교사의 도움 받아 점심식사 후 이 닦기 • 낮잠자기 전 기저귀 갈기 및 화장실 다녀오기
13:30~15:00	휴식 및 낮잠	• 조용한 음악이나 자장가를 들려주며 낮잠자기 • 낮잠에서 깨어나면 잠자리를 정리하기
15:00~16:00	기저귀 갈이 및 화장실 다녀오기 오후 간식	• 기저귀 갈기 및 화장실 다녀오기 • 손을 씻겨주고 숟가락이나 포크를 사용하여 스스로 먹을 수 있도록 도와주기

시간	주요일과	활동내용
16:00~18:00	대소집단 활동 실내(외) 자유놀이	• 영아가 원하는 영역에서 자유롭게 놀이 • 바깥놀이 등 실외활동 • 연장반 전담교사에 의한 보육활동
18:00~19:30	통합보육 및 귀가	• 통합 보육실에서 놀이하기 • 부모님이 오시는 대로 순차적 하원

출처: D 어린이집 영아반 프로그램

2. 유아반의 일과운영

1) 유아반의 일과운영 원리

유아를 위한 일반적인 하루 일과 원리는 다음과 같다(김용희 외, 2014; 이기숙, 2013).

- 어린이집의 교육 및 보육철학에 근거하여 유아 개인이나 집단의 요구를 반영한다.
- 일과계획 속의 일정한 시간(식사, 배변, 휴식 등)은 유아가 신체적 욕구를 조절할 수 있도록 계획한다.
- 일과활동의 내용과 순서는 균형을 이루도록 계획한다(동적/정적, 실내/실외, 개별/대·소집단, 교사 선택/유아 선택).
- 일과계획은 일관성 있는 흐름을 지니도록 하여 유아가 스스로 행동을 적응·조절할 수 있도록 한다.
- 여러 가지 유형의 상호작용이 일어날 수 있도록 계획한다(교사와 개별 유아 간의 상호작용, 유아와 교구와의 상호작용, 교사와 집단 간의 상호작용, 유아

와 유아 간의 상호작용).
- 일과활동 계획은 융통성 있게 운영한다.

2) 유아반 일과운영의 실제

(1) 등원

등원은 교사가 유아를 개별적으로 만나는 첫 시간이며, 유아의 하루일과 시작점이 된다. 신나는 하루의 시작을 위해 유아가 등원 시 환영받는 느낌을 받을 수 있도록 기분 좋게 등원시간을 맞이한다. 교사는 부모와 간단한 면담을 통해 유아의 심리상태나 건강상태에 대한 정보를 얻고 유아와 보호자가 편안한 분위기에서 헤어질 수 있도록 한다.

교사는 유아가 등원하기 전 보육실 환기, 미세먼지 지수, 적당한 온도와 습도 점검, 실내 위험요소 등을 점검하고 각 흥미영역의 놀잇감 및 환경구성 점검, 자유놀이를 위한 수업사료를 확인한다. 등원하는 유아들과 개별적으로 대화를 나누며 하루를 즐겁게 시작할 수 있도록 배려하며, 유아가 가방과 옷 등을 스스로 정리하는 등 사회적 기술을 스스로 익힐 수 있도록 지원해 준다.

〈선생님과 인사를 나누어요〉

〈선생님과 소지품을 정리해요〉

〈스스로 물통을 정리해요〉

(2) 실내외 자유놀이

유아는 놀이를 통해 세상을 경험하고 놀이를 통해 성장하고 학습한다. 실내외 자유놀이는 유아가 세상을 탐색하고 자신을 표현하며 다른 사람과 교류하여 자신의 흥미와 관심에 따라 즐겁게 놀이하는 과정에서 자연스럽게 배움을 얻는 과정이다. 하루일과 중 가장 중심이 되는 시간으로 유아의 요구와 흥미에 따라 자유롭게 활동을 선택하고 계획하고 실행하며 평가해 보는 경험이 이루어지도록 한다. 교사는 유아의 놀이를 활성화시키기 위해 놀이에 적합한 환경을 조성하고 유아가 스스로 선택한 활동에 몰입하고 즐길 수 있도록 개별적인 상호작용이 필요하다. 실내 자유놀이는 오전과 오후로 나누어 활동이 이루어지며 오후에서 이루어지는 실내 자유놀이는 오전에 진행되었던 놀이나 활동을 심화, 확장시킬 수 있다.

실외놀이는 제한적인 실내에서 벗어나 자유롭게 놀이하며 유아의 긴장감을 해소하고 자연을 접할 수 있는 기회이므로 충분히 제공해 준다. 자유놀이는 하루 중 약 2시간 30분 이상 충분히 이루어지도록 계획한다.

〈친구와 실외놀이터에서 놀이기구를 타요〉

〈친구와 역할놀이를 해요〉

〈텃밭에서 식물을 관찰해요〉

(3) 정리정돈 및 활동의 전이시간

정리정돈 및 활동의 전이시간은 다음 활동을 진행하기 위해 기존 활동을 정리하는 것을 의미한다. 유아들에게 있어 정리정돈 시간이 자신의 놀이를 방해받거나 형식적인 의미로 느껴지지 않도록 하기 위해 항상 정리정돈을 하는 이유에 대해 설명해 주고 그에 대한 유아의 생각을 나누는 시간을 갖는 것도 필요하다. 뿐만 아니라 교사는 유아들이 집중하고 있는 놀이의 흥미가 단절되지 않도록 주의하며 다음 활동으로 자연스럽게 전이될 수 있는 환경적 지원이 필요하다. 그 과정에서 새로운 활동에 대해 미리 이야기해 줌으로써 유아들의 흥미 유발과 더불어 다음 일과를 준비할 수 있도록 한다.

교사는 선반이나 바구니에 놀잇감의 사진이나 이름을 붙여 유아가 놀이했던 놀잇감을 스스로 정리할 수 있는 기본생활습관 형성에도 도움을 주어야 한다.

〈스스로 놀잇감을 정리해요〉

〈즐거운 정리시간이에요〉

〈선생님의 악기 연주에 맞춰 정리해요〉

(4) 화장실 다녀오기 및 손 씻기

화장실 다녀오기와 손 씻기는 유아의 일과 중 반복적으로 이루어지는 부분 중 하나이다. 반복되는 일과를 통해 유아들은 자연스럽게 일상생활습관이 이루어질 수 있다. 유아들은 영아이게 배변훈련을 거치며 스스로 화장실 이용이 가능해진다. 그러나 낯선 환경에 노출되거나 놀이에 집중한 나머지 화장실 이용에 둔감해질 수 있으므로 교사는 매일 반복적으로 이루어지는 일과의 마무리는 화장실을 이용할 수 있도록 안내함이 필요하다.

어린이집의 화장실은 많은 유아가 사용하는 공동 장소이므로 위생과 청결, 그리고 안전관리에 특히 주의해야 한다. 특히 화장실에는 손 씻기 순서와 용변 보는 순서의 그림이나 사진을 벽면 등 유아들의 눈높이에 적합한 곳에 붙여주고 화장실 바닥에는 물기로 인해 넘어지는 일이 없도록 항상 건조한 상태를 유지하고 미끄럼 방지를 위한 설비를 갖추어야 한다.

〈똑똑! 친구가 있는지 확인해요〉

〈손을 깨끗이 씻어요〉

〈화장실 실내화를 정리해요〉

(5) 대 · 소집단 활동

대 · 소집단 활동은 한 학급의 유아가 대집단 혹은 소집단으로 모여서 한 가지의 활동을 함께하는 것이다.

대집단 활동은 출석확인, 하루의 계획, 날씨의 변화 등을 시작으로 이야기나누며 새노래 배우기, 노래 부르기, 동화 · 동시 · 동극 등의 활동, 게임, 현장학습 등으로 이루어질 수 있다.

소집단 활동은 한 학급의 유아를 3~4집단으로 나누어 진행된다. 개별적 지원이 적극적으로 이루어져 인지적인 활동들을 집중적으로 진행될 수 있는 활동들에 더 효과적이다. 실험 및 관찰활동, 요리활동, 새로운 교구소개, 게임 진행방법 설명, 관심 있는 동화책 읽어주기, 음악 감상하기 등으로 이루어질 수 있다.

대 · 소집단 활동은 활동 중 그 일과의 특성에 따라 선택하여 각 활동들이 서로 연계하여 연관성 있고 통합적으로 진행하도록 구성한다. 교사는 적절한 질문과 제안, 유아들의 반응을 격려하고 인정해 주어 유아중심의 놀이 활동이 진행되도록 도와준다.

〈친구들과 게임을 해요〉

〈관찰하고 실험해요〉

〈음악에 맞춰 율동해요〉

(6) 식사 및 간식

유아기는 발달의 결정적 시기이다. 유아의 건강과 영양을 우선적으로 고려하여 활동량이 많은 유아들에게 균형 있는 식사와 간식이 제공되어야 한다. 유아의 열량을 고려하여 식단을 계획하고 신체적 성장뿐만 아니라 유아의 식습관과 위생개념 등 기본생활습관이 자연스럽게 이루어지도록 한다.

간식과 식사시간을 통해 스스로 음식을 먹고 정리하는 것이 즐거운 경험이 되도록 편안한 분위기를 만들어주고, 교사와 친구들과 자연스러운 대화를 통해 친밀감을 형성하고 바람직한 식생활 태도를 길러줄 수 있다. 식사나 간식을 먹기 전에 유아들과 손 씻기, 책상 닦기, 식사 후 양치하기 등 기본생활습관이 형성될 수 있도록 한다.

교사는 유아와 함께 식사와 간식을 먹으면서 개별 유아들의 식습관을 관찰하고 식습관을 배려해 주어 기분 좋게 음식을 먹을 수 있도록 안정되고 즐거운 분위기를 조성한다.

〈간식을 먹어요〉

〈스스로 간식그릇을 정리해요〉

〈점심을 먹어요〉

(7) 낮잠 및 휴식

오랜 시간 어린이집에서 생활하는 유아들은 낮잠과 휴식을 통해 신체적 피로를 회복하고 정서적 안정감을 느낀다. 유아들의 개별적인 상황과 특성을 고려하고 놀이를 관찰하여 낮잠과 휴식이 필요하다고 판단되면 낮잠과 휴식시간을 갖도록 배려한다.

낮잠을 잘 때는 블라인드나 커튼으로 채광을 조절하고 온도와 습도를 적절히 유지하여 편안한 낮잠 분위기를 조성한다. 유아들의 개별적인 컨디션, 잠들고 깨는 시간, 잠버릇 등을 관찰하여 배려해 준다. 낮잠을 자지 않는 유아의 경우 책을 읽거나 조작놀이를 하는 등 정적인 활동을 하며 휴식을 취할 수 있다.

〈낮잠을 자요〉

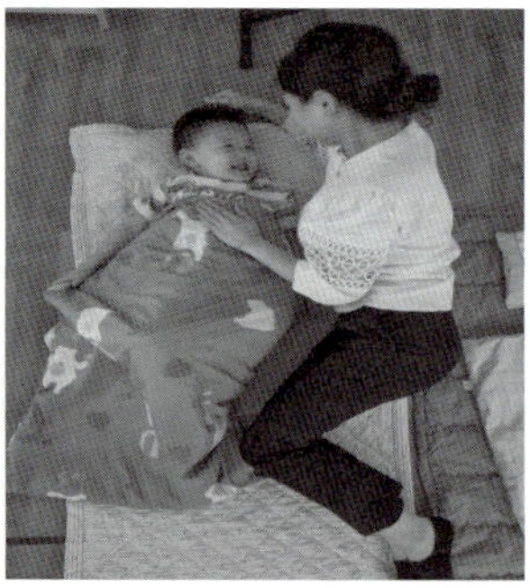

〈기분 좋게 낮잠자리에서 일어나요〉

〈선생님과 동화책을 봐요〉

(8) 하루평가 및 귀가

하루평가는 하루일과를 돌아보고 마무리하며 정리하는 시간이다. 그 날 있었던 즐거웠던 일이나 특별했던 일, 아쉬웠던 일들에 대해 서로 이야기나누고 자연스럽게 평가해 볼 수 있다. 교사는 하루 일과 중 바람직했던 행동에 대해 칭찬과 격려를 해 주고 다음날 일과를 미리 알려주어 신나는 마음과 기대감을 갖고 하원할 수 있도록 지원한다.

부모님께 전달할 내용이 있을 경우 미리 정리하여 준비하고 유아의 소지품은 유아 스스로 챙기도록 도와준다. 하원은 반드시 부모님 또는 귀가동의서에 기록되어 있는 보호자에게 인계하고, 그 외 보호자가 올 경우 전화 등으로 미리 확인 후 귀가할 수 있도록 한다.

〈사물함에서 가방을 꺼내요〉

〈소지품을 스스로 챙겨요〉

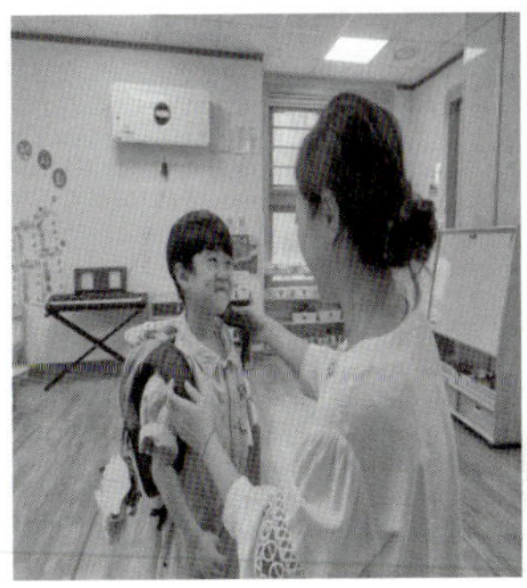

〈선생님과 인사를 나누어요〉

〈표 6-2〉 유아반 일과 운영 예시

시간	주요일과	활동내용
07:30~09:00	등원 및 통합보육	• 유아를 맞이하기 • 유아의 기분과 건강상태 확인 • 통합 보육실에서 자유롭게 놀이하기
09:00~10:30	실내(외) 자유놀이 및 오전 간식	• 여러 영역의 놀이를 개별적 혹은 소집단으로 선택하여 자유롭게 놀이하기 • 손 씻고 오전 간식 먹기
10:30~10:50	정리하기 및 화장실 가기	• 정리정돈 후 화장실 다녀오기
10:50~12:00	대 · 소집단 활동 바깥놀이 및 자유놀이	• 오늘의 활동소개, 이야기나누기, 동화듣기, 노래 부르기, 게임 등 • 날씨와 생활주제에 적합한 활동 • 대 · 소근육과 사회성 발달 증진을 위한 활동
12:00~13:30	손 씻기 점심식사 및 이 닦기	• 손 씻고 점심 먹기 • 점심식사 후 이 닦기
13:30~14:30	휴식 및 낮잠	• 휴식 취하기 • 낮잠이 필요한 유아는 낮잠 자기
14:30~16:00	실내(외) 자유놀이 및 오후 간식	• 오전 활동을 연계.확장하는 놀이활동 • 손 씻고 오후 간식 먹기
16:00~18:00	대 · 소집단 활동 실내(외) 자유놀이	• 유아가 원하는 영역에서 자유롭게 놀이 • 바깥놀이 등 실외활동 • 연장반 전담교사에 의한 보육활동
18:00~19:30	통합보육 및 귀가	• 통합 보육실에서 놀이하기 • 부모님이 오시는 대로 순차적 하원

출처: D 어린이집 유아반 프로그램

PART

3

보육실습의 실제

Chapter 07 보육계획안 작성

Chapter 08 보육실습일지 작성

Chapter 09 놀이지원의 이해

Chapter 10 관찰

07
Chapter

보육계획안의 작성

배울내용

1. 보육계획안의 작성은 어린이집에서 영유아 · 놀이중심 보육과정을 편성하고 운영하기 위해 표준보육과정을 기반으로 영유아의 발달과 흥미를 고려하여 보육과정을 계획하는 것을 보육계획안이라고 한다.
2. 이 장에서 보육계획안의 중요성을 인지하여 연령별 계획안을 작성해 보고, 발달에 적합한 교수방법을 적용하여 구체적인 놀이중심의 활동 계획안을 작성해 볼 수 있도록 한다.

학습목표

1. 보육계획안 작성의 중요성을 이해하고 설명할 수 있다.
2. 영유아의 연령과 발달을 고려하여 보육계획안을 작성할 수 있다.
3. 영유아의 발달에 적합한 교수방법을 적용하여 놀이중심 활동계획안을 작성할 수 있다.

어린이집에서는 영유아의 발달수준이나 흥미도를 고려하여 보육계획을 수립하여야 한다. 이는 영유아에게 발달과 성장과정에 맞는 일관되고 질 높은 보육서비스를 제공하기 위한 계획이라고 할 수 있다.

보육계획은 표준보육과정을 기반으로 한 어린이집의 특성을 반영하고 보육철학을 반영하여 어린이집 특성에 맞춰 연령별 또는 반별로 연간, 월간, 주간 및 일일 보육계획안 등의 계획을 수립하는 것을 말한다. 이 장에서는 보육계획안의 중요성과 보육계획안 실제를 통해 연령별 보육계획안을 살펴보고자 하며, 보건복지부, 육아종합지원센터, 실제 어린이집에 제시되어 있는 가장 기본적인 보육계획안의 예시를 통해 보육계획안 작성의 이해를 돕고자 한다.

1. 보육계획안 작성의 중요성

영유아는 어린이집에서 자유로운 놀이와 활동을 영유아의 권리를 최우선으로 보장하며 건강하고 행복하게 누릴 수 있도록 영유아의 일상생활을 격려하고 놀이와 활동을 하루일과 속에서 주도적이고 자발적으로 이루어질 수 있도록 수립하는 것이다. 즉, 보육계획안은 영유아의 일과 운영에 있어 기본이라 할 수 있는 중요한 부분이며, 보육계획안 작성을 통해 전인 발달을 위한 일과 운영, 합리적이고 효율적인 보육 활동을 전개할 수 있다(박영양 외, 2014). 또한, 보육계획안은 영유아가 발달 수준과 흥미, 어린이집의 특성을 반영하여 언제, 어디서, 무엇을, 어떻게, 왜 활동할 것인지에 대한 사전계획을 수립하는 것으로 국가 수준의 표준보육과정과 누리과정에서 제시하는 영역별 목표, 세부 내용을 잘 이해한 후 연령과 발달 수준에 맞게 계획되어야 한다. 보육계획안 작성의 중요성은 네 가지로 정리하면,

첫째, 보육계획안 작성을 통해 활동의 목표와 주제를 파악할 수 있다.

둘째, 보육 활동을 위한 합리적이고 효율적인 활동 방법을 구상하고 관련된 자료를 준비할 수 있다.

셋째, 보육 활동의 효과를 최대로 극대화할 수 있다.

넷째, 보육 활동의 활동 계획, 활동, 평가를 통해 보육 활동의 전반적인 사항을 숙지할 수 있다.

위와 같이, 보육계획안 작성은 보육 활동의 목표와 주제를 파악하고 주제와 관련한 자료와 활동 방법을 구상하여 준비할 수 있다. 그러한 목표와 주제와 관련된 활동 계획, 활동, 활동 후 평가를 통해 보육 활동의 전반적인 계획을 사전에 숙지하여 효율적인 보육 활동을 위해 보육계획안을 작성하는 일은 매우 중요한 일이다.

2. 보육계획안 작성

1) 보육 활동 계획 수립

보육계획안 작성은 영유아의 일과 운영에 있어 기본이라 할 수 있는 중요한 부분이며, 보육계획안 작성을 통해 전인 발달을 위한 일과 운영, 합리적이고 효율적인 보육 활동을 전개할 수 있기 때문이다. 보육계획안은 영유아가 무엇을 언제, 어디서, 어떻게, 왜 활동을 할 것인지에 대한 계획을 미리 세워두는 것으로 '어린이집 표준보육과정(만0~2세 표준보육과정, 만3~5세 표준보육과정: 누리과정)의 생활중심 주제를 가지고 영 · 유아의 발달적 특성과 영유아의 흥미와 요구에 맞게 계획되어져야 한다. 어린이집 보육계획은 연간계획안, 월간계획안, 주간계획안, 일일계획안 및 생활주제와 흥미 영역에 따른 활동 계획안 등으로 구성된다. 보육교사에게 보육계획안의 계획 및 작성은 필수적인 업무 중의 하나임에도 불구하고 보육계획안 작성을 어렵게 생각하거나, 보육계획안 구성내용을 잘 이해하지 못하는 경우도 있다. 이에 보육계획안 작성에 관한 교육을 통해 현장에서 보육계획안을 어려움 없이 작성할 수 있도록 한다.

보육계획을 수립함에 있어 다음과 같은 작성법에 따라 작성할 수 있다.

첫째, 보건복지부에서 제시한 표준보육과정과 누리과정의 지침을 참고하여 내용 범주와 내용, 세부 내용을 중심으로 연간, 월간, 주간, 일일 계획안으로 계획할 수 있다.

둘째, 세부 계획으로 각 주제와 관련되는 활동을 고안하여 각 발달 영역의 보육내용이 균형 있게 수립될 수 있도록 하며, 확장 활동에 대한 사전계획을 고안해 볼 수 있도록 한다.

셋째, 각 주제에 적합한 체계적인 계획으로 매일의 활동을 수립할 수 있으며, 그 결과를 토대로 확장 활동이나 사후계획을 세우거나 변경할 수 있도록 한다.

넷째, 보육 맥락 안에서 각 원에 맞는 운영 방침을 반영할 수 있으며 영유아의 흥미도에 따라 축소하거나 확대할 수 있음을 인지한다.

또한, 보육활동 시 진행되는 개별 영유아에 대한 예상 반응, 활동자료 제공 시 안전상 고려되어야 할 점 등을 감안하여야 하며, 보육활동에 발생할 수 있는 문제점들에 대한 예방전략을 갖기 위해 다음의 사항을 유의하여 보육계획을 수립하도록 한다.

첫째, 보육계획안은 통합적으로 수립되어 영유아의 전인적인 발달을 도울 수 있도록 계획해야 한다.

둘째, 영유아의 흥미와 요구를 수용할 수 있도록 면밀하게 계획하며 영유아의 흥미와 요구를 반영할 수 있도록 한다.

셋째, 영유아가 모든 영역에서 골고루 활동할 수 있도록 면밀하게 수립되어야 한다.

넷째, 영유아가 자발적인 놀이를 통해 요구가 충족되며 다양한 탐색과 흥미를 충족할 수 있는 환경의 준비와 효과적인 이용에 대한 계획이 수립되어야 한다.

보육계획을 수립하는 이유는 영유아에게 양질의 경험을 제공하기 위함이다. 보육계획의 수립을 통해 영유아의 일상생활, 놀이, 활동을 포함하는 하루일과에서 영유아의 권리를 최우선으로 보장하고 영유아가 건강하고 행복하게 성장할 수 있도록 돕기 위함이다. 이를 위해 표준보육과정을 기초로 어린이집의 특성을 반영하여 보육계획을 수립하고 연간보육계획을 수립한다. 또한 이를 기초로 하여 월간, 주간, 일일 보육계획을 수립할 수 있다.

2) 보육계획안 작성의 실제

보육계획은 영유아의 자유로운 일상생활, 놀이, 활동이 영유아의 주도적이고 자발적인 선택으로 이루어질 수 있도록 수립하여야 한다. 이에 교사는 사전에 보육계획을 수립한 후에도 영유아의 흥미나 관심, 의견을 반영하여 융통성 있게 보육계획을 수정할 수 있어야 한다. 영유아는 어린이집에서 평안하게 하루일과를 보내며 일상생활을 유지하고 놀이를 통해 전인 발달을 도모하는 놀이와 활동에 몰입할 수 있는 보육계획을 수립하여야 하며 등원에서 하원까지 안정적인 계획이 이루어져야 한다. 이 장에서는 0세~만2세의 표준보육과정 영아의 보육계획안과 만3세~만5세 누리과정 유아의 보육계획안을 연간 보육계획안을 토대로 하여 월간, 주간, 일일 보육계획안을 다음과 같이 정리해 볼 수 있다.

(1) 영아 보육계획안(0세~만2세 표준보육과정)

영아 보육계획안의 기준은 보건복지부 표준보육과정에서 제시한 0세부터 만2세까지의 연령을 대상으로 하는 보육계획을 의미한다. 영아의 보육계획안 작성 시 아동 중심적인 철학에 기초하여 전인 발달을 돕기 위해 보다 의미 있는 놀이를 제공하는 것으로 영아 발달에 대한 이해와 지식을 기반으로 발달적 연계성을 고려한 보육계획을 수립하고 운영하여야 한다. 또한, 일상생활의 양육과 놀이 활동이 균형을 이루도록 영아의 요구와 흥미에 기초한 개별화된 활동이 통합적으로 이루어지도록 운영한다.

① 연간 보육계획안

연간 보육계획안은 일 년 동안 0세~만2세의 영아가 보건복지부(2020, 어린이집 표준보육과정에 기초한 영유아 프로그램)에서 제시한 기본생활, 신체운동, 의사소통, 사회관계, 예술경험, 자연탐구의 6개 영역 표준보육과정을 기초로 영아의 발달적 특성과 발달 수준 및 흥미에 기초하여 전 영역이 포함될 수 있도록 생활주제를 기초로 영아에게 친숙하고 구체적이고 자주 경험하는 것에서부터 주제가 선정되어야 한다.

또한 각 어린이집의 운영철학, 지역의 특성, 행사, 다른 연령 간의 연계성 등 어린이집의 고유특성을 반영해 주제를 선택하거나 반복 또는 재구성할 수 있다.

영아의 연간 보육계획안은 '0~2세 표준보육과정'에서 제시한 생활주제를 기초로 내용 범주와 내용, 세부 내용을 중심으로 계획하여 작성한다. 생활주제는 친숙하고 구체적이며 자주 경험하는 것에서부터 점차 추상적이고 멀리 떨어진 환경에 대한 주제가 포함되도록 한다.

가. 0세 연간 보육계획안

〈표 7-1〉 0세 연간 보육계획안

월	주제	보육내용	월	주제	보육내용
3	낯설어요 1	• 부모님과 함께해요 1 (적응기 프로그램-부모님과 함께) • 부모님과 함께해요 2 • 선생님을 만나요 1 • 선생님을 만나요 2	9	놀이는 재미있어요 1-1	• 움직이는 놀잇감1 • 움직이는 놀잇감2 • 구멍이 있는 놀잇감1 • 구멍이 있는 놀잇감2 • 굴러가는 놀잇감1
4	낯설어요 2	• 선생님과 놀아요 1 • 선생님과 놀아요 2 • 익숙해졌어요 1 • 익숙해졌어요 2	10	놀이는 재미있어요 1-2	• 굴러가는 놀잇감2 • 까꿍 놀잇감 • 소리가 나는 놀잇감1 • 소리가 나는 놀잇감2
5	느껴봐요 1	• 씻으며 느껴요 • 입으며 느껴요 • 먹으며 느껴요 1 • 먹으며 느껴요 2	11	놀이는 재미있어요 2-1	• 통 · 상자 놀이1 • 통 · 상자 놀이2 • 헝겊 · 천 놀이 • 공놀이1
6	느껴봐요 2	• 놀며 느껴요1 • 놀며 느껴요2 • 느껴요1 • 느껴요2	12	놀이는 재미있어요 2-2	• 공놀이2 • 악기놀이1 • 악기놀이2 • 그릇놀이1 • 그릇놀이2
7	움직여요 1	• 누워서 움직여요1 • 누워서 움직여요2 • 앉아서 움직여요1 • 앉아서 움직여요2	1	좋아해요1	• 마주봐요1 • 마주봐요2 • 안아줘요 • 같이 해 봐요
8	움직여요 2	• 기어요 • 서고 걸어요1 • 서고 걸어요2 • 잡아보아요1 • 잡아보아요2	2	좋아해요2	• 함께 웃어요1 • 함께 웃어요2 • 사랑해요1 • 사랑해요2

나. 만1세 연간 보육계획안

〈표 7-2〉 만1세 연간 보육계획안

월	주제	보육내용	월	주제	보육내용
3	새로운 것이 낯설어요 Ⅰ	• 어린이집에 왔어요 Ⅰ • 어린이집에 왔어요 Ⅱ • 만나고 친해져요 Ⅰ • 만나고 친해져요 Ⅱ	9	나는 할 수 있어요 Ⅰ	• 즐겁게 할 수 있어요 Ⅰ • 즐겁게 할 수 있어요 Ⅱ • 말할 수 있어요 Ⅰ • 말할 수 있어요 Ⅱ • 찾을 수 있어요 Ⅰ
4	새로운 것이 낯설어요 Ⅱ	• 우리 반에 무엇이 있을까요? Ⅰ • 우리 반에 무엇이 있을까요? Ⅱ • 밖으로 나가 보아요 Ⅰ • 밖으로 나가 보아요 Ⅱ	10	나는 할 수 있어요 Ⅱ / 움직이는 것이 재미있어요 Ⅰ	• 찾을 수 있어요 Ⅱ • 바깥놀이는 재미있어요 Ⅰ • 바깥놀이는 재미있어요 Ⅱ • 몸을 움직여요 Ⅰ
5	느낄 수 있어요 Ⅰ	• 만져보아요 Ⅰ • 만져보아요 Ⅱ • 살펴보아요 Ⅰ • 살펴보아요 Ⅱ	11	움직이는 것이 재미있어요 Ⅱ	• 몸을 움직여요 Ⅱ • 몸을 움직여요 Ⅲ • 움직이게 할 수 있어요 Ⅰ • 움직이게 할 수 있어요 Ⅱ
6	느낄 수 있어요 Ⅱ	• 들어보아요 Ⅰ • 들어보아요 Ⅱ • 맡아보아요 • 맛보아요	12	좋아하는 놀이가 있어요 Ⅰ	• 그림책으로 놀아요 Ⅰ • 그림책으로 놀아요 Ⅱ • 춤추고 놀이해요 Ⅰ • 춤추고 놀이해요 Ⅱ • 흉내 내요 Ⅰ
7	느낄 수 있어요 Ⅲ / 놀이 할 수 있어요 Ⅰ	• 온몸으로 느껴보아요 Ⅰ • 온몸으로 느껴보아요 Ⅱ • 놀잇감은 재미있어요 Ⅰ • 놀잇감은 재미있어요 Ⅱ	1	좋아하는 놀이가 있어요 Ⅱ	• 흉내 내요 Ⅱ • 흉내 내요 Ⅲ • 쉬 응가 놀이가 좋아요 Ⅰ • 쉬 응가 놀이가 좋아요 Ⅱ
8	놀이 할 수 있어요 Ⅱ	• 물놀이는 재미있어요 Ⅰ • 물놀이는 재미있어요 Ⅱ • 물놀이는 재미있어요 Ⅲ • 까꿍 놀이는 재미있어요 Ⅰ • 까꿍 놀이는 재미있어요 Ⅱ	2	새로운 것도 좋아요	• 함께 놀아요 Ⅰ • 함께 놀아요 Ⅱ • 선생님이 좋아요 Ⅰ • 선생님이 좋아요 Ⅱ

다. 만2세 연간 보육계획안

〈표 7-3〉 만2세 연간 보육계획안

월	주 제	보육내용	월	주 제	보육내용
3	어린이집이 좋아요 1	• 나는 ○○반 이에요 • 즐겁게 엄마, 아빠와 헤어져요 • OO반 선생님, 친구들이에요 • 재미있는 놀잇감이 있어요	9	나는 가족이 있어요 2 · 동물놀이해요 1	• 우리 가족을 소개해요 1 • 우리 가족을 소개해요 2 • 여러 가지 동물이 있어요 • 엄마 동물, 아기 동물 • 동물처럼 소리 내며 움직여 보아요
4	어린이집이 좋아요 2 · 봄나들이 가요	• 내가 좋아하는 놀잇감이에요 • 편안하게 지내요 • 안전하게 놀아요 • 안전하게 바깥놀이해요	10	동물놀이해요 2 · 알록달록 가을이에요 1	• OO이 좋아하는 동물 • 동물을 사랑해요 • 가을이에요 • 가을나들이
5	봄나들이 가요 · 나는요 1	• 꽃구경은 즐거워요 • 벌레가 꿈틀꿈틀해요 • 봄나들이 갈까요 • 나는 ○○○ 이에요	11	알록달록 가을이에요 2	• 단풍이 물들어요 • 자연물로 놀이해요 • 알록달록 색깔 나라 • 재미있는 그리기 나라
6	나는요 2	• 내 몸을 살펴보아요 • 나는 느껴요 • 내가 좋아하는 것이 있어요 • 혼자서도 잘해요	12	겨울과 모양을 즐겨요 1	• 여러 가지 모양이 있어요 • 모양 놀이해요 • 추워요 • 즐거운 성탄절이에요 • 따뜻하게 지내요
7	재미있는 여름이에요 1	• 날씨가 더워졌어요 • 비가 많이 와요 • 깨끗하게 씻어요 • 물놀이가 재미있어요 1	1	겨울과 모양을 즐겨요 2 · 나는 친구가 있어요 1	• 신나는 겨울놀이 1 • 신나는 겨울놀이 2 • 내 친구가 좋아요 • 친구와 함께하는 놀이가 있어요
8	재미있는 여름이에요 2 · 나는 가족이 있어요 1	• 물놀이가 재미있어요 2 • 여행을 가요 • 엄마 아빠가 좋아요 • 우리 가족을 흉내 내요 1 • 우리 가족을 흉내 내요 2	2	나는 친구가 있어요 2	• 우리는 5살 • 형, 언니가 되었어요 1 • 형, 언니가 되었어요 2 • 즐거웠던 우리 반

② 월간 보육계획안

월간 보육계획안은 연간 보육계획안 주제를 토대로 한 달간의 지도를 위한 구체적인 지도방법을 계획하는 것이다. 연간의 계획을 한 달의 단위로 하여 계절의 변화나 반복되는 활동을 중심으로 영아들의 상황과 발달에 맞추어 매월 주제로 나누는 것으로 해당 반 영아의 발달수준 및 흥미도를 고려하여 구성하는 것이 바람직하다.

영아의 주된 활동은 일상생활과 놀이 활동을 중심으로 구성할 수 있으며 한 달 단위의 주제 관련 활동의 축소나 연장이 필요할 경우 활동을 축소하거나 한 달 이상 지속하여 운영될 수 있다. 월간보육계획에서 일상생활 활동과 실내·외 놀이 활동 등 일과를 기준으로 구분하여 활동을 제시하도록 한다.

가. 0세 월간 보육계획안

〈표 7-4〉 0세 월간 보육계획안 예시

주		1주 3월 1일 ~ 3월 6일	2주 3월 8일 ~ 3월 13일	3주 3월 15일 ~ 3월 20일	4주 3월 22일 ~ 3월 27일	5주 3월 29일 ~ 4월 3일
소주제		엄마, 아빠와 왔어요	엄마, 아빠와 함께해요	선생님을 만났어요	우리 선생님이에요 1	우리 선생님이에요 2
등원		• 엄마, 아빠와 함께 우리 교실에 들어와요		• 엄마, 아빠와 함께 선생님과 눈 맞추며 인사해요		• 선생님에게 안기며 인사해요
수유/이유식		• 엄마, 아빠와 함께 먹어요		• 선생님과 함께 먹어요		
낮잠		• 낮잠 자는 환경을 둘러봐요	• 엄마, 아빠와 함께 내 이불에 누워요	• 선생님과 함께 내 이불에 누워요		
기저귀 갈기		• 엄마, 아빠와 함께 기저귀를 갈아요		• 선생님과 함께 기저귀를 갈아요		
실내놀이	신체	• 엄마에게 엉금엉금 기어가요	• 엄마 무릎 미끄럼틀을 타요	• 선생님과 함께 간지럼 놀이해요	• 선생님과 마주보고 발을 쿵쿵 굴러요	• 선생님과 함께 쿠션에서 뒹굴어요
	언어	• 동시 '안녕? 반가워!'	• 동화 '내가 있어요'	• 동화 '어? 저게 뭐지?'	• 동화 '장난감으로 놀아요'	• 동화 '우리 선생님이 최고!'

감각·탐색	• [쌓기] 교실에 여러 가지 블록이 있어요	• [쌓기] 말랑말랑 스펀지 블록으로 놀이해요	• [쌓기] 블록이 와르르~ 무너져요	• [쌓기] 블록에 선생님 얼굴이 있어요	• [쌓기] 선생님과 함께 블록 까꿍 놀이해요
	• [역할] 인형을 꼭 안아줘요	• [역할] 엄마와 맛있게 냠냠	• [역할] 여러 가지 음식 모형으로 지글지글 요리해요	• [역할] 선생님과 맛있게 냠냠	• [역할] 따르릉~ 엄마예요?
	• [음률] 내가 좋아하는 노래를 엄마와 함께 들어요	• [음률] 새 노래 '뽀뽀뽀' 들으며 짝짜꿍 손뼉 쳐요	• [음률] 선생님이 불러주는 노래를 들어요	• [음률] 선생님이 불러주는 노래를 들으며 분유통을 두드려요	• [음률] 새 노래 '내일까지 안녕' 들으며 딸랑이를 흔들어요
	• [감각·탐색] 서랍장에서 내 얼굴을 찾았어요	• [감각·탐색] 촉감 상자 속에서 우리 가족 사진을 찾아요	• [감각·탐색] 우리 선생님 얼굴이에요	• [감각·탐색] 거울 속에 내가 보여요	• [감각·탐색] 찾았다! 거울 속 우리 선생님
바깥 놀이	• 상쾌한 바람을 쐬어요 • 엄마 품에 안겨 바깥 놀이터를 둘러봐요	• 유모차를 타고 바깥 놀이터에 가요 • 엄마와 함께 빙글빙글 바람개비 놀이해요	• 유모차 타고 어린이집 주변을 둘러봐요 • 산책하며 선생님이 가리키는 것을 바라봐요	• 유모차에 앉아 따뜻한 햇볕을 쬐어요 • 선생님과 손을 잡고 천천히 걸어요	• 바깥 놀이터에 새싹과 꽃이 피었어요 • 나무야 안녕?
대체활동	• 창밖으로 바깥 놀이터를 살펴봐요	• 엄마, 선생님 다리를 오르내려요	• 선생님과 함께 쭉쭉 몸을 늘려봐요	• 선생님이 굴려주는 공을 잡아봐요	• 엉금엉금 매트를 기어올라요
기본생활	• [소통] 부모님과 기분 좋게 헤어져요	• [예] 선생님을 바라봐요	• [협동] 선생님과 바구니에서 놀잇감을 꺼내 봐요	• [청결] 선생님 도움받아 손을 씻어요	• [효] 부모님께 안겨요
안전교육	• [실종·유괴의 예방·방지] 선생님 손을 잡고 나가요	• [재난대비] 불은 위험해요	• [교통안전] 자동차 주변은 위험해요	• [생활안전] 놀잇감을 던지지 않아요	• [성폭력 및 아동학대 예방] 부모님께 말해요 • [소방대피훈련] 유도등을 따라 안전하게 대피해요

나. 만1세 월간 보육계획안

〈표 7-5〉 만1세 월간 보육계획안 예시

주		1주	2주	3주	4주	5주
		3월 1일～ 3월 6일	3월 8일～ 3월 13일	3월 15일～ 3월 12일	3월 22일～ 2월 27일	3월 29일～ 4월 3일
소주제		엄마, 아빠와 왔어요	엄마, 아빠와 함께해요	선생님을 만났어요	만나고 친해져요 1	만나고 친해져요 2
등원		• 엄마, 아빠와 함께 우리 교실에 들어와요		• 엄마, 아빠와 함께 선생님과 눈 맞추며 인사해요		
점심/간식/수유/이유식		• 엄마, 아빠와 함께 먹어요		• 선생님과 함께 먹어요		
낮잠		• 낮잠 자는 환경을 둘러봐요		• 선생님과 함께 내 이불에 누워요		
기저귀 갈이		• 엄마, 아빠와 함께 기저귀를 갈아요		• 선생님과 함께 기저귀를 갈아요		
실내놀이	신체	• 엄마에게 엉금엉금 기어가요 • (1)엄마의 손을 잡고 발자국을 따라 교실로 들어와요	• 엄마 무릎 미끄럼틀을 타요 • (1)엄마와 함께 발자국 그림 따라 걸어봐요	• 선생님과 함께 간지럼 놀이해요 • (1)선생님 손을 잡고 발등 걸음마를 걸어요	• 선생님과 마주 보고 발을 쿵쿵 굴려요 • (1)선생님과 마주 보고 잼잼 놀이해요	• 선생님과 함께 쿠션에서 뒹굴어요 • (1)선생님과 함께 마주 보고 공을 굴려요
	언어	• 동시 '안녕? 반가워!'	• 동화 '찾았다!'	• 동화 '어? 저게 뭐지?'	• 동화 '장난감으로 놀아요'	• 동화 '우리 선생님이 최고!'
	감각·탐색	• [쌓기] 교실에 여러 가지 블록이 있어요	• [쌓기] 말랑말랑 스펀지 블록으로 놀이해요	• [쌓기] 블록이 와르르~ 무너져요	• [쌓기] 블록에 선생님 얼굴이 있어요	• [쌓기] 선생님과 함께 블록 까꿍 놀이해요
		• [역할] 인형을 꼭 안아줘요	• [역할] 엄마와 맛있게 냠냠	• [역할] 여러 가지 음식 모형으로 지글지글 요리해요	• [역할] 선생님과 맛있게 냠냠	• [역할] 따르릉~ 엄마예요?

	• [음률] 내가 좋아하는 노래를 엄마와 함께 들어요	• [음률] 새 노래 '뽀뽀뽀'	• [음률] 선생님이 불러주는 노래를 들어요	• [음률] 선생님이 불러주는 노래를 들으며 분유통을 두드려요	• [음률] 새 노래 '내일까지 안녕'
	• [미술] 엄마가 그려주는 그림을 살펴봐요	• [미술] 엄마와 함께 스티커를 붙여요	• [미술] 선생님 얼굴 사진에 스티커를 붙여요	• [미술] 선생님과 함께 커다란 종이에 끼적여요	• [미술] 선생님과 함께 커다란 종이에 도장을 찍어요
	• [감각 · 탐색] (1)엄마와 함께 우리 반을 살펴봐요 • 서랍장에서 내 얼굴을 찾았어요	• [감각 · 탐색] (1)색깔판으로 우리 반을 비춰봐요 • 촉감 상자 속에서 우리 가족 사진을 찾아요	• [감각 · 탐색] 우리 선생님 얼굴이에요 • (1)선생님과 놀잇감을 살펴봐요	• [감각 · 탐색] 거울 속에 내가 보여요 • (1)까꿍판을 열어 선생님과 친구를 살펴봐요	• [감각 · 탐색] 찾았다! 거울 속 우리 선생님 • (1)선생님 옷을 만져봐요
바깥놀이	• 상쾌한 바람을 쐬어요 • 엄마 품에 안겨 바깥놀이터를 둘러봐요	• 유모차를 타고 바깥놀이터에 가요 • 엄마와 함께 빙글빙글 바람개비 놀이해요	• 유모차 타고 어린이집 주변을 둘러봐요 • 산책하며 선생님이 가리키는 것을 바라봐요	• 유모차에 앉아 따뜻한 햇볕을 쬐어요 • 선생님과 손을 잡고 천천히 걸어요	• 바깥 놀이터에 새싹과 꽃이 피었어요 • 나무야 안녕?
대체활동	• 창밖으로 바깥 놀이터를 살펴봐요	• 엄마, 선생님 다리를 오르내려요	• 선생님과 함께 쭉쭉 몸을 늘려봐요	• 선생님이 굴려주는 공을 잡아봐요	• 엉금엉금 매트를 기어올라요
기본생활	• [소통] 부모님과 기분 좋게 헤어져요	• [예] 선생님을 바라봐요	• [협동] 선생님과 바구니에서 놀잇감을 꺼내봐요	• [청결] 선생님 도움받아 손을 씻어요	• [효] 부모님께 안겨요
안전교육	• [생활안전] 놀잇감을 던지지 않아요	• [실종 · 유괴의 예방 · 방지] 선생님 손을 잡고 나가요	• [성폭력 및 아동학대 예방] 부모님께 말해요	• [재난대비] 불을 꺼주는 소화기	• [소방대피훈련] 유도등을 따라 안전하게 대피해요

다. 만2세 월간 보육계획안

〈표 7-6〉 만2세 월간 보육계획안 예시

주		1주	2주	3주	4주	5주
		3월 1일 ~ 3월 6일	3월 8일 ~ 3월 13일	3월 15일 ~ 3월 20일	3월 22일 ~ 3월 27일	3월 29일 ~ 4월 3일
소주제		우리 반은 ○○반	우리 반에 씩씩하게 들어와요	우리 선생님과 친구들이에요	놀잇감이 재미있어요	내가 좋아하는 놀잇감이에요
등원		• 부모님과 함께 선생님과 인사해요	• 부모님과 웃으며 인사하고 교실로 들어와요	• 선생님과 손 흔들며 인사해요	• 친구와 손 흔들며 인사해요	• 선생님과 인사하고 교실을 둘러봐요
일상생활	점심/간식	• 음식을 먹기 전 손을 깨끗이 씻어요	• 냠냠 맛있게 먹어요	• 점심식사 시간을 알고 자리에 앉아요	• '잘 먹겠습니다' 인사하고 음식을 먹어요	• 숟가락과 포크를 사용해요
	낮잠	• 내 이불과 베개를 살펴봐요	• 내 이불을 찾아봐요	• 낮잠 자기 전 화장실에 다녀와요	• 낮잠 음악을 들으며 잠들어요	• 선생님의 토닥임을 느끼며 잠들어요
	배변활동/화장실 가기	• 화장실에 가는 길을 알아봐요		• 선생님과 함께 화장실에 다녀와요		
실내놀이	신체	• 선 따라 걸으며 우리 반 교실을 살펴봐요 • 선생님 손을 잡고 걸어봐요	• 엄마, 아빠 얼굴 사진 풍선을 잡아요	• 선생님 따라 쿵쿵 걸어요 • 친구와 함께 공을 굴려요	• 자동차 길을 따라 걸어요	• 천장에 매달린 풍선을 쳐봐요
	쌓기·역할	• [쌓기] ○○반에는 다양한 블록이 있어요	• [쌓기] 선생님과 블록으로 집을 만들어요	• [쌓기] 친구 키만큼 블록을 높이 쌓아요	• [쌓기] 종이 블록을 길게 놓아요	• [쌓기] 내가 좋아하는 블록으로 놀이해요
		• [역할] 엄마, 아빠에게 전화하는 놀이를 해봐요	• [역할] 블록, 집에서 놀이해요	• [역할] 선생님과 맛있는 음식을 만들어요	• [역할] 친구와 함께 가게 놀이를 해요	• [역할] 토닥토닥 아기 인형을 재워요

	언어	• 언어놀이영역에는 무슨 책이 있을까?	• 우리 반, 내 이름을 말해요	• 동화 '우리 반 선생님은 천하무적'	• 우리 반 놀잇감 사진을 봐요	• 내가 좋아하는 놀잇감을 말해요
	음률	• 새 노래 '병아리 교실'	• 노래에 맞춰 마라카스를 흔들어요	• 새 노래 '내일까지 안녕'	• 노래를 들으며 탬버린을 흔들어요	• '싱글벙글' 노래에 맞춰 몸을 움직여요
	미술	• 신문지를 찢어봐요	• 엄마, 아빠 얼굴을 스티커로 꾸며요	• 손바닥 도장을 찍어요	• 소리 나는 가방	• 생일파티 모자
	감각·탐색	• 촉감판 위를 걸어봐요	• 우리 반을 살펴봐요 • 향기 주머니	• 거울 속 친구 얼굴을 살펴봐요	• 우리 반 놀잇감을 살펴봐요 • 같은 놀잇감을 짝지어요	• 내 나이만큼 케이크에 초를 꽂아요
바깥놀이		• 신발장에서 내 신발을 찾아봐요 • 어린이집 놀이터를 둘러봐요	• 차례차례 걸어요 • 보자기 놀이를 해요	• 친구 손을 잡고 걸어요 • 선생님 손바닥을 쳐봐요	• 비눗방울 놀이를 해요 • 어린이집 주변을 살펴봐요	• 계단을 오르내려요 • [지역사회연계] 어린이집 주변 산책로를 걸어요
대체활동		• 어린이집을 둘러봐요	• 스카프로 놀이해요	• 선생님의 손을 잡고 어린이집을 둘러봐요	• 부릉부릉 붕붕카를 타요	• 풍선으로 놀이해요
기본생활		• [소통] 부모님과 인사하고 헤어져요	• [예] 선생님께 인사해요	• [협동] 선생님, 친구와 함께 놀잇감을 꺼내요	• [청결] 스스로 손을 깨끗이 씻어요	• [효] 부모님께 '사랑해요' 표현해요
안전교육		• [생활안전] 놀잇감을 던지지 않아요	• [실종·유괴의 예방·방지] 선생님의 손을 잡고 나가요	• [성폭력 및 아동학대 예방] 부모님께 말해요	• [재난대비] 불을 꺼주는 소화기	• [소방대피훈련] 유도등을 따라 안전하게 대피해요

③ 주간 보육계획안

주간보육계획은 월간보육계획에 기초를 두고 그 목표를 달성하기 위해 구체적인 내용을 계획하는 것이다. 영아의 건강 상태, 흥미, 욕구, 발달상태 등을 고려하여 융통성 있게 한 주의 보육계획을 작성해야 한다.

주간 보육계획안은 매주 진행될 소주제 관련된 활동을 월요일부터 금요일(또는 토요일)에 걸쳐 요일별, 시간대별, 실내 · 외 공간별, 흥미 영역별의 계획을 의미한다. 이는 표준보육과정에서 제시하는 보육 과정에 근거하여 소주제 간 활동들이 연계될 수 있도록 작성하며 적절하게 고루 보육 과정이 반영될 수 있도록 계획하여야 한다. 또한, 영아의 흥미와 요구도에 따라 활동이 지속되거나 반복될 수 있음을 인지하고 교사는 확장 또는 축소할 수 있음을 인지하여야 하며, 일상생활 및 오전 자유 놀이와 오후 자유 놀이, 실내 · 외 활동 등을 적절히 안배하여 계획하여야 한다.

가. 0세 주간 보육계획안

〈표 7-7〉 0세 주간 보육계획안 예시

<table>
<tr><td colspan="2">주 제</td><td colspan="2">낯선 곳에 왔어요</td><td>날짜</td><td>월 일~ 월 일</td></tr>
<tr><td colspan="2">목 표</td><td colspan="4">부모와 함께 어린이집 환경을 둘러보며 새로운 공간에 관심을 가진다.</td></tr>
<tr><td colspan="2">기본생활</td><td colspan="2">(소통) 부모님과 기분 좋게 헤어져요</td><td>소주제</td><td>엄마, 아빠와 왔어요</td></tr>
<tr><td colspan="2">안전교육</td><td colspan="4">(실종, 유괴 예방) 선생님 손을 잡고 나가요</td></tr>
<tr><td colspan="2">등 원
[사회관계증진]</td><td colspan="4">엄마, 아빠와 함께 우리 교실에 들어와요</td></tr>
<tr><td rowspan="3">일상생활</td><td>수유/
이유식</td><td colspan="4">엄마 · 아빠와 함께 먹어요</td></tr>
<tr><td>낮잠</td><td colspan="4">낮잠 자는 환경을 둘러봐요</td></tr>
<tr><td>기저귀
갈이/
배변활동</td><td colspan="4">엄마, 아빠와 함께 기저귀를 갈아요</td></tr>
<tr><td rowspan="7">실내자유놀이</td><td rowspan="2">신체</td><td>대근육</td><td colspan="3">선생님에게 엉금엉금 기어가요</td></tr>
<tr><td>소근육</td><td colspan="3">–</td></tr>
<tr><td rowspan="2">쌓기.역할</td><td>쌓기</td><td colspan="3">교실에 여러 가지 블록이 있어요</td></tr>
<tr><td>역할</td><td colspan="3">인형을 꼭 안아줘요</td></tr>
<tr><td>언어</td><td colspan="4">동시 “안녕! 반가워”</td></tr>
<tr><td rowspan="2">감각 · 탐색</td><td>음률
/동작</td><td colspan="3">내가 좋아하는 노래를 엄마와 들어요</td></tr>
<tr><td>감각
/탐색</td><td colspan="3">서랍장에서 내 얼굴을 찾아요</td></tr>
<tr><td colspan="2">실외활동
(미세먼지확인)</td><td colspan="4">상쾌한 바람을 쐬어요</td></tr>
<tr><td colspan="2">대체활동</td><td colspan="4">창밖으로 바깥 놀이터를 살펴봐요</td></tr>
<tr><td colspan="6">[동시]</td></tr>
<tr><td colspan="6">안녕? 반가워!
새로운 놀잇감아
안녕? 반가워!

새로운 교실아
안녕? 반가워!
새로운 친구들아
안녕? 반가워!
새로운 놀잇감, 교실, 친구들아
우리 사이좋게 지내자</td></tr>
</table>

나. 만1세 주간 보육계획안

〈표 7-8〉 만1세 주간 보육계획안 예시

<table>
<tr><th colspan="3">주 제</th><td>새로운 곳에 왔어요</td><th>날짜</th><td>월 일~ 월 일</td></tr>
<tr><th colspan="3">소 주 제</th><td colspan="3">우리 반이 궁금해요</td></tr>
<tr><th colspan="3">목 표</th><td colspan="3">• 교사와 안정적 애착을 바탕으로 어린이집의 일과에 즐겁게 참여한다.</td></tr>
<tr><th colspan="3">기본생활</th><td>[효] 부모님을 안아드려요</td><th>건강과 영양</th><td>치카치카~ 이를 닦아요</td></tr>
<tr><th colspan="3">안전교육</th><td colspan="3">[재난대비] 불을 꺼주는 소화기</td></tr>
<tr><th colspan="3">등 원
[사회관계증진]</th><td colspan="3">친구들, 선생님과 인사해요</td></tr>
<tr><th rowspan="3">일상생활</th><th colspan="2">점심/간식</th><td colspan="3">턱받이를 하고 먹어요</td></tr>
<tr><th colspan="2">낮잠</th><td colspan="3">선생님의 토닥임을 느끼며 낮잠을 자요</td></tr>
<tr><th colspan="2">기저귀 갈이/
배변활동</th><td colspan="3">모빌을 보며 기저귀를 갈아요</td></tr>
<tr><th rowspan="8">실내자유놀이</th><th rowspan="2">신체</th><th>대근육</th><td colspan="3">선 따라 발등 걸음마로 걸어요</td></tr>
<tr><th>소근육</th><td colspan="3">신문지를 구겨서 공을 만들어보아요</td></tr>
<tr><th colspan="2">쌓기</th><td colspan="3">선생님과 함께 블록으로 식탁을 만들어요</td></tr>
<tr><th colspan="2">역할</th><td colspan="3">아기인형을 업어줘요</td></tr>
<tr><th colspan="2">언어</th><td colspan="3">동화 – '오늘 뭐 했어?'</td></tr>
<tr><th colspan="2">미술</th><td colspan="3">우리 교실 사진에 스탬프를 찍어요</td></tr>
<tr><th colspan="2">감각/탐색</th><td colspan="3">풍선이 커지고 작아져요</td></tr>
<tr><th colspan="2">음률/동작</th><td colspan="3">새 노래 – '병아리 교실'</td></tr>
<tr><th colspan="3">실외활동
[미세먼지 확인]</th><td colspan="3">선생님 손을 잡고 빠르게 걸어보아요 / 산책하며 여러 가지 소리를 들어요</td></tr>
<tr><th colspan="3">대체활동</th><td colspan="3">매트 위에서 공을 굴리며 놀아요 / VR 체험 활동을 해요</td></tr>
<tr><th colspan="6">[새 노래 – '병아리 교실']</th></tr>
<tr><td colspan="6">작사 미상
박상문 작곡

선생님은 우리보고 병아리래요
초롱초롱 맑은 눈이 참 예쁘대요
선생님은 우리보고 병아리래요
삐약삐약 재잘재잘 참 시끄럽대요</td></tr>
</table>

다. 만2세 주간 보육계획안

〈표 7-9〉 만2세 주간 보육계획안 예시

<table>
<tr><td colspan="3">주 제</td><td>우리 어린이집이 좋아요</td><td>날짜</td><td>월 일~ 월 일</td></tr>
<tr><td colspan="3">목 표</td><td>○○반에 관심을 갖고 변화된 환경을 탐색한다.</td><td>소주제</td><td>우리 반은 ○○반</td></tr>
<tr><td colspan="3">기본생활</td><td colspan="3">[소통] 부모님과 인사하고 헤어져요</td></tr>
<tr><td colspan="3">안전교육</td><td colspan="3">[생활안전] 놀잇감을 던지지 않아요</td></tr>
<tr><td colspan="3">등 원
[사회관계 증진]</td><td colspan="3">부모님과 함께 선생님에게 인사해요</td></tr>
<tr><td rowspan="3">일상생활</td><td colspan="2">점심/간식</td><td colspan="3">음식을 먹기 전 손을 깨끗이 씻어요</td></tr>
<tr><td colspan="2">낮잠</td><td colspan="3">내 이불과 베개를 살펴봐요</td></tr>
<tr><td colspan="2">기저귀 갈이/ 배변활동</td><td colspan="3">화장실에 가는 길을 알아봐요</td></tr>
<tr><td rowspan="7">실내자유놀이</td><td rowspan="2">신체</td><td>대근육</td><td colspan="3">선 따라 걸으며 우리 반 교실을 살펴봐요</td></tr>
<tr><td>소근육</td><td colspan="3">선생님 손을 잡고 걸어봐요</td></tr>
<tr><td rowspan="2">쌓기/역할</td><td>쌓기</td><td colspan="3">우리반에는 다양한 블록이 있어요</td></tr>
<tr><td>역할</td><td colspan="3">엄마, 아빠에게 전화하는 놀이를 해봐요</td></tr>
<tr><td colspan="2">언어</td><td colspan="3">언어놀이영역에는 무슨 책이 있을까?</td></tr>
<tr><td colspan="2">미술</td><td colspan="3">신문지를 찢어봐요</td></tr>
<tr><td colspan="2">음률/동작</td><td>새 노래 '병아리 교실'</td><td>감각/탐색</td><td>촉감판 위를 걸어봐요</td></tr>
<tr><td colspan="3">실외활동
(미세먼지 확인)</td><td>신발장에서 내 신발을 찾아봐요/ 어린이집 놀이터를 둘러봐요</td><td>대체활동</td><td>어린이집을 둘러봐요</td></tr>
<tr><td colspan="4">[새노래]</td><td colspan="2">[안전교육]</td></tr>
<tr><td colspan="4">병아리 교실

미상 작사
박상문 작곡

선생님은 우리보고 병아리래요
초롱초롱 맑은 눈이 참 예쁘대요
선생님은 우리보고 병아리래요
삐약삐약 재잘재잘 참 시끄럽대요</td><td colspan="2"></td></tr>
</table>

④ 일일 보육계획안

일일 보육계획은 하루의 보육 과정에 직접적인 참고자료가 되므로 구체적으로 계획한다. 교사는 영아의 발달과정과 흥미도를 반영하여 영아의 경험을 풍부하게 할 수 있는 활동들을 하루일과의 시간대별로 진행될 순서를 계획하여야 한다. 이때 활동의 목표, 내용, 활동에 필요한 준비물 등을 미리 기록하고 표준보육과정을 기초로 하여 영아의 일상생활 활동과 영역별 보육 과정을 적절히 배분하여 효과적인 일일 보육계획을 수립한다. 또한, 일일 활동 계획은 영아의 요구도나 날씨, 생활주제 등의 요인에 따라 융통성 있게 운영될 수 있으며, 영아의 흥미에 따라 축소되거나 연장될 수 있다. 보육 활동을 계획하고 실행한 후에는 반드시 계획에 따른 실행 및 평가를 순환함으로써 차후 보육 과정에 반영할 수 있도록 하여 발전적이고 진보적인 보육계획이 수립될 수 있도록 한다.

가. 0세 일일 보육계획안

〈표 7-10〉 0세 일일 보육계획안 예시

<table>
<tr><td colspan="4">보육계획안 (만0세)</td><td rowspan="2">확
인</td><td>담임</td><td>주임</td><td>원장</td></tr>
<tr><td>기간</td><td colspan="3">2021년 8월 9일 ~ 8월 13일</td><td></td><td></td><td></td></tr>
<tr><td>요일
활동</td><td>월(8/9일)</td><td>화(10일)</td><td>수(11일)</td><td colspan="2">목(12일)</td><td colspan="2">금(13일)</td></tr>
<tr><td>날씨/미세먼지 농도</td><td>맑음/보통</td><td>맑음/보통</td><td>맑음/보통</td><td colspan="2">맑음/보통</td><td colspan="2">흐림/보통</td></tr>
<tr><td>등원 및 통합보육 (환기)
(07:30~09:30)</td><td colspan="7">• 등원 영아 맞이하기, 선생님과 인사나누기, 영아의 기분과 건강상태를 확인하기, 투약의뢰서 확인하기
• 코로나19 예방을 위한 체온체크하기
• 통합보육실에서 영아의 흥미에 따라 놀잇감을 선택하여 놀이하기</td></tr>
<tr><td>손 씻기/
오전 간식(환기)
(9:30~09:50)</td><td colspan="7">• 기저귀 확인 후 기저귀 갈이 및 손 씻기 / 오전 간식 (식단표 참조)
• 코로나19와 감염병 예방을 위한 올바른 손 씻기 하기</td></tr>
<tr><td rowspan="3">오전실내놀이
(09:50~10:50)</td><td colspan="7">【선생님의 손을 잡고 발바닥 도장을 따라 걸어봐요】</td></tr>
<tr><td colspan="7">【아기인형을 유모차에 태우고 산책가요】</td></tr>
<tr><td colspan="7">【밀가루 반죽을 발로 밟아요】</td></tr>
<tr><td>정리정돈/
기저귀 갈이
(10:50~11:00)</td><td colspan="7">• 정리정돈 / 기저귀 확인 후 기저귀 갈이</td></tr>
</table>

<table>
<tr><td rowspan="2">바깥놀이 (대체)
(11:00~11:40)</td><td colspan="2">바깥놀이-선생님의 손을 잡고 그늘을 찾아 걸어가요</td><td colspan="3">대체놀이-엄마 동물, 아기 동물 발자국을 따라 걸어요</td></tr>
<tr><td>폭염으로 인한 실내대체 놀이 함 동물과 동물 발자국 그림자료를 발견한 영아는 옹알이하거나 그림을 따라 천천히 기어가기 시작하였음. 걸음마가 가능하지만 아직은 기어가는 것이 더 욱더 익숙한 영아인 만큼 영아가 편안한 움직임을 통해 그림을 탐색할 수 있도록 지원하였다.</td><td>폭염으로 인한 실내대체 놀이 함 교사의 손을 잡고 동물의 이름을 들으며 신체를 조절하여 길을 따라 걸어보고 발자국을 따라 영아 스스로 걸음마를 시도하였다. 실내 대체놀이 시 붕붕카로 다가가 붕붕카의 의자에 앉아 큰소리로 옹알이를 함. 영아가 타고 있는 붕붕카를 밀어주자 즐거운 듯 웃음을 보였다.</td><td>오늘은 오랜만에 어린이집 주변으로 산책을 다녀왔다. 영아가 더위를 느낄 수 있기에 시원한 물, 모자, 부채, 휴대용 선풍기 등 폭염에 대비하는 용품을 준비하여 산책을 다녀왔다. 시원한 나무 그늘이 있는 곳으로 산책하고 교사 손을 잡고 걸어보았다. 한발 한발 조심조심 걸어보더니 기분이 좋은지 미소를 띠며 걸었다.</td><td>산책하며 주변의 자연환경을 탐색해 보고 유모차에서 내려 다리에 힘을 주고 바닥에 우뚝 일어서 한 발 한 발. 와! 잘 걷는다고 말해 주자. 환한 웃음을 지으며 걸었다.</td><td>유모차에 앉아 주변 환경을 둘러보며 그늘이 많은 곳에서 자유롭게 움직여볼 수 있도록 지원하였다.</td></tr>
<tr><td>손 씻기/
기저귀 갈이
(11:40~12:00)</td><td colspan="5">• 손 씻기 및 기저귀 확인 후 기저귀 갈이</td></tr>
<tr><td>점심 및 이 닦기
(환기)
(12:00~12:50)</td><td colspan="5">• 점심 – 식습관 지도(손 씻기와 편식)
건강 및 영양: 음식을 골고루 먹어요
• 양치 후 실내 놀이하기</td></tr>
<tr><td>낮잠 및 휴식/
기저귀 갈이
(12:50~15:00)</td><td colspan="5">• 낮잠 및 휴식: 선생님의 손길을 느끼며 편안히 잠들어요. 기저귀 확인 후 기저귀 갈이</td></tr>
<tr><td>오후 실내놀이
(15:00~15:30)</td><td colspan="5">• 오전에 진행되었던 놀이를 연계하여 실내놀이</td></tr>
</table>

정리정돈/손 씻기 및 오후 간식 (환기) (15:30~16:00)	• 정리정돈 / 화장실 다녀온 후 손 씻기 / 오후 간식 먹기(식단표 참조)	
기본반 하원 및 실내 놀이 (16:00~17:00)	• 기저귀 갈이, 귀가 준비 • 오전에 진행되었던 놀이를 연계하여 실내놀이	
연장반 통합보육 (17:00~19:30)	• 소지품 챙기기, 선생님과 친구들과 함께 인사 나누기, 하루일과 평가하기 및 귀가 • 연장반 보육	
월(8/9일)	발바닥 도장을 바닥에 놓고 처음엔 교사 손을 잡고 발바닥 도장을 따라 걸어보고 다음엔 혼자서 걸어볼 수 있도록 손을 놓으니 중심을 잡으며 걸었다. 일어서는 것을 놀이처럼 즐기던 한 영아는 교구장을 잡고 앉았다 일어서기를 반복하였다. 교구장을 사이에 두고 온몸의 움직임을 활용하여 까꿍 놀이를 즐겼다. '아장아장 걸으면' 동화를 들려주며 동화 내용에 대해 상호작용하였다. 동화를 살펴보며 걸음마에 관련한 의성어, 의태어를 들려줌. 동화 제목인 '아장아장' 뿐만 아니라 '사뿐사뿐, 뚜벅뚜벅, 쿵쿵'과 같은 발걸음 소리를 들려주자 교사의 표현에 귀를 기울여 듣기를 즐겼다. 인사를 하는 곰돌이를 가리키며 손을 흔들어도 주기도 하고 교사가 개구리, 오리 손인형으로 인사해 주자 웃으며 인사해 주었다.	반운영 특이사항
화(10일)	놀이용 유모차를 만져보고 바퀴 모양도 살펴보면서 아기 인형을 태워 유모차를 밀며 걸어보았다. 처음에 아기 인형이 무서웠는지 보고 울더니 영아도 있었지만, 나중에는 아기 인형을 안아주고, 뽀뽀해 주면서 좋음을 표현하면 간단한 모방 놀이를 하였다. 안전교육-'목에 걸리면 큰일 나요' 동화를 들려주고 스카프, 기다란 줄이나 끈을 목에 걸지 않도록 조심해야 함을 이야기해 주었다. (건강과 영양) 음식을 골고루 먹으면 우리 몸에 좋은 영양분이 들어가 키도 쑥쑥 크고 감기에 걸리지 않도록 해 줄 수 있음을 이야기해 주었다.	
수(11일)	바닷속 풍경을 벽면에 붙여 놓고 함께 바닷속에 물고기들을 초대해 보았다. 반짝반짝 별을 닮은 불가사리, 분수를 뿜는 고래, 엉금엉금 거북이, 조그맣고 예쁜 조개, 해마, 물고기 스티커를 떼었다 붙이기를 반복하며 바닷속 풍경을 꾸미며 놀이하였다. 알록달록 스카프를 머리 위에 올려 떨어트려 보고 손으로 스카프의 보드라운 촉감을 느껴보며 음악에 맞춰 흔들어 보면서 친구와 놀이했다. 풍선을 허리에 메달으니 풍선 꼬리가 되었다. 유희실에서 친구들과 신나게 놀이한 영아들이 기분이 좋아 보였다.	

<table>
<tr><td>목(12일)</td><td colspan="9">‘수박파티’ 노래를 들으니 신이 나는지 몸을 흔들흔들~ 고개를 기웃기웃~ 흔들며 몸을 움직여 자기만의 표현을 하였다. 수박은 초록색 옷에 검은 줄무늬가 있는 과일이라고 저번에 활동했던 수박 놀이 이야기로 상호작용하며 스카프를 흔들어 보고 머리 위로 얹고 인사하며 스카프를 떨어트려 보며 노래의 즐거움을 표현해 보았다.
다양한 촉감판을 손바닥으로 울퉁불퉁한 촉감을 만져보고 손으로 톡톡 두드려 보면서 재미있는 소리를 들어보았다. 알록달록 촉감 판을 길게 연결해 길 위로 걸어보며 발바닥으로 촉감을 느껴보며 놀이하였다.</td><td></td></tr>
<tr><td>금(13일)</td><td colspan="9">밀가루 반죽을 손으로 꾹꾹 눌러보고 말랑말랑 밀가루 반죽 느낌이 좋은지 미소를 보여주기도 하며 동글동글 케이크를 만들어 빨대를 이용해 초를 꽂아 생일 축하 노래도 불러보고 후~~ 촛불도 붙어보았다. 길쭉길쭉 기다랗게 늘려 당겨도 보고 밀가루 반죽 위로 올라가 발로 밟아보며 자유롭게 탐색해 보면서 재미있게 놀이했다.</td><td></td></tr>
<tr><td rowspan="3">보육실
청결관리</td><td colspan="3">청결 및 위생
(매일)</td><td colspan="2">교구놀잇감
(매일)</td><td colspan="3">비품(매일)</td><td>대청소</td><td>침구세탁</td></tr>
<tr><td>칫솔</td><td>휴지통</td><td>화장실</td><td>소독</td><td>세척</td><td>교구장</td><td>사물함</td><td>책상</td><td>주1회</td><td>주1회/수시</td></tr>
<tr><td>○</td><td>○</td><td>○</td><td>○</td><td>○</td><td>○</td><td>○</td><td>○</td><td>○</td><td>○</td></tr>
<tr><td>다음 주 예상놀이
및 지원계획</td><td colspan="10">물방울 모빌을 펠트지로 만들어 안에 촉감 재료를 넣어 준비한다. 마른(건) 미역과 불린 미역을 준비해 둔다.</td></tr>
<tr><td>주간평가</td><td colspan="10">이번 주에는 ‘걸을 수 있어요’라는 소주제로 영아의 개별 발달 차에 따라 걸음마를 시도해 보거나 걸음을 걸으며 신체 유능감을 느낄 수 있도록 지원하였고 일어서기를 반복해서 시도하던 영아들이 다리에 힘이 길러지며 지난주보다 오랫동안 서서 놀이하는 모습을 볼 수 있었다. 오늘 새롭게 접해 본 ‘수박파티’ 노래를 들을 때에도 앉아서 놀이하기보다 서서 몸을 흔들며 놀이하기를 선호하였다. 영아에 따라 선 채로 교사의 손을 잡고 제자리걸음을 걸으며 다리의 움직임을 익혀 볼 수 있었다. 다만, 놀이 시 영아가 중간중간 적당한 휴식을 취할 수 있도록 관찰하고 지원하는 것이 필요하였다. 더불어, 기본생활습관과 관련해 친구의 놀잇감을 가져갈 때는 빌려달라는 표현을 할 수 있도록 하였다.</td></tr>
</table>

나. 만1세 일일 보육계획안

〈표 7-11〉 만1세 일일 보육계획안 예시

<table>
<tr><td colspan="2">보육계획안 (만1세)</td><td rowspan="2">확인</td><td>담임</td><td>주임</td><td>원장</td></tr>
<tr><td>기간</td><td>2021년 8월 9일 ~ 8월 13일</td><td></td><td></td><td></td></tr>
</table>

<table>
<tr><td>요일
활동</td><td>월(8/9일)</td><td>화(10일)</td><td>수(11일)</td><td>목(12일)</td><td>금(13일)</td></tr>
<tr><td>날씨/미세먼지 농도</td><td>맑음/좋음</td><td>맑음/좋음</td><td>맑음/좋음</td><td>흐림/좋음</td><td>흐림/좋음</td></tr>
<tr><td>등원 및 통합보육(환기) (07:30~09:30)</td><td colspan="5">• 등원 영아 맞이하기, 걸음마 하며 선생님과 인사해요, 영아의 기분과 건강 상태를 확인하기, 투약 의뢰서 확인하기
• 통합보육실에서 영아의 흥미에 따라 놀잇감을 선택하여 놀이하기</td></tr>
<tr><td>손 씻기/ 오전 간식(환기) (9:30~09:50)</td><td colspan="5">• 기저귀 확인 후 기저귀 갈이 및 손 씻기 / 오전 간식 (식단표 참조)</td></tr>
<tr><td rowspan="3">오전실내놀이 (09:50~10:50)</td><td colspan="5">【에어캡 위에서 데구르르 움직여봐요】</td></tr>
<tr><td colspan="5">【새노래 '수박파티' 들으며 리본 막대를 흔들어요】</td></tr>
<tr><td colspan="5">【발바닥 도장을 찍어요】 ⇒ 변경 【발바닥 모양을 따라 그려요】</td></tr>
<tr><td>정리정돈/ 기저귀 갈이 (10:50~11:00)</td><td colspan="5">• 정리정돈 / 기저귀 확인 후 기저귀 갈이</td></tr>
</table>

	바깥놀이–풍선을 따라 걸어가요 선생님의 손을 잡고 그늘을 찾아 걸어가요			실내대체놀이–엄마 동물, 아기 동물 발자국을 따라 걸어가요	
바깥놀이 (대체) (11:00~11:40)	바람에 풍선이 움직이니 ○○가 걸어가 풍선을 잡으려고 하였다. 그런데 풍선이 더 빨리 움직이자 교사를 쳐다보며 "어!"라고 말하여 교사가 풍선을 잡아서 다시 ○○이 옆에 놓아주니 손을 뻗으며 움직이는 풍선을 잡으려고 따라가 걸어갔다.	산책하였을 때 보아두었던 그늘진 곳을 찾아 영아의 손을 잡고 걸어보았다. 혼자서 걸어가려는 영아도 있어서 안전하게 놀이할 수 있도록 살펴주었다. 여름 햇볕이 뜨거우니 밖에 나가서 놀이할 때는 그늘진 곳에서 놀이할 수 있도록 알려주었다.	나무가 만들어 주는 그늘을 찾아 영아의 손을 잡고 걸어보았다. 내리막길에서는 교사의 손을 꼭 잡기도 하고 반듯한 길에서는 교사의 손을 놓고 걸어가기도 하였다. 햇볕이 비치자 교사가 "아휴 너무 더워요. 빨리 그늘로 가 볼까요?"라고 말하자 그늘로 이동하며 걸어보았다. 다음 바깥놀이 때는 매트를 준비하여 그늘에 앉아 시원한 여름 바람을 느껴보아야겠다.	폭염으로 인하여 실내 대체 놀이를 하였다. 엄마 동물, 아기 동물 발자국을 찾아 따라서 걸어보았다. 곰, 호랑이, 새 등의 발자국을 찾아보고 울퉁불퉁 호랑이 엄마 발자국, 뾰족뾰족 아기새의 발자국을 찾아서 성큼성큼, 쿵쿵쿵 걸어보며 반복하여 놀이하는 모습이었다.	움직이는 풍선을 따라 걸어보다가 풍선을 허리에 달고 나무나 건물이 만들어 주는 그늘을 찾아 선생님의 손을 잡고 걸어보았다. (반영)매트를 준비하여 시원한 그늘아래에 매트를 깔고 영아들과 함께 시원한 여름 바람을 느껴보고 누워서 여름 하늘을 바라보기도 하였다.
손 씻기/ 기저귀 갈이 (11:40~12:00)	• 손 씻기 및 기저 확인 후 기저귀 갈이 • 걸음마 하며 기저귀 갈이대로 가봐요				
점심 및 이 닦기 (환기) (12:00~12:50)	• 점심 – 식습관 지도(바른 자세와 편식) • 양치 후 실내놀이하기 건강과 영양: 좋아하는 음식만 먹지 않고 골고루 먹어요				
낮잠 및 휴식/기저귀 갈이 (12:50~14:30)	• 낮잠 및 휴식: 자기 전에 다리 마사지를 해요				

실내놀이 (14:30~15:30)	• 오전에 진행되었던 놀이를 연계하여 실내놀이	
정리정돈/손 씻기 및 오후 간식 (환기) (15:30~16:00)	• 정리정돈 / 화장실 다녀온 후 손 씻기 / 오후 간식 먹기(식단표 참조)	
기본반 하원 및 실내놀이 (16:00~17:00)	• 기저귀 갈이, 귀가 준비 • 오전에 진행되었던 놀이를 연계하여 실내놀이	
연장반 통합보육 (17:00~19:30)	• 소지품 챙기기, 선생님과 친구들과 함께 인사 나누기, 하루일과 평가하기 및 귀가 • 연장반 보육	
월(8/9일)	주말을 보내고 온 영아가 엄마품에서 떨어져 교사에게 안겼다. 교사가 영아의 손을 잡고 교실로 이동할 때 잠깐 손을 놓아주니 ○○이가 혼자서도 잘 걸어가는 모습이었다. "우와 ○○이 잘 걷네~"라고 칭찬을 해 주니 그 소리에 놀라서 바닥에 주저앉았다. 다시 손을 잡고 일으켜 세우고 걸어보도록 하니 ○○이가 이번에도 교실 안으로 걸어가서 앉아 있었다.	반운영 특이사항
화(10일)	복도에 깔아 놓은 에어캡에 손가락을 갖다대는 영아에게 '톡톡' 터트려 보는 놀이를 해 보았다. 아직 손가락 힘이 약해서 교사의 도움을 받아 터트려 보기도 하고 자동차 바퀴를 굴려보며 움직일 때마다 나는 터지는 에어캡 소리를 들어보기도 하였다. 에어캡 위에 누운 영아를 교사가 오른쪽으로 살짝 굴려주니 좌우로 방향을 바꿔가며 몸을 굴리기도 하였다. 다시 일어서서 폴짝폴짝 뛰어보기도 하며 에어캡 위에서 놀이하였다. (안전교육)–안전 동화를 듣고 끈을 목에 감으면 위험하다는 것을 알게 되었으며 긴 끈을 사용할 때는 조심해야 하고 꼭 어른들과 함께 사용해야 함을 이야기나눴다.	
수(11일)	이번 주 새노래 '수박파티' 노래를 들려주었다. 노래를 듣던 영아가 교구장 바구니에서 수박모형의 놀잇감을 가져와 교사에게 내밀자 "○○이가 수박을 가져왔어요?"라고 묻자 고개를 끄덕였다. "수박을 반으로 싹둑 자르니 겉은 초록색인데, 속은 빨간색이네~ 우와 맛있겠다~!"라며 수박을 입에 가져다 대주니 먹는 흉내를 내기도 하였다. 까만 수박씨를 손으로 가리켜 보기도 하며 손유희를 하며 수박파티 노래를 따라 부르는 영아도 있었다. '싹싹 쓱쓱' 노래 부분에서는 수박을 입에 갖다 대고 고개를 위아래로 흔들며 율동을 따라 하는 모습이었다.	

<table>
<tr><td>목(12일)</td><td colspan="8">오늘은 매달 한 번씩 하는 신체 계측을 하였다. 저번 달에는 혼자 서 있기가 어려운 영아도 있었는데 이번 달에는 ○○가 서 있기가 가능해 서서 키를 잴 수 있었다. 몸무게를 잴 때에도 균형을 잡고 서서 몸무게를 잴 수 있는 모습을 보고 많이 컸다는 생각이 들었다.</td><td colspan="2">비누 거품을 이용해서 손바닥과 손등 그리고 손가락 사이사이를 스스로 씻기는 어려워 교사의 도움을 받아 꼼꼼하게 손 씻기를 해 볼 수 있었다.</td></tr>
<tr><td>금(13일)</td><td colspan="8">발바닥 찍기를 준비하였으나 관심을 갖지 않아 (변경) 발바닥 모양 그림을 따라 성큼성큼 걸어보았다. 작은 사이즈의 발바닥 그림이라 ○○가 발바닥 그림 위에 발을 맞추어 보기도 하였으며 ○○는 혼자 걸어가기가 힘들어 교사의 손을 잡고 발바닥 그림 위를 속도를 바꿔가며 걸어볼 수 있었다.</td><td colspan="2"></td></tr>
<tr><td rowspan="3">보육실
청결 관리</td><td colspan="3">청결 및 위생
(매일)</td><td colspan="2">교구 놀잇감
(매일)</td><td colspan="3">비품
(매일)</td><td>대청소</td><td>침구
세탁</td></tr>
<tr><td>칫솔</td><td>휴지통</td><td>화장실</td><td>소독</td><td>세척</td><td>교구장</td><td>사물함</td><td>책상</td><td>주 1회</td><td>주 1회/
수시</td></tr>
<tr><td>○</td><td>○</td><td>○</td><td>○</td><td>○</td><td>○</td><td>○</td><td>○</td><td>○</td><td>○</td></tr>
<tr><td>다음 주 예상놀이
및 지원계획</td><td colspan="10">줄에 매달린 물방울 모빌을 잡아보는 놀이를 준비할 때 빗방울에 다양한 재료를 집어넣어 (솜공, 비닐 등) 만지는 재미도 함께 느끼도록 만들어서 준비해 주어야겠다.</td></tr>
<tr><td>주 평가</td><td colspan="10">에어캡 위에서 데구르르 몸을 구르기가 가능할까 싶었는데 교사의 작은 도움으로 좌우로 몸을 굴리는 영아가 있었고 신체의 움직임이 많이 늘고 스스로 이동 움직임을 시도할 수 있었던 한 주였다.</td></tr>
</table>

다. 만2세 일일 보육계획안

〈표 7-12〉 만2세 일일 보육계획안 예시

<table>
<tr><td colspan="2">보육계획안(만2세)</td><td rowspan="2">확인</td><td>담임</td><td>주임</td><td>원장</td></tr>
<tr><td>기간</td><td>2021년 8월 9일 ~ 8월 13일</td><td></td><td></td><td></td></tr>
</table>

<table>
<tr><td>요일
활동</td><td>월(9)</td><td>화(10)</td><td>수(11)</td><td>목(12)</td><td>금(13)</td></tr>
<tr><td>날씨/미세먼지 농도</td><td>맑음/보통</td><td>맑음/보통</td><td>맑음/보통</td><td>맑음/보통</td><td>맑음/보통</td></tr>
<tr><td>등원 및 통합보육/환기 (07:30 ~ 09:30)</td><td colspan="5">• 등원 영아 맞이하기, 선생님과 인사나누기. 영아의 기분과 건강 상태를 확인하기
• 통합보육실에서 영아의 흥미에 따라 교구를 선택하여 활동한다.</td></tr>
<tr><td>정리정돈 및 손 씻기 기저귀 갈이/ 오전 간식/환기 (9:30 ~ 10:00)</td><td colspan="5">• 정리 정돈을 하고 화장실에 다녀오기 및 손 씻기, 기저귀 갈기
• 오전 간식 먹기(식단표 참조) 소방대피훈련</td></tr>
<tr><td rowspan="6">오전 실내놀이 (10:00 ~ 11:00)</td><td colspan="5">*언어: 동화 ‘여행을 가요’</td></tr>
<tr><td colspan="5">*음률: 새 노래 ‘참 재미있었지’</td></tr>
<tr><td colspan="5">*미술: 내가 만든 캠핑 음식</td></tr>
<tr><td colspan="5">*감각/탐색: 어디로 여행을 갈까요?</td></tr>
<tr><td colspan="5">*쌓기: 텐트를 구성해요
*역할: 신나는 여름 캠프</td></tr>
<tr><td colspan="5">*안전교육 - [생활안전] 무서운 끈</td></tr>
</table>

<table>
<tr><td>정리정돈 및 배변 활동, 기저귀 갈이 (11:00 ~ 11:10)</td><td colspan="5">• 화장실을 다녀온 후 손을 깨끗이 씻는다. 기저귀 갈기</td></tr>
<tr><td rowspan="2">바깥놀이(대체) (11:10 ~ 11:50)</td><td colspan="3">• 바깥놀이: 나무 그늘로 여행을 가요</td><td colspan="2">• 실내대체놀이: 부릉부릉 운전해서 여행을 가요</td></tr>
<tr><td>친구의 손을 잡고 걸어가는 영아들은 머리카락이 휘날리는 모습을 보고 바람이 불어오는 것을 알고 '바람이 불어요' 말함.
햇빛이 비치는 곳을 피해 나무가 만들어 주는 그늘 밑은 시원한 곳임을 알려주자 영아들이 고개를 끄덕임.</td><td>모기에 물린 영아가 많아 대체활동 진행
자동차를 타며 가고 싶은 곳을 물어보자 놀이터를 가고 싶어 하여 놀이터에 가자며 입으로 '부릉부릉' 소리를 내며 자동차 핸들을 움직이며 가는 흉내를 내었음.</td><td>나무 그늘 밑을 가리키며 시원한 곳으로 가자고 말하는 영아가 있어 그늘 밑에서 휴식을 취함. 매미 소리가 들리자 매미 소리가 나는 나무 밑에 멈춰 귀를 기울이며 매미 소리에 관심을 보이고 소리가 어디서 나는지 나무를 둘러보았음.</td><td>바람이 많이 불어 대체활동 진행
다양한 교통수단을 제공하여 영아들이 승용차, 트럭, 버스, 말 등 다양한 달리는 놀잇감을 제공하여 여행을 갈 수 있도록 제공하였음.</td><td>바깥놀이 때 흐려 햇빛이 많이 비치지 않았지만 더운 날씨로 영아들이 그늘 찾아가자고 먼저 말하기도 하며 그늘을 시원한 곳이라고 인식하고 알고 있었음. 그늘에 있는 벤치를 찾아 휴식을 취함.</td></tr>
<tr><td>정리정돈 및 배변활동, 기저귀 갈이 (11:50 ~ 12:00)</td><td colspan="5">• 화장실을 다녀온 후 손을 깨끗이 씻는다. 기저귀 갈기</td></tr>
<tr><td>점심 및 이 닦기, 배변활동, 기저귀 갈이/환기 (12:00 ~ 12:50)</td><td colspan="5">• 점심 – 식습관 지도
건강 및 영양: 체하지 않도록 음식을 꼭꼭 씹어 먹을 수 있도록 지도함.
• 양치 후 자유 놀이하기
• 화장실을 다녀오기, 기저귀 갈기, 투약</td></tr>
</table>

특별활동 (12:50 ~ 13:20)	• (화)–영어–What do you have? • (목)–체육–수박 서리 놀이
낮잠 및 휴식 (13:00 ~ 15:00)	• 낮잠 및 휴식: 내 이불과 베개를 찾아 누워봐요
오후 놀이 (15:00 ~ 15:30)	• 오전에 진행되었던 놀이를 연계하여 자유 놀이 • (수)–뮤직– 물고기를 만나요
오후 간식/환기 (15:30 ~ 16:00)	• 화장실 다녀온 후 손 씻기 / 오후 간식 먹기(식단표 참조)
배변활동, 기저귀 갈이 기본보육 하원 (16:00~17:00)	• 화장실을 다녀오기, 기저귀 갈기, 귀가 준비 • 기본보육 영아는 하원 연장반 영아는 반 이동 한다.
통합보육 및 귀가 (17:00~19:30)	• 소지품 챙기기, 선생님과 친구들과 함께 인사 나누기, 하루일과 평가하기 및 귀가 • 연장반 보육

날짜	놀이평가 및 다음날 지원계획	반운영 특이사항
9일(월)	* 바깥놀이: 나무 그늘로 여행을 가요 산책하며 햇빛이 비추는 곳을 지나가자 서아는 '햇님 뜨거워'라며 말하자 교사는 '햇님이 쨍쨍 비추면 더워서 우리 나무 밑의 그늘로 갈까요? 나무 밑에 그늘은 햇살을 막아줘서 시원해요'라고 말하자 고개를 끄덕이며 나무 그늘 밑으로 가자 시원함을 느낀 서아는 '선생님 그늘은 시원해'라며 말함. *언어: 동화 '여행을 가요' 동화 표지를 보며 무엇을 하는 장면인지 이야기나누어 보았음. 여행을 가 보았던 경	

	험이 있는 태이는 짐을 싸고 있는 모습을 보며 '나도 이렇게 가방 한 적 있어'라며 말하며 짐을 싸고 있는 장면을 손으로 가리키며 가방 속에 무엇을 챙겼는지 물어보자 '기억이 안나'라며 웃음을 지었고, 언어적으로 표현하기 힘들었던 재희는 표지를 가리키며 '엄마 갔어'라며 엄마와 함께 갔다며 표현하기도 함.	
10일(화)	*음률: 새 노래 '참 재미있었지' 여름캠프 때 '참 재미있었지' 노래를 불러보았던 경험이 있는 영아들은 새 노래를 들으며 이전에 함께 손뼉을 치며 불렀던 경험을 기억하고 손뼉을 치며 부르는 영아들도 있었고, 효주는 신남을 엉덩이를 흔들며 춤으로 표현하기도 하였다. 노래를 듣고 있던 정윤이는 산으로 가면 매미가 있다는 가사를 듣고 교사에게 다가와 창문을 손으로 가리키며 '매미 있어'라며 교실 밖에서 들리는 매미 소리를 가리키며 표현하였음. 영아들이 새 노래에서 들었던 매미를 산책 놀이를 하며 들려줄 수 있도록 내일은 산책하며 매미를 잡아 소리를 들어보고 매미모형을 보며 탐색할 수 있도록 해야겠음. (지원)	
11일(수)	*미술: 내가 만든 캠핑 음식 캠핑을 갈 때 먹어보았던 다양한 종류의 음식 실제이미지를 이용하여 교구판을 비치해두자 좋아하는 음식이미지에 관심을 보이던 효주에게 점토를 제공하여 다른 영아들도 관심을 보이며 만들고 싶다고 다른 영아들도 함께하였음. 캠핑 음식을 만들 수 있도록 제공하자 점토를 꺼내어 주무르던 영아들은 고기 모형의 모양대로 덮어 눌러 만드는 영아들도 있었으며 점토를 길게 늘여 올려두는 영아들도 있었고 동그란 모양으로 굴려 올려주는 영아들도 있었음. 친구와 교사에게 먹여주는 등 놀이에 흥미를 느껴 하였음. 영아들이 음식을 만드는 데 점토가 부족하지 않도록 여유 있게 세공하였음. 바깥 산책을 하며 매미를 관찰할 수 있도록 준비한 매미모형을 보며 실제로 잡은 매미와 크기와 생김새를 비교하여 보고 관찰하며 신기해하였음. 잡은 매미들은 나무에 방생하자 날아가는 모습을 바라보았음. 매미모형에 많은 관심을 보여 교실에 두어 관찰 할 수 있도록 돋보기와 모형을 함께 비치하였음. (반영, 확장)	
12일(목)	*감각/탐색: 어디로 여행을 갈까요? 화요일에 보았던 동화책 '여행을 가요'를 보던 서아는 고개를 두리번거리며 비치해두었던 선을 긋기 활동지를 가져와 '이거 할래'라며 색연필을 제공을 원하여 색연필을 제공하였음. 여행용품이 있는 그림을 보고 활동지에 관심을 보였던 서아는 '이거 어떡해 해?'라며 물어보자 교사가 설명하여 주었음. 활동지를 손으로 가리키며 맞는지 물어보며 여행용품에 알맞게 쓰이는 물품에 선을 그으며 활동지에 집중하는 모습을 보임. 안전교육-일상생활에서 자주 이용하는 끈은 놀이에 사용되지만 위험한 물건이 될 수도 있음을 알려주며 친구의 배를 누르거나 목을 조르는 등 친구가 불편한 행동이 되지 않도록 주의하는 방법을 알려주자 교실에 배치된 리본 막대를 보며 가져와 보여주며 인지하고 있음을 표현함.	

<table>
<tr><td>13일(금)</td><td colspan="9">*쌓기: 텐트를 구성해요 *역할: 신나는 여름 캠프
지난번 여름 캠프 때 놀이해보았던 캠프를 이야기나누어 보고 벽돌 모양의 블록을 이용해서 텐트처럼 주위를 감싸보고 옆으로 세워 벽을 만든 후 지글지글 맛있는 음식을 구워 먹을 수 있는 불판도 만들어보았음. 벽돌로 만든 텐트와 불판에 맛있는 소세지, 옥수수, 파프리카, 목살, 삼겹살 등 다양한 음식들을 치이익~ 소리를 내며 집게를 이용해 구워보고 친구와 서로 먹여주며 ‘친구야 맛있어?’ 물어보며 즐거운 캠핑 놀이를 하였음.</td><td></td></tr>
<tr><td rowspan="3">보육실 청결관리</td><td colspan="3">청결 및 위생
(매일)</td><td colspan="2">교구놀잇감
(매일)</td><td colspan="3">비품(매일)</td><td>대청소</td><td>침구세탁</td></tr>
<tr><td>칫솔</td><td>휴지통</td><td>화장실</td><td>소독</td><td>세척</td><td>교구장</td><td>사물함</td><td>책상</td><td>주1회</td><td>주1회/수시</td></tr>
<tr><td>○</td><td>○</td><td>○</td><td>○</td><td>○</td><td>○</td><td>○</td><td>○</td><td>○</td><td>○</td></tr>
<tr><td>주 평가</td><td colspan="10">‘여행을 떠나요2’라는 소주제로 여름 여행에 대하여 알고 그중 캠핑을 주제로 캠핑 놀이를 하며 여름휴가를 캠핑으로 즐기는 가족이 많아 여행했던 경험을 떠올리며 즐거움을 느끼고, 여행에 대한 긍정적인 감정을 놀이로 표현하며 가족에 대한 사랑을 표현하는 시간을 가져보았으며 영아들이 가족에 대해 인지하고 구성원의 특징을 탐색하는 시간이 되었다.</td></tr>
<tr><td>다음 주 예상 놀이 및 지원계획</td><td colspan="10">꽃블록을 이용하여 부모님께 드릴 선물을 만들어보고 엄마 · 아빠에게 좋아하는 마음을 표현해 본다.</td></tr>
</table>

(2) 유아 보육계획안(만3~5세 누리과정)

표준보육과정의 목적은 영유아의 심신 건강과 전인적 발달을 도와 행복을 도모하며 민주시민의 기초를 형성하는 것에 있다. 이러한 목표를 성취하기 위해 표준보육과정에서 제시하는 3~5세 개정 누리과정의 신체운동·건강, 의사소통, 사회관계, 예술경험, 자연탐구의 전 영역별 모든 내용이 포괄적이고 전반적인 기준을 반영하도록 보육계획을 수립하도록 한다.

개정 누리과정의 보육계획은 보육의 목적에 기초하여 어린이집에서 실행해야 할 보육목표와 보육내용을 고려하고, 유아의 흥미와 욕구, 지역사회의 여건 및 시설 환경의 여건, 학부모의 요구 등을 반영하며, 유아기에 다루어질 수 있는 다양한 주제들을 살펴보면서 유아가 경험해야 할 다양한 영역의 보육내용을 균형 있게 연계시킬 수 있도록 보육계획을 수립하여야 한다. 그러한 보육계획을 한눈에 파악할 수 있도록 연간, 월간, 주간, 일일 보육계획안을 계획하고 실행함으로써 어린이집 보육 과정이 운영된다.

① 연간 보육계획안

연간보육계획은 보육의 목적에 기초하여 일 년 단위로 계획을 수립하는 것으로 연령별로 다루어질 주제, 주제별 목표, 연간 행사 등을 포함한다. 이는 국가 수준의 표준보육과정, 누리과정에서 제시하는 보육목표와 내용을 고려하고 유아기에 다루어질 수 있는 여러 주제와 다양한 지역 환경 및 요구도 등을 반영하여 작성할 수 있다.

가. 만3세 연간 보육계획안

〈표 7-13〉 만3세 연간 보육계획안 예시

월	주제	보육내용	월	주제	보육내용
3	어린이집과 친구	• 새로운 환경 • 어린이집에서의 하루 • 어린이집에서 만난 친구 • 함께 놀이하는 어린이집	9	우리나라	• 우리나라 전통생활문화 • 우리나라 전통놀이 • 우리나라 예술과 문화 • 우리의 역사와 자랑거리 • 우리나라의 과거와 현재
4	동 · 식물과 자연	• 내가 좋아하는 동물 • 사는 곳과 먹는 것이 달라요 • 동물의 소리와 움직임 • 동물을 사랑해요	10	가을	• 가을 날씨와 생활 변화 • 가을 풍경 즐기기 • 가을 곡식과 열매 • 가을 나들이
5	나와 가족	• 나의 몸과 성장 • 소중한 나 • 소중한 가족 • 행복한 우리 집	11	환경과 생활	• 우리 생활 속 물 • 우리 생활 속 돌과 흙 • 우리 생활 속 공기 · 바람 • 빛, 소리와 우리 생활
6	우리 동네	• 궁금한 우리 동네 • 우리 동네 모습 • 우리 동네 생활 • 우리 동네 사람들	12	겨울	• 겨울 날씨와 생활의 변화 • 겨울 풍경 즐기기 • 겨울 놀이와 안전 • 이웃과 함께하는 겨울 • 한 해를 마무리해요
7	여름/ 건강과 안전	• 여름 느끼기 • 여름 풍경 즐기기 • 시원하고 건강한 여름나기 • 건강한 음식과 환경 • 안전한 놀이와 휴식	1	생활도구	• 다양한 생활도구 • 생활도구를 움직이는 힘 • 생활도구로서의 미디어 • 내가 좋아하는 생활도구
8	교통과 안전	• 우리 생활 속 교통기관 • 다양한 육상 교통기관 • 다양한 항공 교통기관 • 다양한 해상 교통기관 • 안전한 교통 생활	2	즐거웠던 우리 반	• 즐거웠던 우리 반 • 이만큼 자랐어요 • 형님이 될 준비를 해요 • 감사한 분 · 우리반 친구들

나. 만4세 연간 보육계획안

〈표 7-14〉 만4세 연간 보육계획안 예시

월	주제	보육내용	월	주제	보육내용
3	어린이집과 친구	• 새로운 환경 • 어린이집에서의 하루 • 어린이집에서 만난 친구 • 함께 놀이하는 어린이집	9	우리나라	• 우리나라 전통생활문화 • 우리나라 전통놀이 • 우리나라 예술과 문화 • 우리의 역사와 자랑거리 • 우리나라의 과거와 현재
4	봄/ 동 · 식물과 자연	• 봄의 날씨 • 따뜻하고 건강한 봄 지내기 • 궁금한 동 · 식물 • 생활 속 동 · 식물	10	가을	• 가을 날씨와 생활 변화 • 가을 풍경 즐기기 • 가을 곡식과 열매 • 가을 나들이
5	나와 가족	• 나의 몸과 성장 • 소중한 나 • 소중한 가족 • 행복한 우리 집	11	환경과 생활	• 우리 생활 속 물 • 우리 생활 속 돌과 흙 • 우리 생활 속 공기 · 바람 • 빛, 소리와 우리 생활
6	우리 동네	• 궁금한 우리 동네 • 우리 동네 모습 • 우리 동네 생활 • 우리 동네 사람들	12	겨울	• 겨울 날씨와 생활의 변화 • 겨울 풍경 즐기기 • 겨울 놀이와 안전 • 이웃과 함께하는 겨울 • 한 해를 마무리해요
7	여름/ 건강과 안전	• 더워졌어요 • 여름철 음식과 건강 • 즐거운 물놀이 • 시원하고 건강한 여름나기	1	생활도구	• 다양한 생활도구 • 생활 도구를 움직이는 힘 • 생활 도구로서의 미디어 • 내가 좋아하는 생활도구
8	교통과 안전	• 우리 생활 속 교통기관 • 다양한 육상 교통기관 • 다양한 항공 교통기관 • 다양한 해상 교통기관 • 안전한 교통 생활	2	초등학교에 가요	• 즐거웠던 우리 반 • 이만큼 자랐어요 • 초등학교에 가요 • 감사한 분 · 우리반 친구들

다. 만5세 연간 보육계획안

〈표 7-15〉 만5세 연간 보육계획안 예시

월	주제	보육내용	월	주제	보육내용
3	우리 원과 친구들	• 새로운 환경 • 원에서의 하루 일과 • 새로운 친구들 • 함께 만드는 우리 원 약속	9	세계 속의 우리나라	• 우리나라의 전통 생활문화 • 우리나라의 역사와 자랑 거리 • 세계 여러 나라의 생활과 전통 • 세계 여러 나라의 역사와 자랑거리
4	봄/동 · 식물과 자연	• 계절의 변화와 봄 풍경 • 따뜻하고 건강한 봄 지내기 • 궁금한 동식물 • 자연과 더불어 사는 우리	10	가을	• 계절의 변화와 가을 풍경 • 가을 날씨와 우리 생활 • 가을 곡식과 열매 • 알록달록 가을 풍경 • 시원하고 건강한 가을 지내기
5	나와 가족	• 소중한 나/나의 마음과 기분 • 나의 몸과 성장 • 가족의 구조 • 우리 가족의 생활과 문화 • 다양한 가족의 생활과 문화	11	환경과 생활	• 우리 생활 속 물 • 우리 생활 속 돌과 흙 • 우리 생활 속 공기와 바람 • 우리 생활 속 빛과 소리
6	우리 동네	• 우리 동네의 모습 • 생활 속 우리 동네 사람들 • 우리 동네의 시설과 기관 • 우리 동네의 전통과 문화	12	겨울	• 계절의 변화와 겨울 풍경 • 겨울 날씨와 음식 • 겨울 놀이와 안전 • 사랑 가득한 겨울
7	여름/ 건강과 안전	• 계절의 변화와 여름 풍경 • 여름 날씨와 우리 생활 • 시원하고 건강한 여름나기 • 맛있는 음식과 깨끗한 환경	1	새해/ 생활도구	• 새해 • 다양한 생활도구와 안전한 사용 방법 • 생활도구를 움직이는 에너지 • 생활도구로서의 미디어 • 미래의 생활도구
8	교통기관	• 여러 가지 교통기관 • 땅 위로 다녀요 • 하늘 위로 다녀요 • 바다 위로 다녀요 • 미래의 교통수단	2	즐거웠던 우리 반	• 즐거웠던 우리 원과 감사한 분들 • 나의 성장과 형님이 될 준비 • 초등학교가 궁금해요 • 졸업

② 월간 보육계획안

월간보육계획은 연간보육계획과 연계성을 유지하도록 작성하며 기본생활습관지도, 영역별 보육목표, 영양 및 건강관리, 부모교육, 지역사회교류 등의 모든 영역을 포함하여 종합적으로 수립하도록 하고, 유아의 발달과정과 흥미도, 원의 사정에 따라 융통성 있게 수립할 수 있다. 또한, 보육계획은 어린이집 유형에 맞도록 연간 보육 일수와 일일 보육 시간을 고려하여 계획한다. 원칙은 공휴일을 제외하고 연중 계획, 운영할 수 있도록 연간에 맞는 월간을 계획하고 수요조사에 따른 집중운영시간(예를 들어 오전 9시~오후 6시)을 고려하여 보육계획을 수립하도록 한다. 그 외 영 · 유아의 적응 기간, 계절, 고유명절 및 지역행사, 기념일 등을 반영하여 보육계획을 수립할 수 있다.

가. 만3세 월간 보육계획안

〈표 7-16〉 만3세 월간 보육계획안 예시

주		1주	2주	3주	4주
		6월 4일 ~ 6월 9일	6월 11일 ~ 6월 16일	6월 18일 ~ 6월 23일	6월 25일 ~ 6월 30일
소주제		내가 좋아하는 동물	사는 곳과 먹는 것이 달라요	동물의 소리와 움직임	동물을 사랑해요
실내놀이활동	쌓기영역	• 블록으로 동물 울타리를 만들어요	• 동물집을 만들어요	• 블록으로 동물을 만들어요	• 여러 가지 적목으로 동물원을 꾸며요
	역할영역	• 동물가면 쓰고 동물놀이	• 애완동물 가게놀이	• 내가 좋아하는 동물 흉내 내기	• 동물업기 놀이
	미술영역	• 내가 좋아하는 동물을 그려요	• 빈상자로 동물 꾸미기	• 클레이로 동물모형 만들기	• 동물가면 만들기
	언어영역	• 동물들의 이야기	• 동화 '농장의 동물들'	• 동물들의 이름 알아보기	• 동화 '치과에 간 악어'
	음률영역	• 음악에 맞춰 트라이앵글을 연주해요	• '동물음악대'를 감상해요	• 음악에 맞춰 동물처럼 흉내 내어 보아요	• 여러 가지 악기 소리로 동물을 표현해요

수/조작 영역	• 동물의 발자국을 비교해요	• 동물과 먹이 짝짓기 게임	• 나보다 큰 동물과 작은 동물을 구분해요	• 동물의 꼬리를 찾아 주세요
과학영역	• 동물의 모양을 관찰해요	• 동물의 귀가 달라요	• 동물의 그림자를 찾아요	• 우리 동네에서 볼 수 있는 동물을 찾아봐요
이야기나누기	• 동물원에 갔던 경험 말하기 • 동물원에 있는 동물 말하기	• 우리집에서 키우는 동물을 소개해요 • 동물 이름 찾아 말하기	• 동물원의 동물들에게 해주고 싶은 말 • 선생님이 들려주는 동물이야기 들어보기	• 동물원의 약속 말하기 • 친구가 가본 동물원에 대해 들어보기
동시동화동극	• [동극] 돼지삼형제	• [동화] 용감한 염소	• [동시] 냄새	• [동화] 아기돼지 열마리
게임 신체표현	• [게임] 토끼와 거북이 경주	• [신체] 동물처럼 걸어보기	• [신체] 코끼리코로 과자먹기	• [게임] 동물머리띠하고 반환점 돌아오기
과학	• 동물의 털 관찰하기	• 동물의 먹이는 어디서 구할까?	• 동물의 움직임 관찰하기	• 동네 둘러보고 동물들의 모습 관찰하기
음악	• 동물의 소리를 악기로 표현해보기	• [음악감상] 존바이로릴리 '위풍당당 행진곡'	• [동요] 아기쥐	• [동요] 병아리와 아기돼지
미술	• [명화감상] 제리코–얼룩배기말	• 공작날개 꾸미기	• 동물 모자이크	• [명화감상] 신윤복–닭
생활습관	• 위험한 동물 근처에 가지 않기	• 동물을 만지고 나서 손을 깨끗이 씻어요	• 음식을 많이 씹어 삼키지 않아요	• 동물을 사랑해요
실외활동 [대체활동]	• 놀이터에 숨어 있는 동물을 찾아요 • [대체] 교실 안에 동물찾기	• 동물병원 견학하기 • [대체] 동물처럼 표현하기	• 우리동네 돌아보며 동물 찾아보기 • [대체] 내가 좋아하는 동물 표현하기	• 동물원 견학하기 • [대체] 동물가면무도회
특별활동	• 생태 '나무그늘 관찰하기'	• 생태 '나무목걸이 만들기'	• 생태 '창포물에 머리감기'	• 생태 '고구마심기'
안전교육	• 불이 나면 119에 신고해요	• 교통표지판을 알아요	• '싫어요'라고 말해요	• 따라가면 안 돼요

나. 만4세 월간 보육계획안

〈표 7-17〉 만4세 월간 보육계획안 예시

주		1주	2주	3주	4주
		7월 2일～7월 6일	7월 9일 ～ 7월 13일	7월 16일～7월 20일	7월 23일～7월 28일
소주제		더워졌어요	여름철 음식과 건강	즐거운 물놀이	월드컵 · 올림픽경기
실내놀이활동	쌓기영역	• 기상청을 만들어요	• 아이스크림가게를 만들어요	• 블록으로 수영장을 꾸며요	• 벽돌블록으로 경기장을 만들어요
	역할영역	• 일기예보 놀이를 해요	• 아이스크림 가게놀이를 해요	• 수영장에 놀러가요	• 나는 운동선수!
	미술영역	• 여름 과일 부채만들어요	• 썬캡을 만들어요	• 조개껍질에 그림을 그려요	• 경기장 포스터를 만들어요
	언어영역	• 여름의 날씨는?	• 과일책 만들어보기	• 물놀이 안전규칙	• 내가 되고 싶은 운동선수는?
	음률영역	• 뜨거운 여름을 표현해요	• [손유희] 아이스크림이 녹았다	• 음악 '신나는 캠프'를 듣고 표현해요	• [손유희] 풍선
	수/조작 영역	• 여름 날씨 달력을 만들어요	• 가베로 과일 구성해보기	• 물놀이 도구 서열화해보기	• 가베로 올림픽마크 만들어보기
	과학영역	• 더운물과 찬물을 비교해보아요	• 여름 과일의 겉과 속 관찰하기	• 물에 뜨는 것과 가라앉는 것	• 올림픽 마크 색 혼합해보기
이야기나누기		• 여름의 날씨에 대하여 • 여름은 왜 더울까? 내 생각 말해보기	• 내가 좋아하는 여름 음식 • 여름 건강수칙	• 물을 이용해서 할 수 있는 일 • 물놀이 규칙 말하기 해보기	• 내가 해 본 운동 경험말하기 • 내가 좋아하는 운동 선수말하기
동시동화동극		• [동시] 여름낮	• [동극] 꿀꿀이의 아이스크림 가게	• [동시] 물놀이	• [동화] 공들의 자랑

게임 신체표현	• [게임] 장화 신고 뛰어가 우산 전달하기	• [신체] 한 발로 과일 그림 뛰어넘기	• [게임] 튜브전달하기	• [신체] 높이뛰기 선수처럼 점프하기
과학	• 빨래 마르는 것 관찰하기	• 봉숭아 물들이기	• 조개껍질, 돌멩이 탐색하기	• 공 크기별로 서열화하기
음악	• [동요] 즐거운여름	• [동요] 얼음과자	• [동요] 물놀이, 참재미있었지	• [동요] 공놀이
미술	• 비옷, 우산 꾸미기	• 클레이로 아이스크림 만들기	• 낚싯대와 물고기 만들기	• 유니폼 디자인하기
생활습관	• 여름 날씨에 적절한 옷차림하기	• 찬 음식 많이 먹지 않기	• 물놀이 전 반드시 준비운동을 해요	• 운동 후 충분한 휴식을 취해요
실외활동 [대체활동]	• 썬캡쓰고 황토 맨발로 밟아보기 • [대체] 썬캡쓰고 뽁뽁이 밟아보기	• 시장에서 여름 과일 찾아보기 • [대체] 교실에 숨어있는 과일 찾기	• 물총놀이 • [대체] 실내 물놀이	• 잔디밭에서 축구해보기 • [대체] 유희실에서 축구하기
특별활동	• 생태 '토마토 관찰 및 수확하기'	• 생태 '음식 찌꺼지로 퇴비만들기'	• 생태 '부추씨 뿌리기'	• 생태 '채소 수확하기'
안전교육	• 불이 나면 숨지않아요	• 이를 깨끗이 닦아요	• 물놀이 할 때 조심해요	• 깨끗한 내 몸

다. 만5세 월간 보육계획안

〈표 7-18〉 만5세 월간 보육계획안 예시

주		1주	2주	3주	4주	5주
		7월 30일 ~ 8월 3일	8월 6일 ~ 8월 10일	8월 13일 ~ 8월 17일	8월 20일 ~ 8월 24일	8월 27일 ~ 8월 31일
소주제		운동경기(올림픽)	땅 위로 다녀요	하늘 위로 다녀요	바다 위로 다녀요	미래의 교통수단
실내놀이활동	쌓기영역	• 블록으로 운동기구를 만들어요	• 육상교통수단 블록으로 만들어요	• 레고블록으로 비행기 만들어요	• 적목으로 선박 만들어요	• 블록으로 미래의 탈것을 꾸며요
	역할영역	• 시상식 놀이	• 자동차정비소 놀이	• 승무원놀이	• 선박장 놀이	• 우주공항놀이
	미술영역	• 만국기 모빌을 만들어요	• 자동차를 꾸며요	• 비행기를 접어요	• 배를 꾸며요	• 하늘을 나는 자동차를 그려요
	언어영역	• 올림픽 종목 소개해요	• 육상교통의 종류를 소개해요	• 동시 '행복한 비행기'	• 해상교통의 종류를 알아봐요	• 미래의 탈것을 소개해요
	음률영역	• '올림픽 행진곡'듣고 표현하기	• [손유희] 운전놀이	• '간다간다' 듣고 표현하기	• [손유희] 콜럼버스가 배를 타고	• 다양한 악기로 음악듣고 표현하기
	수/조작영역	• 만국기 세어보기	• 자동차 퍼즐	• 내가 타고 싶은 비행기 그래프	• 배 구조 찾아 붙이기	• 미래교통수단과 자동차를 비교
	과학영역	• 공 구르기 실험	• 자동차 관찰하기	• 비행기 관찰하기	• 바다의 지도 만들어보기	• 우주정거장에 호기심 갖기
이야기나누기		• 올림픽 종목 알아보기 • 올림픽의 역사, 유래 • 올림픽 경기를 본 경험 말하기	• 내가 타 본 자동차 말하기 • 차가 있어 편리한 점과 불편한 점 • 만약에 차가 없다면	• 비행기의 종류 • 공항에서 일하는 사람들	• 왜 배멀리를 할까? • 옛날에는 어떤 배를 타고 다녔을까?	• 지구와 우주의 차이점은 무엇일까? • 만약 내가 화성에 간다면?

동시동화동극	• [동화] 여기서 놀아도 될까?	• [동시] 자동차	• [동극] 라이트 형제	• [동시] 나룻배	• [동화] 미래의 우주정거장
게임 신체표현	• [게임] 골프공 구멍에 넣기	• [신체] 콩주머니 받기	• [게임] 두 명이 함께 달려요	• [신체] 몸의 균형잡기	• [게임] 씽씽카 타고 릴레이하기
과학	• 운동기구 관찰하기	• 자동차 바퀴에 호기심 갖기	• 비행기 프로펠라 움직임 탐색하기	• 계란 소금물에 띄우기 실험	• 비행기와 나는 자동차 비교하기
음악	• 행진곡듣고 표현하기	• [동요] 푸른등 붉은등	• [음악감상] 드보르작-fminor Op.11	• [동요] 더 빠른 것	• [동요] 우주선을 타고 놀아요
미술	• 성화 그리기	• 색모래로 자동차 꾸미기	• 항공사 마크 본뜨기	• 배 스크레치	• 폐품으로 나는 자동차 꾸미기
생활습관	• 세계 여러 문화에 관심 가지기	• 친구와 사이좋게 지내기	• 하고 싶은 일 계획하고 해보기	• 친구와 협동하며 놀이하기	• 다양한 직업에 관심 갖기
실외활동 [대체활동]	• 맨발로 물 위를 걷기 • [대체] 비닐 위를 걷기	• 자동차 타보기 • [대체] 유희실에서 씽씽카타기	• 자연물 채집하기 • [대체] 자연물 그림보고 표현하기	• 소라껍질 바다소리 듣기 • [대체] 바다소리 듣고 온몸으로 표현하기	• 자연의 소리 듣기 • [대체] 줄에 달린 풍선 터뜨리기
특별활동	• 생태 '옥수수 수확하기'	• 생태 '채송화 씨 받기'	• 생태 '밭에 풀 뽑기'	• 생태 '고구마 순 따기'	• 생태 '자연의 소리 듣기'
안전교육	• 안돼요, 싫어요, 하지마세요	• 불이 났어요	• 사람들이 많이 모이는 곳에서의 안전	• 안전한 대피방법	• 약을 구별할 수 있어요

③ 주간 보육계획안

주간보육계획은 월간보육계획을 기초로 하여 작성하고 표준보육과정과 누리과정에서 제시하고 있는 각 영역과 관련된 활동이 다양하게 이루어질 수 있도록 계획한다. 주간보육계획을 요일별로 어떻게 배분할지를 결정하는 것으로 다양한 측면에서 균형을 고려하여 수립하고 계획을 단계적이고 연속적으로 배치하여 고른 경험이 이루어질 수 있도록 한다. 또한 주간보육계획은 필요시 연속성을 가지고 며칠에 거쳐 진행되거나 축소될 수 있으며 통합활동으로 확장할 수 있도록 오전, 오후 일상생활 속에서 자연스럽게 운영될 수 있도록 융통성 있게 운영되어야 한다. 주간보육을 통해 주제를 한눈에 살필 수 있고 개별, 대·소집단, 실내·외 놀이와 표준보육과정의 영역이 골고루 포함되어야 한다.

가. 만 3세 주간 보육계획안

〈표 7-19〉 만3세 주간 보육계획안 예시

주제		동물	날짜	6월 4일 ~ 6월 8일
목표		1. 여러 가지 동물의 이름을 알아본다. 2. 동물의 종류를 알고 좋아하는 동물을 찾아보며 관심을 갖는다.	소주제	내가 좋아하는 동물
실내놀이활동	쌓기영역	• 블록으로 동물 울타리를 만들어요		
	역할영역	• 동물가면 쓰고 동물놀이		
	미술영역	• 내가 좋아하는 동물을 그려요		
	언어영역	• 동물들의 이야기		
	음률영역	• 음악에 맞춰 트라이앵글을 연주해요		
	수/조작영역	• 동물의 발자국을 비교해요		

과학영역	• 동물의 모양을 관찰해요
이야기나누기	• 동물원에 갔던 경험 말하기 • 동물원에 있는 동물 말하기
동시동화동극	• [동극] 돼지삼형제
게임 신체표현	• [게임] 토끼와 거북이 경주
과학	• 동물의 털 관찰하기
음악	• 동물의 소리를 악기로 표현해보기
미술	• [명화감상] 제리코-얼룩배기말
생활습관	• 위험한 동물 근처에 가지 않기
실외활동 [대체활동]	• 놀이터에 숨어 있는 동물을 찾아요 • [대체] 교실 안에 동물찾기
특별활동	• 생태 '나무그늘 관찰하기'
안전교육	• 불이 나면 119에 신고해요

[언어영역]	[동물그림자]

나. 만4세 주간 보육계획안

〈표 7-20〉 만4세 주간 보육계획안 예시

<table>
<tr><td colspan="2">주 제</td><td>신나는 여름/운동</td><td>날짜</td><td>7월 2일～7월 6일</td></tr>
<tr><td colspan="2">목 표</td><td>1. 다양한 여름 날씨에 관심을 가지고 여름날씨의 특징을 알아본다.
2. 여름에 볼 수 있는 꽃과 곤충에 대해 알고 탐색해본다.</td><td>소주제</td><td>더워졌어요</td></tr>
<tr><td rowspan="7">실내놀이활동</td><td>쌓기영역</td><td colspan="3">• 기상청을 만들어요</td></tr>
<tr><td>역할영역</td><td colspan="3">• 일기예보 놀이를 해요</td></tr>
<tr><td>미술영역</td><td colspan="3">• 여름 과일 부채 만들어요</td></tr>
<tr><td>언어영역</td><td colspan="3">• 여름의 날씨는?</td></tr>
<tr><td>음률영역</td><td colspan="3">• 뜨거운 여름을 표현해요</td></tr>
<tr><td>수/조작 영역</td><td colspan="3">• 여름 날씨 달력을 만들어요</td></tr>
<tr><td>과학영역</td><td colspan="3">• 더운물과 찬물을 비교해보아요</td></tr>
<tr><td colspan="2">이야기나누기</td><td colspan="3">• 여름의 날씨에 대하여
• 여름은 왜 더울까? 내 생각 말해보기</td></tr>
<tr><td colspan="2">동시동화동극</td><td colspan="3">• [동시] 여름낮</td></tr>
<tr><td colspan="2">게임 신체표현</td><td colspan="3">• [게임] 장화 신고 뛰어가 우산 전달하기</td></tr>
<tr><td colspan="2">과학</td><td colspan="3">• 빨래 마르는 것 관찰하기</td></tr>
<tr><td colspan="2">음악</td><td colspan="3">• [동요] 즐거운 여름</td></tr>
<tr><td colspan="2">미술</td><td colspan="3">• 비옷, 우산 꾸미기</td></tr>
<tr><td colspan="2">생활습관</td><td colspan="3">• 여름 날씨에 적절한 옷차림하기</td></tr>
</table>

실외활동 [대체활동]	• 썬캡 쓰고 황토 맨발로 밟아보기 • [대체] 썬캡 쓰고 뽁뽁이 밟아보기
특별활동	• 생태 '토마토 관찰 및 수확하기'
안전교육	• 불이 나면 숨지않아요

[동요]	[동시]
즐거운 여름 김성균 작사, 작곡 여름여름여름 즐거운여름 시원한 냇가에서 고기잡이합시다 랄랄랄라 미꾸라이 뱀장어 송사리떼 올챙이 아차하면 달아납니다 아차하면 달아납니다	**여름낮** 서정숙 꽃들이 덥다고 "아이, 더워!" 졸라대니까 나비가 펄럭펄럭 부채질해요 새들이 덥다고 "아이, 더워!" 졸라대니까 나뭇잎이 살랑살랑 부채질해요

다. 만5세 주간 보육계획안

〈표 7-21〉 만 5세 주간 보육계획안 예시

<table>
<tr><td colspan="2">주 제</td><td>운동/교통수단</td><td>날짜</td><td>7월 30일 ~ 8월 3일</td></tr>
<tr><td colspan="2">목 표</td><td>1. 올림픽의 역사와 발달과정에 대해 알아본다.
2. 올림픽경기의 종류와 경기방법, 경기 규칙에 대해 알아본다.</td><td>소주제</td><td>운동경기(올림픽)</td></tr>
<tr><td rowspan="7">실내놀이활동</td><td>쌓기영역</td><td colspan="3">• 블록으로 운동기구를 만들어요</td></tr>
<tr><td>역할영역</td><td colspan="3">• 시상식 놀이</td></tr>
<tr><td>미술영역</td><td colspan="3">• 만국기 모빌을 만들어요</td></tr>
<tr><td>언어영역</td><td colspan="3">• 올림픽종목 소개해요</td></tr>
<tr><td>음률영역</td><td colspan="3">• ‘올림픽 행진곡’ 듣고 표현하기</td></tr>
<tr><td>수/조작영역</td><td colspan="3">• 만국기 세어보기</td></tr>
<tr><td>과학영역</td><td colspan="3">• 공 구르기 실험</td></tr>
<tr><td colspan="2">이야기나누기</td><td colspan="3">• 올림픽 종목 알아보기
• 올림픽의 역사, 유래
• 올림픽 경기를 본 경험 말하기</td></tr>
<tr><td colspan="2">동시동화동극</td><td colspan="3">• [동화] 여기서 놀아도 될까?</td></tr>
<tr><td colspan="2">게임 신체표현</td><td colspan="3">• [게임] 골프공 구멍에 넣기</td></tr>
<tr><td colspan="2">과학</td><td colspan="3">• 운동기구 관찰하기</td></tr>
<tr><td colspan="2">음악</td><td colspan="3">• 행진곡 듣고 표현하기</td></tr>
<tr><td colspan="2">미술</td><td colspan="3">• 성화 그리기</td></tr>
<tr><td colspan="2">생활습관</td><td colspan="3">• 세계 여러 문화에 관심 가지기</td></tr>
</table>

실외활동 [대체활동]	• 맨발로 물 위를 걷기 • [대체] 비닐 위를 걷기
특별활동	• 생태 '옥수수 수확하기'
안전교육	• 안돼요, 싫어요, 하지마세요

[올림픽 오륜기]	[생태활동-옥수수밭]

④ 일일 보육계획안

일일보육계획은 연간, 월간, 주간, 보육계획안을 고려하여 일과의 시간대별로 진행될 개별활동의 시간을 정하여 활동의 소요 시간, 집단의 크기, 활동의 장소, 모여 있는 형태, 자료의 종류 및 필요량 등을 구체적으로 기록하는 것이다. 이는 주간 보육계획안을 기초로 하여 하루의 일정을 구체적으로 기록하거나 추가 혹은 축소할 수 있다. 하루 일과를 계획할 때는 주요활동 내용별로 표준보육과정의 어떤 내용이 전개되는 것인지 살피고 유아가 경험할 일과를 미루어 짐작함으로써 하루일과가 어느 한쪽으로 편중되지 않도록 하는 것이 바람직하다. 또한, 일일 보육계획안에 따른 활동 진행, 전체적인 평가에 대한 구체적인 기록을 알 수 있으며 평가는 하루일과에 따른 각 활동 평가뿐만 아니라 내일의 활동계획과 연계하여 서술하는 것이 필요하다.

가. 만3세 일일 보육계획안

〈표 7-22〉 만3세 일일 보육계획안 예시

<table>
<tr><td colspan="4">보육계획안</td><td colspan="2">만3세</td><td rowspan="2">확인</td><td>담임</td><td>원장</td></tr>
<tr><td colspan="4">0000년 6월 4일 ~ 6월 8일</td><td colspan="2"></td><td></td><td></td></tr>
<tr><td colspan="2">생 활 주 제</td><td colspan="2">동물</td><td>주 제</td><td colspan="4">내가 좋아하는 동물</td></tr>
<tr><td colspan="2">목 표</td><td colspan="7">1. 여러 가지 동물의 이름을 알아본다.
2. 동물의 종류를 알고 좋아하는 동물을 찾아보며 관심을 갖는다.</td></tr>
<tr><td colspan="2">요일 / 활동</td><td>월(4일)</td><td>화(5일)</td><td colspan="2">수(6일)</td><td colspan="2">목(7일)</td><td>금(8일)</td></tr>
<tr><td colspan="2">날씨 / 미세먼지 농도</td><td>맑음</td><td>맑음</td><td colspan="2">맑음</td><td colspan="2">맑음</td><td>맑음</td></tr>
<tr><td colspan="2">통합보육
(07:30~09:00)</td><td colspan="7">통합 보육실에서 유아의 흥미에 따라 교구를 선택하여 활동한다.</td></tr>
<tr><td colspan="2">순차적 등원 및 실내선택활동 /오전 자율간식 (환기)
(09:00~10:40)</td><td colspan="7">• 등원 및 맞이: 선생님과 인사나누기. 유아의 기분과 건강상태를 확인하기
• 자유선택 계획표 세우기 / 영역별로 자유롭게 활동하기
• 화장실 및 손 씻기 / 자율간식(식단표 참조)</td></tr>
<tr><td rowspan="4">자유놀이
(9:00~10:40)</td><td>쌓기영역</td><td colspan="2">블록으로 동물 울타리를 만들어요</td><td>수/조작영역</td><td colspan="4">동물의 발자국을 비교해요</td></tr>
<tr><td>역할영역</td><td colspan="2">동물가면 쓰고 동물놀이</td><td>과학영역</td><td colspan="4">동물의 모양을 관찰해요</td></tr>
<tr><td>언어영역</td><td colspan="2">동물들의 이야기</td><td>미술영역</td><td colspan="4">내가 좋아하는 동물을 그려요</td></tr>
<tr><td>음률영역</td><td colspan="7">음악에 맞춰 트라이앵글을 연주해요</td></tr>
<tr><td colspan="2">정리정돈 및 화장실
(10:40~10:50)</td><td colspan="7">• 정리정돈 및 화장실 다녀오기 / 손 씻기</td></tr>
<tr><td colspan="2">바깥놀이 및 손 씻기
(10:50~12:00)</td><td colspan="7">놀이터에 숨어 있는 동물을 찾아요</td></tr>
</table>

실외 대체활동	(대체활동) 교실 안에 동물찾기				
점심(환기) 및 이 닦기 (12:00~12:40)	• 점심 – 깨끗하게 손 씻기 / 식습관 지도(바른 자세와 편식) / 양치 후 자유 활동하기				
활동 및 특별활동 (12:40~14:30)	• 이야기나누기 -동물원에 갔던 경험 말하기 • [동극] 돼지삼형제 • [안전] 불이 나면 119에 신고해요	• 이야기나누기 -동물원에 갔던 경험 말하기 • 동물의 털 관찰하기 • [명화감상] 제리코–얼룩배기말	• 이야기나누기 -동물원에 있는 동물말하기 • [게임] 토끼와 거북이 경주 • 위험한 동물 근처에 가지 않기	• 이야기나누기 -동물원에 있는 동물말하기 • 동물의 소리를 악기로 표현해 보기	• 이야기나누기 -동물원에 있는 동물말하기 • 생태 '나무그늘 관찰하기'
오후 간식(환기) (14:30~15:00)	화장실 다녀온 후 손 씻기 / 오후 간식 먹기(식단표 참조)				
자유놀이 (15:00~16:00) 하루일과 평가	• 휴식 및 책읽기 활동 / 오전의 놀이와 연계하여 자유놀이 • 하루일과 평가하기 및 귀가				
순차적 귀가 및 통합보육 (16:00~19:30)	• 교실이동 – 통합 보육 및 자유놀이 • 차량 안전 지도 및 순차적 귀가				
총평 및 특이사항					

나. 만4세 일일 보육계획안

〈표 7-23〉 만4세 일일 보육계획안 예시

<table>
<tr><td colspan="4">보육계획안</td><td>만4세</td><td rowspan="2">확인</td><td>담임</td><td>원장</td></tr>
<tr><td colspan="4">0000년 7월 2일 ~ 7월 6일</td><td></td><td></td><td></td></tr>
<tr><td colspan="2">생 활 주 제</td><td colspan="2">신나는 여름/운동</td><td>주 제</td><td colspan="3">더워졌어요</td></tr>
<tr><td colspan="2">목 표</td><td colspan="6">1. 다양한 여름 날씨에 관심을 가지고 여름날씨의 특징을 알아본다.
2. 여름에 볼 수 있는 꽃과 곤충에 대해 알고 탐색해본다.</td></tr>
<tr><td colspan="2">요일 / 활동</td><td>월(2일)</td><td>화(3일)</td><td>수(4일)</td><td>목(5일)</td><td colspan="2">금(6일)</td></tr>
<tr><td colspan="2">날씨 / 미세먼지 농도</td><td>맑음</td><td>흐림</td><td>흐림</td><td>맑음</td><td colspan="2">맑음</td></tr>
<tr><td colspan="2">통합보육
(07:30~09:00)</td><td colspan="6">통합 보육실에서 유아의 흥미에 따라 교구를 선택하여 활동한다.</td></tr>
<tr><td colspan="2">순차적 등원 및 실내선택활동 /오전 자율간식 (환기)
(09:00~10:40)</td><td colspan="6">• 등원 및 맞이: 선생님과 인사나누기. 유아의 기분과 건강상태를 확인하기
• 자유선택 계획표 세우기 / 영역별로 자유롭게 활동하기
• 화장실 및 손 씻기 / 자율간식(식단표 참조)</td></tr>
<tr><td rowspan="4">자유 놀이
(9:00 ~ 10:40)</td><td>쌓기영역</td><td colspan="2">기상청을 만들어요</td><td>수/조작영역</td><td colspan="3">여름 날씨 달력을 만들어요</td></tr>
<tr><td>역할영역</td><td colspan="2">일기예보 놀이를 해요</td><td>과학영역</td><td colspan="3">더운물과 찬물을 비교해보아요</td></tr>
<tr><td>언어영역</td><td colspan="2">여름의 날씨는?</td><td>미술영역</td><td colspan="3">여름 과일 부채 만들어요</td></tr>
<tr><td>음률영역</td><td colspan="6">뜨거운 여름을 표현해요</td></tr>
<tr><td colspan="2">정리정돈 및 화장실
(10:40~10:50)</td><td colspan="6">• 정리정돈 및 화장실 다녀오기/손 씻기</td></tr>
<tr><td colspan="2">바깥놀이 및 손 씻기
(10:50~12:00)</td><td colspan="6">썬캡쓰고 황토 맨발로 밟아보기</td></tr>
</table>

<table>
<tr><td>실외 대체활동</td><td colspan="5">(대체활동) 썬캡쓰고 뽁뽁이 밟아보기</td></tr>
<tr><td>점심(환기) 및 이 닦기 (12:00~12:40)</td><td colspan="5">• 점심 – 깨끗하게 손 씻기 / 식습관 지도(바른 자세와 편식) / 양치 후 자유 활동하기</td></tr>
<tr><td>활동 및 특별활동 (12:40~14:30)</td><td>• 이야기나누기
– 여름의 날씨에 대하여
• [동시] 여름낮
• [안전] 불이 나면 숨지않아요</td><td>• 이야기나누기
– 여름은 왜 더울까? 내 생각 말해보기
• 빨래 마르는 것 관찰하기
• 비옷, 우산 꾸미기</td><td>• 이야기나누기
– 여름의 날씨에 대하여
• [동요] 즐거운 여름
• 위험한 동물 근처에 가지 않기</td><td>• 이야기나누기
– 여름은 왜 더울까? 내 생각 말해보기
• [게임] 장화 신고 뛰어가 우산 전달하기</td><td>• 이야기나누기
– 여름은 왜 더울까? 내 생각 말해보기
• 생태 ‘토마토 관찰 및 수확하기’</td></tr>
<tr><td>오후 간식(환기) (14:30~15:00)</td><td colspan="5">화장실 다녀온 후 손 씻기 / 오후 간식 먹기(식단표 참조)</td></tr>
<tr><td>자유놀이 (15:00~16:00) 하루일과 평가</td><td colspan="5">• 휴식 및 책읽기 활동 / 오전의 놀이와 연계하여 자유놀이
• 하루일과 평가하기 및 귀가</td></tr>
<tr><td>순차적 귀가 및 통합보육 (16:00~19:30)</td><td colspan="5">• 교실이동 – 통합 보육 및 자유놀이
• 차량 안전 지도 및 순차적 귀가</td></tr>
<tr><td>총평 및 특이사항</td><td colspan="5"></td></tr>
</table>

다. 만5세 일일 보육계획안

〈표 7-24〉 만5세 일일 보육계획안 예시

<table>
<tr><td>보육계획안</td><td>만4세</td><td rowspan="2">확인</td><td>담임</td><td>원장</td></tr>
<tr><td>0000년 7월 30일 ~ 8월 3일</td><td></td><td></td><td></td></tr>
</table>

<table>
<tr><td colspan="2">생 활 주 제</td><td colspan="2">운동/교통수단</td><td>주제</td><td colspan="2">운동경기(올림픽)</td></tr>
<tr><td colspan="2">목 표</td><td colspan="5">1. 올림픽의 역사와 발달과정에 대해 알아본다.
2. 올림픽경기의 종류와 경기방법, 경기규칙에 대해 알아본다.</td></tr>
<tr><td colspan="2">요일 / 활동</td><td>월(30일)</td><td>화(31일)</td><td>수(1일)</td><td>목(2일)</td><td>금(3일)</td></tr>
<tr><td colspan="2">날씨 / 미세먼지 농도</td><td>맑음</td><td>흐림</td><td>흐림</td><td>비</td><td>흐림</td></tr>
<tr><td colspan="2">통합보육
(07:30~09:00)</td><td colspan="5">통합 보육실에서 유아의 흥미에 따라 교구를 선택하여 활동한다.</td></tr>
<tr><td colspan="2">순차적 등원 및 실내선택활동/ 오전 자율간식 (환기)
(09:00~10:40)</td><td colspan="5">• 등원 및 맞이: 선생님과 인사나누기. 유아의 기분과 건강상태를 확인하기
• 자유선택 계획표 세우기 / 영역별로 자유롭게 활동하기
• 화장실 및 손 씻기 / 자율간식(식단표 참조)</td></tr>
<tr><td rowspan="4">자유놀이
(9:00 ~ 10:40)</td><td>쌓기영역</td><td colspan="2">블록으로 운동기구를 만들어요</td><td>수/조작 영역</td><td colspan="2">만국기 세어보기</td></tr>
<tr><td>역할영역</td><td colspan="2">시상식 놀이</td><td>과학영역</td><td colspan="2">공 구르기 실험</td></tr>
<tr><td>언어영역</td><td colspan="2">올림픽종목 소개해요</td><td>미술영역</td><td colspan="2">만국기 모빌을 만들어요</td></tr>
<tr><td>음률영역</td><td colspan="5">'올림픽 행진곡 '듣고 표현하기</td></tr>
<tr><td colspan="2">정리정돈 및 화장실
(10:40~10:50)</td><td colspan="5">• 정리정돈 및 화장실 다녀오기/손 씻기</td></tr>
<tr><td colspan="2">바깥놀이 및 손 씻기
(10:50~12:00)</td><td colspan="5">맨발로 물 위를 걷기</td></tr>
</table>

실외 대체활동	(대체활동) 비닐 위를 걷기				
점심(환기) 및 이 닦기 (12:00~12:40)	• 점심 – 깨끗하게 손 씻기 / 식습관 지도(바른 자세와 편식) / 양치 후 자유 활동하기				
활동 및 특별활동 (12:40~14:30)	• 이야기나누기 -올림픽의 역사, 유래 • [동화] 여기서 놀아도 될까? • [안전] 안돼요, 싫어요, 하지 마세요	• 이야기나누기 -올림픽의 역사, 유래 • 운동기구 관찰하기 • 성화 그리기	• 이야기나누기 -올림픽 경기를 본 경험 말하기 • [동요] 즐거운 여름 • 행진곡 듣고 표현하기	• 이야기나누기 -올림픽 종목 알아보기 • [게임] 골프공 구멍에 넣기	• 이야기나누기 -올림픽 종목 알아보기 • 생태 '옥수수 수확하기'
오후 간식(환기) (14:30~15:00)	화장실 다녀온 후 손 씻기 / 오후 간식 먹기(식단표 참조)				
자유놀이 (15:00~16:00) 하루일과 평가	• 휴식 및 책읽기 활동 / 오전의 놀이와 연계하여 자유놀이 • 하루일과 평가하기 및 귀가				
순차적 귀가 및 통합보육 (16:00~19:30)	• 교실이동 – 통합 보육 및 자유놀이 • 차량 안전 지도 및 순차적 귀가				
총평 및 특이사항					

3. 놀이중심 활동 계획안

표준보육과정의 목표를 달성하기 위해 교사는 영유아의 성장과 발달을 격려하고 영유아의 놀이와 활동이 주도성, 자발성, 즐거움의 특성이 해치지 않고 6개 영역의 고른 활동을 영유아가 능동적이고 자발적인 놀이를 통해 성취할 수 있도록 놀이의 가치를 인정하여야 한다.

모든 놀이와 활동은 영유아 스스로 선택에 의해 이루어질 때 의미 있는 경험이 될 수 있으므로, 교사는 영유아의 자발성과 주도성을 인정하고 교사는 놀이와 활동의 주체가 영유아임을 인식하여 영유아가 주도적으로 놀이하고 자발적으로 참여할 수 있도록 놀이상황을 관찰하면서 놀이가 유지되고 촉진될 수 있도록 영유아의 놀이 행동 묘사, 개방적 질문 등과 같은 적절한 상호작용을 해야 한다. 또한 소외되는 영유아 없이 모든 영유아가 자신의 흥미와 요구에 맞는 적절한 놀이와 활동을 선택하여 집중할 수 있도록 도와야 한다.

1) 영아 놀이중심 활동계획안

영아를 위한 하루 일과 운영을 보면 표준보육과정 6개 영역의 내용을 포함한 일상생활을 위한 보육 활동 외에도 영아는 실내 · 외 자유 놀이가 이루어지므로 교사는 영아 놀이를 정서적으로 지지해주고 지원하고 격려해주어야 한다. 하루 일과 운영에서 자유 놀이는 비구조적이므로 놀이 활동에서 교사는 융통성을 가져야 하지만 2세는 활동 목표를 설정한 후 교사의 계획에 따른 활동이 이루어지도록 놀이를 제안할 수 있다.

〈표 7-25〉 영아 놀이중심 월간 활동 계획안 예시 1

<table>
<tr><th>주제</th><td>새로운 곳에 왔어요</td><th>기간</th><td>2021년 3월 1일～2021년 4월 3일</td></tr>
<tr><th>교사의 기대</th><td colspan="3">• 엄마, 아빠와 함께 어린이집을 둘러보며 새로운 환경을 탐색한다.
• 엄마, 아빠와 함께 놀이하며 어린이집의 생활과 새로운 놀잇감에 관심을 느낀다.
• 교사와 친구에게 관심을 가지고 함께하는 놀이를 경험한다.
• 교사와 만나고 헤어지는 과정을 통해 친밀감, 신뢰감을 형성한다.
• 교사와 안정적 애착을 바탕으로 어린이집의 일과에 즐겁게 참여한다.</td></tr>
<tr><th>주제선정 이유</th><td colspan="3">‘새로운 곳에 왔어요’라는 주제를 통해 만1세 영아들은 양육자와 함께 어린이집 공간과 놀잇감을 탐색하며 어린이집은 긍정적인 곳이라는 인식을 쌓을 수 있도록 지원합니다. 긍정적인 공간 안에서 교사, 또래들과 즐겁게 놀이하는 경험을 쌓으며 어린이집 생활에 흥미를 느끼고 새로운 환경에 점진적으로 적응할 수 있습니다. 또한, 영아의 개별적 성향 존중과 탐색에 대한 충분한 시간을 제공함으로써 교사와 자연스럽게 친밀감, 신뢰감을 형성해나가며 어린이집 생활을 안정적으로 이어나갈 수 있을 것입니다.</td></tr>
<tr><th>주제망</th><td colspan="3">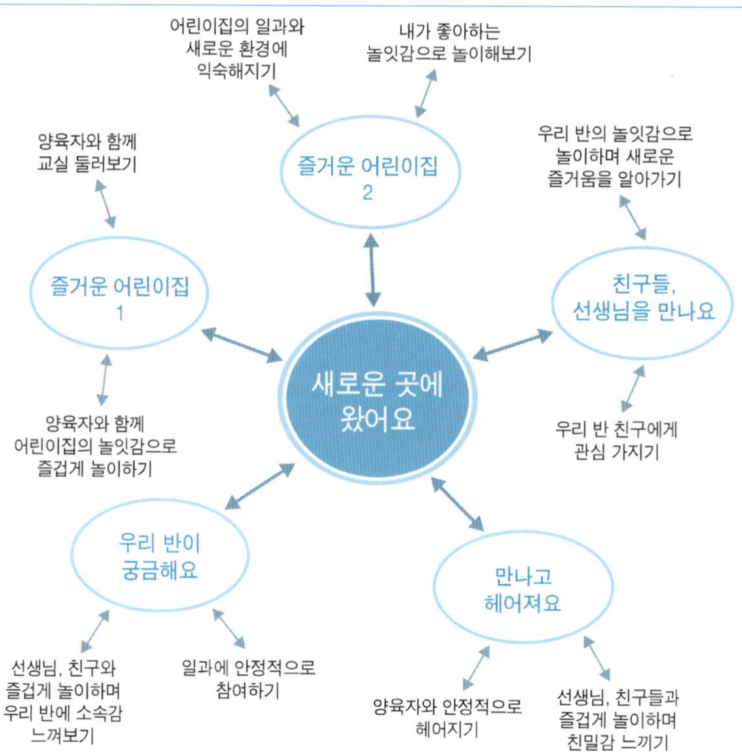
</td></tr>
<tr><th>참고문헌</th><td colspan="3">• 어린이집 표준보육과정에 기초한 영아 보육프로그램 1세 ②, 보건복지부, 2013
• 1세 보육프로그램, 여성가족부, 2007, 육아정책개발센터
• 천재 뇌를 다듬는 1세 교육, 구보타 기소 지음, 2010, 서울문화사
• 0～3세 교육 평생 간다, 이영숙 지음, 2006, 아름다운열매
• 적기교육, 이기숙 지음, 2015, 글담출판</td></tr>
</table>

〈표 7-26〉 영아 놀이중심 월간 활동계획안 예시 2

주		1주	2주	3주	4주	5주
		3월 1일～ 3월 6일	3월 8일～ 3월 13일	3월 15일～ 3월 20일	3월 22일～ 3월 27일	3월 29일～ 4월 3일
소주제		즐거운 어린이집 1	즐거운 어린이집 2	친구들, 선생님을 만나요	만나고 헤어져요	우리 반이 궁금해요
등원		• 엄마, 아빠와 함께 교실을 둘러봐요		• 친구들, 선생님과 인사해요		
일상생활	점심/간식	• 어린이집의 음식을 맛봐요		• 손을 깨끗하게 씻고 음식을 먹어요		• 턱받이를 하고 음식을 먹어요
	낮잠	• 낮잠 자는 곳을 둘러봐요	• 낮잠 분위기를 익혀요	• 내 이불에 누워서 휴식해요		• 선생님의 토닥임을 느끼며 낮잠을 자요
	기저귀 갈기/배변활동	• 엄마와 함께 기저귀 가는 곳을 둘러봐요	• 엄마와 함께 기저귀를 갈아요	• 선생님과 함께 기저귀를 갈아요	• 선생님의 손을 잡고 기저귀 갈이대로 걸어가요	• 모빌을 보며 기저귀를 갈아요
실내놀이	신체	• 엄마(아빠)의 손을 잡고 발자국을 따라 교실로 들어와요	• 색깔 스카프를 하늘 높이 높이 던져요	• 선생님과 함께 마주 보고 공을 굴려요	• 선생님의 손을 잡고 발등 걸음마 걸어요	• 선 따라 발등 걸음마로 걸어요
	쌓기·역할	• [쌓기] 엄마(아빠)와 함께 블록을 쌓고 무너뜨려요	• [쌓기] 내 마음대로 소프트 블록을 쌓아요	• [쌓기] 선생님과 함께 블록 도미노 놀이해요	• [쌓기] 블록 길을 만들어서 걸어봐요	• [쌓기] 선생님과 함께 블록으로 식탁을 만들어요
		• [역할] 내가 좋아하는 인형이 있어요	• [역할] 내가 좋아하는 인형을 돌봐줘요	• [역할] 여러 가지 음식 모형이 있어요	• [역할] 냠냠~ 맛있게 먹는 흉내를 내요	• [역할] 앞치마를 입어요
	언어	• 동화 '안녕? 안녕!'	• 우리 반 하루 이야기를 들어요	• 내 이름은! 친구 이름은?	• 동화 '선생님이 좋아요'	• 동화 '오늘 뭐 했어?'
	감각·탐색	• [음률] 손유희 '엄마별, 아빠별'	• [음률] 새 노래 '같이 놉시다' 들으며 색깔 스카프를 흔들어요	• [음률] 딸랑딸랑 방울 팔찌를 흔들어 봐요	• [음률] 새 노래 '내일까지 안녕' 들으며 선생님, 친구와 손뼉을 마주쳐요	• [음률] 새 노래 '병아리 교실' 들으며 방울 풍선을 흔들어요
		• [미술] 가족사진 목걸이에 끼워요	• [미술] 알록달록 내가 좋아하는 색깔이에요	• [미술] 선생님, 친구 사진에 스티커 붙여 꾸며요	• [미술] 도트 물감으로 스펀지를 물들여요	• [미술] 우리 반 사진에 스탬프 도장을 찍어요

	• [감각 · 탐색] 찾았다! 우리 엄마, 아빠!	• [감각 · 탐색] 색깔판으로 우리 반을 비춰봐요	• [감각 · 탐색] 까꿍판을 열어 선생님과 친구를 살펴봐요	• [감각 · 탐색] 푹신푹신 스펀지를 주물러요	• [감각 · 탐색] 풍선이 커지고 작아져요
바깥놀이	• 엄마(아빠)와 바깥 놀이터를 둘러봐요 • 엄마(아빠)와 바깥 놀이터 기구로 놀이해요	• 선생님의 손을 잡고 바깥 놀이터에 나가요 • 선생님과 함께 바깥 놀이기구를 타요	• 손끝으로 모래를 만져봐요 • 선생님의 손을 잡고 어린이집 주변을 산책해요	• 모래를 담고 쏟아요 • 선생님 손잡고 빠르게 걸어봐요	• 모래 속에 숨겨봐요 • [지역사회연계] 어린이집 주변 산책로를 걸어요
대체활동	• 엄마(아빠)와 함께 어린이집 공간을 둘러봐요	• 흔들흔들 시소를 타요	• 선생님, 친구와 함께 큰 공을 굴려요	• 부릉부릉~ 자동차가 지나갑니다	• 끈 달린 풍선을 힘차게 쳐요
기본생활	• [소통] 부모님과 울지 않고 헤어져요	• [예] 선생님과 눈을 마주쳐요	• [협동] 친구와 함께 놀잇감을 꺼내요	• [청결] 선생님과 손을 씻어요	• [효] 부모님을 안아드려요
안전교육	• [실종 · 유괴의 예방 · 방지] 선생님 손을 잡고 나가요	• [재난대비] 불은 위험해요	• [교통안전] 자동차 주변은 위험해요	• [생활안전] 놀잇감을 던지지 않아요	• [성폭력 및 아동학대 예방] 부모님께 말해요 • [소방대피훈련] 유도등을 따라 안전하게 대피해요

출처: 꼬망세미디어(2021). www. edupre.co.kr

〈표 7-27〉 영아 놀이중심 일일 활동계획안 예시

<table>
<tr><th>반 / 연령</th><td>만1세</td><th>시기</th><td colspan="2">2021년 3월 2일 (화)</td><th>날씨</th><td></td></tr>
<tr><th>주제</th><td>새로운 곳에 왔어요</td><th>소주제</th><td colspan="4">우리 반은 ○○반</td></tr>
<tr><th>교사의 기대</th><td colspan="7">[1수준]
• 엄마, 아빠와 함께 어린이집을 둘러보며 새로운 환경을 탐색한다.
[2수준]
• 새로운 반에 관심을 가지고 변화된 환경을 탐색한다.</td></tr>
<tr><th>내용
일과</th><th colspan="4">계획 및 방법</th><th colspan="3">놀이 평가</th></tr>
<tr><th>등원 및 통합보육 (~09:00)</th><td colspan="4">엄마, 아빠에게 인사하고 교실로 들어와요</td><td colspan="3" rowspan="3"></td></tr>
<tr><th>오전 간식 (09:00 ~ 09:30)</th><td colspan="4">[어린이집의 음식을 맛봐요]
• 손 씻기 후 오전 간식 먹는다.
• 다 먹고 난 그릇을 스스로 정리한다.
[선생님과 함께 기저귀를 갈아요]
• 배변하고 손을 깨끗이 씻는다.</td></tr>
<tr><th>실내놀이 (09:30 ~ 11:00)</th><td colspan="4">신체놀이 – 선 따라 걸으며 우리 반 교실을 살펴봐요
[1수준]
① 영아와 함께 여러가지 선을 탐색한다.
② 선의 방향을 탐색하며 따라 걸어본다.
[2수준]
① 선을 따라 자유롭게 걸어보며 교실의 영역을 탐색해본다.
쌓기: 쌓기/역할놀이 – ○○반에는 다양한 블록이 있어요
[1수준]
① 블록에 관심을 보이는 영아와 함께 탐색한다.
② 영아와 함께 쌓기놀이영역의 다양한 블록을 탐색한다.
③ 원하는 블록을 높게 쌓거나 길게 나열해본다.
[2수준]
① 원하는 블록으로 자유롭게 구성하며 놀이한다.
언어놀이 – 언어놀이영역에는 무슨 책이 있을까?
[1수준]
① 언어놀이영역에 있는 다양한 동화책을 살펴본다.
② 원하는 동화책을 골라 감상해본다.
[2수준]
① 영아가 원하는 동화 표지 인쇄물을 골라 끼적이며 어떤 동화를 보았는지 회상해본다.</td></tr>
</table>

<table>
<tr><td></td><td>음률놀이 – 손유희 ‘엄마별, 아빠별’
[1수준]
① 손유희 노래를 부르며 영아의 흥미를 이끈다.
② 손유희 동작을 소개하며 이야기 해본다.
[2수준]
① 교사와 함께 손유희를 해본다.
안전교육 – [실종 · 유괴의 예방 · 방지] 선생님 손을 잡고 나가요
[1수준]
① 동화 표지에 관심 갖는 영아들과 그림을 탐색한다.
② ‘밖에 나갈 때는 어른과 함께 가요’ 동화를 들려주며 영아와 함께 동화 장면을 탐색한다.
③ 사전 준비한 공원 인쇄물에서 교사의 얼굴을 찾아본다.
[2수준]
① ‘선생님과 손을 잡고 걸어요’ 활동지를 하며 안전교육 내용을 회상해본다.</td><td></td></tr>
<tr><td>정리정돈 및 배변활동
(11:00
~
11:10)</td><td>• 교사가 먼저 정리정돈을 하면서 영아가 놀잇감을 제자리에 정리하도록 격려한다.
[선생님과 함께 기저귀를 갈아요]
• 기저귀 갈이대를 소독 후 사용한다.
• 배변활동을 하고 교사의 도움을 받아 손을 씻는다.</td><td></td></tr>
<tr><td rowspan="2">바깥놀이
(11:10
~
11:50)</td><td>바깥놀이 – 신발장에서 내 신발을 찾아봐요
[1수준]
① 간단한 손유희를 하며 영아의 관심을 이끈다.
② 신발장이 있는 위치를 찾아서 이동해본다.
③ 신발장에서 자신의 신발을 찾아본다.
[2수준]
① 어린이집 주변을 산책하며 기본운동을 한다.</td><td rowspan="2"></td></tr>
<tr><td>대체활동 – 어린이집을 둘러봐요
[1수준]
① 어린이집에 대해 이야기를 나누며 영아의 관심을 이끈다.
② 영아와 함께 어린이집을 둘러보며 이동운동을 한다.
[2수준]
① 어린이집을 둘러보며 다양한 공간을 탐색한다.</td></tr>
<tr><td>점심
(11:50
~
13:00)</td><td>[어린이집의 음식을 맛봐요]
• 손 씻기 후 점심을 먹는다.
• 개별적인 상호작용을 하며 올바른 식습관 지도와 영양 교육을 한다.</td><td></td></tr>
</table>

낮잠 (13:00 ~ 15:00)	[선생님과 함께 기저귀를 갈아요] • 낮잠 자기 전, 영아가 화장실을 다녀올 수 있도록 한다. [낮잠 분위기를 익혀요] • 영아의 개별 이불을 찾아보고 누워볼 수 있도록 한다. • 낮잠 음악을 들으며 편안하게 휴식을 취하거나 잠을 자며 안정을 찾고 체력을 회복한다.
정리정돈 및 배변활동/ 오후 간식 (15:00 ~ 15:30)	• 낮잠에서 일어나 교사와 함께 개별 매트와 이불을 정리한다. • 배변하고 손을 깨끗이 씻는다. [어린이집의 음식을 맛봐요] • 오후 간식을 먹는다. • 다 먹고 난 그릇을 스스로 정리한다.
실내놀이/ 기본보육 하원 (15:30 ~ 16:00)	• 오전에 진행한 놀이를 연계하여 자유놀이를 진행한다. • 기본보육 영아는 하원한다.
통합보육 및 귀가 (16:00 ~ 19:30)	• 실내놀이를 진행한다. • 일과 회상하며 평가 후 보호자와 함께 귀가한다.
총평 및 다음날 놀이 지원계획	• 영아들이 새로운 반에서 보내는 첫 번째 주로 '우리 반은 ○○반' 소주제에 맞춰 영아가 어린이집, 우리 반에 적응하는 놀이가 진행함. 영아들이 어린이집에 오는 것이 즐거운 일이 될 수 있도록 충분한 물적, 인적 환경을 제공하고, 반과 어린이집을 둘러보며 우리 반 환경과 어린이집 주변 환경을 탐색하는 놀이를 경험하며 이린이집에 적응할 수 있도록 격려하였음.
반 운영 특이사항	
비고	안전교육 – [실종 · 유괴의 예방 · 방지] 선생님 손을 잡고 나가요 기본생활 – [소통] 부모님과 울지 않고 헤어져요

출처: 꼬망세미디어(2021). www.edupre.co.kr

2) 유아 놀이중심 활동계획안

개정 누리과정의 5개 영역을 중심으로 놀이 지원을 위한 영역의 활동을 준비할 때 교사의 지원을 최소화하고 유아가 스스로 할 수 있는 활동을 준비하되 개별차를 고려하여 같은 활동 내에서도 다양한 수준의 활동을 진행할 수 있도록 하며 놀이는 실내놀이 외에 바깥 놀이도 계획하여 실행할 수 있다.

〈표 7-28〉 유아 놀이중심 월간 활동 계획안 예시 1

생활 주제	새로운 우리 반 / 따뜻한 봄	실시 기간	2021년 3월 1일～2021년 4월 2일
교사의 기대	• 우리 반 이름을 알고 교실을 탐색해본다. • 우리 원 시설의 이름과 위치를 알아본다. • 우리 반에 있는 놀이영역의 이름과 위치를 안다. • 우리 원을 돌아보며 시설물의 바른 사용법을 안다. • 우리 반 친구에게 관심을 가지고 서로 존중한다. • 친구와 사이좋게 지내기 위해 필요한 약속에 대해 알아본다. • 우리 원에서 함께 지내는 사람과 하는 일을 안다. • 우리 반 일과를 알고 지켜야 하는 규칙을 안다. • 봄 날씨의 특징을 안다. • 아름다운 봄 풍경을 느끼고 즐긴다.		
주제선정 이유	만4세가 된 유아들은 새로운 반과 교실에서 선생님, 친구들에게 호기심을 갖고 탐구하게 됩니다. 또한, 사회성이 발달하는 시기인 만큼 인간관계를 맺고 적응하기 위해 이전의 연령보다 더 적극적인 태도를 보이게 됩니다. 이번 주제인 '새로운 우리 반'은 이러한 상황 속 유아들이 우리 원의 물리적 · 인적 환경 속에서 편안함을 느끼면서 생활하고 친구들과 긍정적인 관계를 형성함으로써 행복한 원 생활을 할 수 있도록 돕기 위해 주제로 선정되었습니다. 더불어 계절의 변화를 고려하여 '따뜻한 봄' 주제가 함께 선정되었습니다. 이 주제를 통해 유아들은 봄이 되어 변화된 날씨와 이에 따른 자연의 변화를 탐색해보고 봄 날씨의 특징을 표현해보며 과학적 탐구심을 기르고 예술적 표현의 기회를 가질 수 있을 것입니다.		

주제망	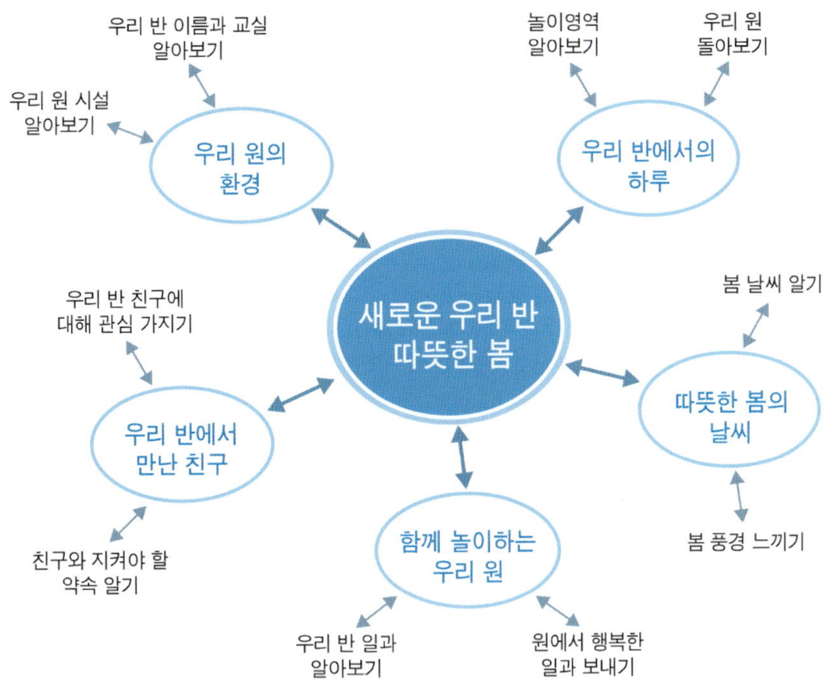
참고문헌	• 3~5세 연령별 누리과정 해설서, 교육과학기술부, 보건복지부, 2013. • 4세 누리과정에 기초한 어린이집 프로그램 1, 보건복지부, 2013. • 4세 누리과정 교사용 지도서 2, 보건복지부, 교육과학기술부, 2013. • 4세 누리과정 교사용 지도서 1, 교육과학기술부, 2013. • 4세 누리과정 교사용 지도서 11, 교육과학기술부, 2013.

〈표 7-29〉 유아 놀이중심 월간 활동계획안 예시 2

<table>
<tr><th colspan="2">생활주제</th><td colspan="2">새로운 우리 반 / 따뜻한 봄</td><th>실시기간</th><td colspan="2">2021년 3월 1일～2021년 4월 3일</td></tr>
<tr><th rowspan="2">교사의 기대</th><th>1수준</th><td colspan="5">• 우리 원과 반에 관심 갖는다.
• 우리 반 교실 놀이영역에 관심을 갖는다.
• 우리 반에서 함께 사용하는 물건이 있음에 관심을 가진다.
• 원에서 즐겁고 안전하게 놀이해본다.
• 우리 반 친구에게 관심을 가진다.
• 친구와 함께하는 놀이를 경험한다.
• 원에서 지켜야 할 약속에 관심을 가진다.
• 함께 사용하는 물건과 장소가 있음을 이해한다.
• 따뜻해진 봄 날씨에 관심을 갖는다.
• 봄 날씨를 느끼며 봄맞이를 준비한다.</td></tr>
<tr><th>2수준</th><td colspan="5">• 우리 반 이름과 특징에 관심을 가진다.
• 우리 반 교실 놀이영역 구성과 특징을 알아본다.
• 우리 반에서 함께 사용하는 물건을 알아본다.
• 원에서 즐겁고 안전하게 놀이하는 방법을 알아본다.
• 우리 반 친구의 이름과 특징을 안다.
• 친구와 함께하는 놀이를 즐긴다.
• 일과 중 지켜야 하는 약속을 안다.
• 함께 사용하는 물건과 공간이 있음을 이해하고 소중히 다룬다.
• 봄 날씨의 특징을 알아본다.
• 봄 날씨를 느끼며 우리 생활의 변화된 모습을 알아본다.</td></tr>
<tr><th colspan="2" rowspan="2">주</th><th>1주</th><th>2주</th><th>3주</th><th>4주</th><th>5주</th></tr>
<tr><td>3월 1일～
3월 6일</td><td>3월 8일～
3월 13일</td><td>3월 15일～
3월 20일</td><td>3월 22일～
3월 27일</td><td>3월 29일～
4월 3일</td></tr>
<tr><th colspan="2">주제</th><td>우리 원의 환경</td><td>우리 반에서의 하루</td><td>우리 반에서 만난 친구</td><td>함께 놀이하는 우리 원</td><td>따뜻한 봄의 날씨</td></tr>
<tr><th colspan="2">등원</th><td>• 등원하면서 반갑게 인사 나누기</td><td>• 우리 반 이름 말하며 반갑게 인사 나누기</td><td>• 친구와 포옹하며 인사 나누기</td><td>• 우리 반 약속을 이야기하며 인사 나누기</td><td>• 등원하며 느낀 봄 날씨에 대해 이야기하며 인사 나누기</td></tr>
</table>

실내놀이	쌓기놀이	• 블록으로 우리 원을 만들어요	• 우리 원에 오는 길 구성하기	• 친구와 함께 쌓아요	• 식탁 만들기	• 수목원 구성하기
	역할놀이	• 우리 원에 계신 분이 되어보아요	• 냠냠! 맛있는 간식 시간	• 친구와 나는 닮았어요	• 점심 식탁 차리기 • (1) 우리 원 생일축하파티	• 봄맞이 대청소
	미술놀이	• 재미있는 미술놀이영역 • (2) 우리 원 현관과 신발장 그리기	• 도장으로 꾸며요 • (1) 점토로 우리 원 만들기	• 친구 얼굴을 꾸며요 • (1) 친구 얼굴 가면	• 약속 모빌 만들기	• 봄 소식을 전하는 새 • (1) 봄꽃을 그려요
	언어놀이	• 우리 반 이름 색칠하기 • (1) 우리 반의 여러 놀이영역	• 친구를 도와요 • (2) '우리 원의 하루' 책 만들기	• 친구의 이름에서 모양 찾기 • (2) 우리 반 친구들에게 편지 쓰기	• 동시 '이곳은 어디일까요?' • (2) 친구와 함께 책 보기	• 봄에 필요한 물건 찾아 이름 쓰기 • (2) 봄 이야기를 만들어요
	수·조작놀이	• [조작] 교실 안에는, 교실 밖에는 • [수] 우리 반 영역을 세어보아요	• [조작] 우리 원의 하루 • [수] 친구들이 좋아하는 놀이영역 그래프	• [조작] 친구 얼굴 퍼즐 • [수] 친구를 찾아라	• [조작] 안전하게 미끄럼틀 타기 • [수] 책을 정리해요	• [조작] 봄 풍경 퍼즐 맞추기 • [수] 봄 카드를 찾아요
	과학놀이	• 과학놀이영역이 궁금해요	• 모래시계 관찰하기	• 돋보기로 친구 손 관찰하기	• 교실 물건 궁금이 상자	• 꽃잎이 떨어지면 어떻게 변할까요?
	음률놀이	• 노래 부르며 악기 연주하기	• 악기 소리를 듣고 맞추어 보세요	• 친구와 함께 노래 부르며 율동하기	• 좋아하는 노래 친구와 함께 부르기	• 봄을 즐겨요

대·소집단활동	이야기 나누기	• 우리 원을 소개합니다	• 함께 사용하는 물건들	• ○○반 친구들	• 우리 모두 즐겁게 놀이하려면?	• 봄의 날씨
대·소집단활동	동화·동시	• [동시] 우리 반 선생님	• [동시] 행복한 우리 원		• [동화] 선생님과 약속해요	• [동화] 톡 톡 봄비가 내려요
대·소집단활동	미술		• 찰흙 오브제 만들기	• 친구와 손바닥 벽화를 그려요	• 우리 반 띠 벽지	• 봄비가 내려요
대·소집단활동	새 노래				• 같이 놉시다	
대·소집단활동	신체·게임	• [게임] 제자리를 찾아주세요	• [신체] 숨바꼭질	• [게임] 친구가 달라졌어요		• [게임] 벚꽃이 피었어요
대·소집단활동	과학			• [과학] 물 돋보기로 친구이름 찾기		
바깥놀이		• 탬버린 소리에 맞춰 점프하기 • [지역사회연계] 원 주변 놀이터에 가요	• 친구야, 같이 놀자 • 자연물로 놀잇감 만들기	• 친구와 모래놀이해요 • 친구와 함께 훌라후프 놀이해요	• 장난감 보물찾기 • 원 텃밭 가꾸기	• 새순을 관찰해요 • 봄 숲 속 식당 놀이
대체활동		• 친구에게 전하는 말	• 신문지로 놀이해요	• 친구와 쭉쭉 스트레칭해요	• 우리 반에서는 어떤 규칙을 지켜야 할까?	• 봄꽃 밟지 않고 산책하기
기본생활		• [예] 인사를 바르게 해요	• [책임] 물건을 사용한 후 정리해요	• [배려] 모두 함께 사용하는 물건이에요	• [소통] 친구에게 관심을 가져요	• [협동] 소중한 자연을 함께 지켜요
안전교육		• [교통안전] 안전하게 통학버스를 이용해요	• [생활안전] 교실에서는 안전하게 놀이해요	• [재난대피] 불이 날 때 어떻게 해야 할까요?	• [성폭력 및 아동학대 예방] 내 몸은 소중해요	• [실종유괴] 만약 길을 잃었다면? • [소방대피훈련] 우리 원의 비상대피로를 알고 대피해요

출처: 꼬망세미디어(2021). www.edupre.co.kr

〈표 7-30〉 유아 놀이중심 일일 활동계획안 예시

<table>
<tr><th colspan="2">반 / 연령</th><td>만 3세</td><th>시기</th><td>2021년 3월 2일 (화)</td><th>날씨</th><td></td></tr>
<tr><th colspan="2">주제</th><td colspan="5">우리 원의 환경</td></tr>
<tr><th colspan="2">교사의 기대</th><td colspan="5">• 우리 반 이름을 알고 교실을 탐색해본다.</td></tr>
<tr><th colspan="2">통합보육</th><th>등원</th><td colspan="2">~09:00</td><th>하원</th><td>16:00~19:30</td></tr>
<tr><th colspan="2">일과(시간)</th><th colspan="3">계획 및 실행</th><th colspan="2">놀이 평가</th></tr>
<tr><th rowspan="4">일상생활</th><td>간식
(09:00~09:20)
(14:30~15:00)</td><td colspan="3">• 손 씻기 후 간식 먹기
• 다 먹고 난 그릇을 스스로 정리하기</td><td colspan="2" rowspan="5"></td></tr>
<tr><td>정리정돈
(10:30~10:50)</td><td colspan="3">• 놀잇감 제자리에 정리하기
• 화장실에 다녀온 후 손 씻기</td></tr>
<tr><td>점심식사
(12:30~13:30)</td><td colspan="3">• 손 씻기 후 점심 먹기
• 개별적인 상호작용하며 올바른 식습관지도와 영양교육하기
• 화장실에 다녀온 후 손 씻기</td></tr>
<tr><td>실내놀이 및 휴식
(13:30~14:30)</td><td colspan="3">• 조용한 음악 들으며 필요시 낮잠 또는 휴식 취하기
• 유아의 흥미에 따라 실내놀이 진행하기</td></tr>
<tr><th>놀이</th><td>실내놀이
(09:20~10:30)
(15:00~16:00)</td><td colspan="3">쌓기놀이 – 여러 가지 블록 놀잇감
① 쌓기놀이에 있는 블록의 종류와 특성에 대해 이야기나눈다.
② 친구와 함께 블록으로 만들고 싶은 것을 구성하며 놀이한다.
미술놀이 – 우리 원 현관과 신발장 그리기
① 우리 원 현관과 신발장에 대해 이야기나눈다.
② 우리 원 현관과 신발장을 그림으로 표현하며 놀이한다.
조작: 수/조작놀이 – 교실 사진 퍼즐 맞추기
① 교실 사진을 보며 이야기나눈다.
② 교실 사진 퍼즐을 맞추며 놀이한다.
과학놀이 – 과학도구 탐색하기
① 과학놀이영역에 비치된 도구를 살펴본다.
② 과학도구를 탐색하며 각 도구의 이름과 용도를 알아본다.
③ 다양한 과학도구를 활용해 자유롭게 놀이한다.
음률놀이 – 리듬악기 탐색하기
① 다양한 리듬악기를 보며 이야기나눈다.
② 리듬악기에서 나는 소리를 들어보며 놀이한다.</td></tr>
</table>

바깥놀이(대체) (11:10~12:30)	**바깥놀이 – 실외 놀이터에서 놀이하기** ① 실외 놀이터로 이동하여 어떤 놀이를 할지 정한다. ② 함께 정한 약속을 지키며 실외 놀이터에서 놀이한다.	
	대체활동 – 발자국 따라 우리 원으로 가요 ① ‘발자국을 따라 우리 원으로 가요’ 활동방법을 알아본다. ② ‘발자국을 따라 우리 원으로 가요’ 활동을 해본다.	
활동 (10:50~11:10)	**안전교육 – [교통안전] 안전하게 통학버스를 이용해요** ① ‘통학버스를 안전하게 이용해요’ 멀티플래시를 시청하고 회상하며 이야기나눈다. ② 그림자료를 보며 통학버스를 안전하게 이용하는 방법을 알아본다.	
총평 및 다음날 놀이 지원 계획		
반 운영 특이사항		
비고	안전교육 – [교통안전] 안전하게 통학버스를 이용해요 기본생활 – [예] 인사를 바르게 해요	

출처: 꼬망세미디어(2021). www.edupre.co.kr

08
Chapter

보육실습일지 작성

배울내용

1. 보육실습일지의 기능
2. 보육실습일지의 구성
3. 보육실습일지의 내용
4. 보육실습일지 작성 원리

학습목표

1. 보육실습일지가 실습에서 어떤 기능을 하는지 안다.
2. 보육실습일지가 어떻게 구성되는지 안다.
3. 보육실습일지에 어떤 내용이 포함되는지 알고 일지를 작성하는 능력을 갖는다.
4. 보육실습일지 작성원리에 따라 일지를 작성할 수 있는 능력을 갖는다.

1. 보육실습일지의 기능

1) 실습 증거로서의 일지

일지는 매일매일 일어나는 일을 기록하는 것인데 개인적으로 적는 것은 일기라고 하고 회사의 업무와 같은 경우는 일지라고 한다. 일지는 객관성을 지닌 문서이기에 주관적 사고나 판단에 의하기보다는 객관적인 사실에 근거하여 기록한다. 일지가 객관성을 지니기 때문에 누가 어떤 일을 하였는지 증거자료로서 기능을 한다. 보육실습은 보육교사 자격증을 취득하기 위해 필수적인 과정이므로 규정에 맞는 실습을 해야 한다. 따라서 실습시간은 규정대로 준수했는지와 실습내용에 있어서 타당성이 있는지, 자격 있는 지도교사의 지도를 받았는지 등을 일지에 나타내어 검증을 받아야 하는 것이다.

2) 실습내용 파악

보육실습생은 실습일지를 작성함으로써 자신이 하고 있는 실습이 어떤 내용을 포함하고 있는지와 실습의 진행은 어떻게 되고 있는지를 알 수 있고, 실습을 통해서 어떤 업무를 익히고 있고, 많은 보육 업무 중에서 어떤 업무에 얼마큼 배움이 되고 있는지, 어려운 점은 무엇인지 등을 파악할 수 있다. 실습기간에 매일 반복되는 일과를 소화하면서, 일과 중 어떤 업무가 어느 시간에 이루어지는지 등을 익힐 수 있고, 각종 업무에서 어떤 지식과 기술이 필요한지 알고 그에 적절한 대응을 할 수 있는 능력을 기르게 된다.

3) 실습과정의 효율적 관리

실습일지에는 일자를 기록하여 실습기간 중 배워야 할 업무들을 기간별로 안배하여 집중적으로 배울 수 있다. 예를 들어 실습 1주는 관찰실습으로 지도교사의 업무를 관찰하고, 영유아들의 놀이와 행동 성향, 이름, 친구관계 등을 파악한다. 2주부터는 업무 중 쉬운 것부터 직접 수행하여 익히는 과정을 소화하고, 5주부터는 부분수업을 계획하여 수행하는 과정으로 하고, 6주에는 전체수업, 즉 하루 일과를 통째로 맡아서 업무를 수행해 보는 과정으로 할 수 있다. 이러한 흐름에서 일지를 작성하면 다음 과정으로 넘어갈 수 있는 때를 스스로 예측할 수 있게 된다.

4) 실무능력 향상

일지는 업무에서 다루어진 세부적인 사항들을 기록하기 때문에 일의 내용을 파악하는 데 도움이 되고, 일을 진행하면서 어려운 점이나 특이사항을 기록하여 추후 그와 같은 업무에 참고하여 일을 더 효율적으로 처리할 수 있도록 돕는다. 일과는 매일 반복적으로 이루어지는 일도 있지만 그 속에서도 사례에 따라 조금씩 다른 대응이 필요하다. 매일 문제를 해결하면서 기록하다 보면 다양한 문제를 해결할 수 있는 능력이 생기게 되는 것이다.

2. 보육실습일지의 구성

우선 보육실습의 의의와 목적을 명시하여 실습생이 실습의 취지를 충분히 알 수 있도록 한다. 실습일지에는 규정된 실습시간(6주 240시간) 동안에 매일 작성한 일일 실습일지 이외에도 실습기관의 개요를 알 수 있는 실습기관의 현황과 보육환경, 보육과정, 운영의 실제, 기타 프로그램의 실제에 대한 정보를 기록하여 보육실습의 전체적인 맥락을 이해하도록 한다.

보육실습의 핵심은 실제 학급을 운영해 보는 경험이다. 이는 부분수업과 전체수업을 통해서 실무능력을 완성하는 의미가 있다. 부분수업과 전체수업 계획안을 작성하여 수업을 어떻게 진행하였는지 알 수 있게 한다. 일지의 말미는 주어진 실습시간을 마치고 나서 실습생의 자기평가와 지도교사 및 원장의 지도내용을 적는 총평가가 있다. 마지막 부분은 실습생이 6주 동안 출근한 근거를 기록하는 출근부를 붙인다.

2021년

보 육 실 습 일 지

실 습 기 관 명		
실 습 명	반	학 번
	이 름	
	○○문화대학교 유아교육과	
실 습 기 간	2021년 05월 24일 부터 2021년 06월 18일 까지	

[그림 8-1] 실습일지 표지

차 례

1. 보육실습의 의의

2. 보육실습의 목적 및 목표

3. 실습기관의 현황

4. 주별 보육활동 실습현황

5. 실습기관의 보육환경
   1) 실내환경
   2) 실외환경

6. 보육과정 운영의 실제
   1) 프로그램의 형태(예 : 몬테소리, 피아제, 프로젝트 등)
   2) 보육일과구성
   3) 특별보육활동 / 방과후과정 프로그램
   4) 보육계획안(연간, 월별, 주별, 일일 보육계획안)

7. 건강·영양 및 안전교육 프로그램의 실제
   1) 간식 및 식단의 운영
   2) 안전교육 프로그램의 실제

8. 일일 보육실습내용

9. 부분 및 전체 보육계획안

10. 총평가

* 보육실습생 출근부*

[그림 8-2] 실습일지 차례

1) 보육실습의 의의

보육교사 양성과정에서 보육실습이 가지는 의의를 알려줌으로써 실습생들이 실습의 중요성을 알고 취지에 알맞게 실습을 수행할 수 있도록 함으로써 실습의 효과를 높일 수 있다.

첫째, 이론 중심으로 배웠던 지식을 보육현장에 실제 적용해 보면서 실천적 지식을 습득하고, 영유아에 대한 이해 능력을 향상시킨다.

둘째, 보육계획 수립, 하루일과의 운영, 놀이지도, 활동 운영과 자료 활용, 상호작용 방법 등을 관찰하고 어린이집 교사의 전문적인 역할을 배운다.

셋째, 실습생이 직접 보육활동을 계획하고 실행해 봄으로써 바람직한 일과 운영을 익히고 효과적인 교수학습방법을 안다.

넷째, 어린이집 교사의 역할을 현실적으로 이해하고 보육교사로서 자신의 능력과 자질을 평가해 본다.

다섯째, 어린이집 원장, 보육교사 및 부모 등의 다양한 관점과 요구 등을 이해하고, 지역사회에서 어린이집의 역할과 기능에 대하여 안다.

여섯째, 영유아에게 영향을 미치는 좀 더 넓은 관점인 사회현상, 보육정책, 부모교육 등에 관심을 기울이고, 영유아에 대한 심도 있는 이해를 한다.

일곱째, 어린이집에서 6주간의 보육실습을 성공적으로 끝냈다는 자신감은 향후 새롭게 시도할 다양한 경험에 긍정적인 태도로 도전할 수 있다.

2) 보육실습의 목적 및 목표

보육실습의 목적을 명시하고 이를 통해 달성해야 할 분명한 목표를 제시함으로써 실습의 내용이 어떻게 구성되어야 하는지와 실습에서 무엇을 배워야 하는지를 알게 하는 것이다.

보육실습이란 향후 어린이집 교사가 되고자 준비하는 학생이 어린이집 현장에서 예비보육교사의 역할을 직접 경험해 보는 과정이다. 보육실습은 국가가 발급하는 '보육교사 자격증'을 취득하기 위해 필수과정일 뿐만 아니라 양성교육기관에서 배운 이론과 지식을 현장에서 실제 적용해 보는 과정이기도 하다. 또한 보육교사로서 갖추어야 할 지식, 기술, 태도 등을 실제 보육현장에서 직·간접적으로 배우는 모든 과정을 의미한다.

보육실습을 통해 보육실습생이 성취할 수 있는 목표는 다음과 같다.

- 보육의 철학과 목적 및 목표에 대한 인식을 공고히 한다.
- 실제 경험을 토대로 영유아에 대한 심화된 이해를 한다.
- 연령과 발달 수준에 적합한 구체적인 보육내용, 놀이중심의 상호작용, 영유아의 흥미를 고려한 효과적인 교수법 등을 관찰하고 직접 수행해 본다.
- 실습기관의 실내·외 환경 구성 및 자료의 적절한 활용법을 익힌다.
- 보육교사의 전문적 역할과 책임을 알고, 적합한 태도를 갖는다.
- 보육실습생 스스로 보육교사로서의 자실을 파악하고, 전문성을 향상시킨다.
- 보육실습기관과 가정, 지역사회와의 연계를 이해하고, 조직 문화를 이해한다.

3) 실습기관의 현황

실습기관의 명칭과 주소, 전화번호, 홈페이지 주소, 학급 구성, 원아 수, 교직원 수 등을 알 수 있도록 하여 실습생이 실습하는 기관의 현황을 파악할 수 있도록 한다.

· 실습기관명 : 유치원

· 주소 : · 전화번호(Fax) :

· E - mail : 홈페이지 : X

· 원 장 : ○○○ 원장님 · 교 사 : 15 명

· 학 급 수 : 영아반 X 유아반 · 원아수 : 184 명

보육실습 반 현황

반명	꽃향유	연령	만 4세
보육실습 지도교사명	정보람	학급인원	남 (9), 여 (11)

보육실습 학급 배치도

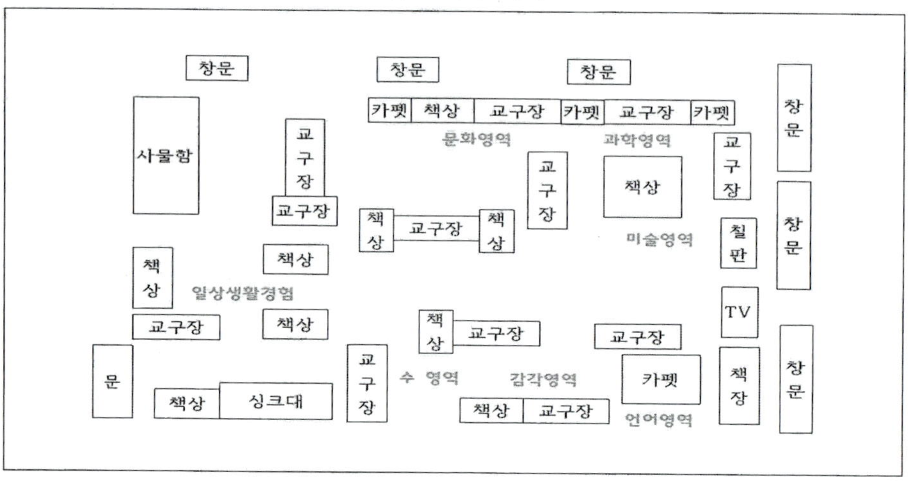

4) 주별 보육활동 실습현황

1주~6주까지 각 요일별 실습내용을 간략하게 적어 실습기간 내 어떤 실습이 수행되었는지 한눈에 파악할 수 있게 한다. 실습 초기에는 관찰실습을 하고, 중기에는 참여실습, 말기에는 부분수업과 전체수업 활동을 하게 된다.

	월 일	실 습 내 용	비 고
제 1 주	05월 24일 월요일	자기소개, 교실 업무 보조, 급식실 줄 서기 지도,유치원 환경관리, 유아와의 상호작용	
	05월 25일 화요일	교실 업무 보조, 유아 안전 관리, 급식실 줄 서기 지도, 유치원 환경관리, 유아와의 상호작용	
	05월 26일 수요일	교실 업무 보조, 줄 서기 지도, 유치원 환경관리, 유아와의 상호작용	
	05월 27일 목요일	교실 업무 보조, 줄 서기 지도, 생일파티 업무 보조, 유치원 환경관리, 유아와의 상호작용	
	05월 28일 금요일	교실업무 보조, 줄 서기 지도, 밥 골고루 먹기 지도, 유치원 환경관리, 유아와의 상호작용	

	월 일	실 습 내 용	비 고
제 2 주	5월 31일 월요일	교실 업무 보조, 급식실 줄 서기 지도, 밥 골고루 먹기 지도, 유치원 환경관리, 교구 관리, 유아와의 상호작용	
	6월 1일 화요일	교실 업무 보조, 급식실 줄 서기 지도, 밥 골고루 먹기 지도, 유치원 환경관리, 유아와의 상호작용	
	6월 2일 수요일	교실 업무 보조, 급식실 줄 서기 지도, 밥 골고루 먹기 지도, 유치원 환경관리, 야외 활동 안전지도, 유아와의 상호작용	
	6월 3일 목요일	교실 업무 보조, 급식실 줄 서기 지도, 밥 골고루 먹기 지도, 유치원 환경관리 유아와의 상호작용	
	6월 4일 금요일	교실 업무 보조, 급식실 줄 서기 지도, 밥 골고루 먹기 지도, 유치원 환경관리, 부분 수업, 유아와의 상호작용	

5) 실습기관의 보육환경

실습생이 실습하는 보육환경을 제시하여 실습에서 배울 수 있는 여건을 파악하고, 실습의 수준도 간접적으로 알 수 있도록 해 준다.

(1) 실내환경

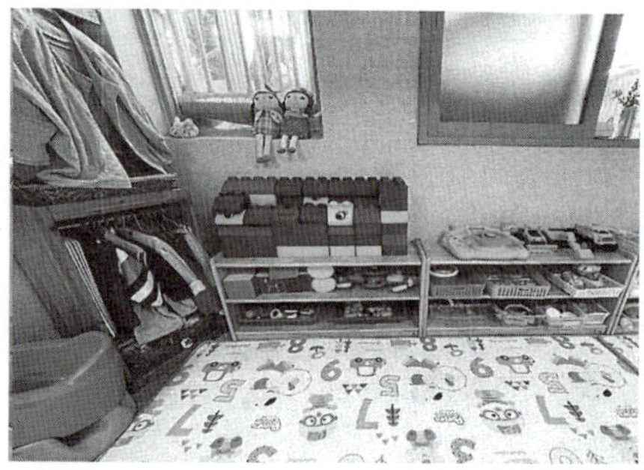

(2) 실외환경

6) 보육과정 운영의 실제

실습기관의 핵심 교육과정 또는 특색 있는 교육과정과 하루 일과를 소개함으로써 교육영역의 실습내용을 구체적으로 알 수 있도록 한다.

(1) 프로그램 형태

○○어린이집은 지역적 특수성(농촌)을 가지고 있어서 모든 영유아가 체험하고 느낄 수 있는 생태 활동에 중점을 두고 있으며, 개정 누리과정의 목표에 부합하기 위해 유아중심, 놀이중심의 활동으로 유아반은 프로젝트 활동을 진행하고 있다.

① 프로젝트 수업(5~7세)

기존에 교사가 정하던 생활주제에서 벗어나 유아가 스스로 궁금한 것을 찾고 놀이를 만들어갈 수 있도록 프로젝트 활동을 진행한다. 주제 선정과 놀이의 진행을 위해 교사는 유아의 이야기에 귀를 기울이면서 유아의 흥미에 부합한 주제와 활동을 함께 만들어가도록 하고 있으며, 놀이는 유아의 흥미에 따라 기간의 제한을 두지 않고 진행한다.

② 생태활동(3~7세)

생태활동은 자연과의 조화, 느림을 중시하는 교육으로 생명의 소중함을 알고 환경을 보호하고 아끼는 마음을 키워주고자 하는 활동이다. 전 연령이 산과 밭의 생태활동을 통해 공동체의 가치를 느끼고 실현할 수 있도록 하고 있으며, 특히 밭활동을 통해 먹거리에 대한 소중함과 감사함을 키워가고 있다.

(봄: 감자, 시금치, 당근, 오이. 여름: 매실, 자두. 가을: 고구마, 감. 겨울: 배추, 무)

(2) 보육 일과 구성

일과 진행 과정		
시 간	활 동 명	활 동 내 용
9:00~	등원 및 통합보육	• 등원 및 통합보육 < ex. 엄마, 아빠! 다녀오세요.> - 밝은 미소로 영아를 반갑게 맞이하고 영아의 건강 상태를 살핀다. - 부모와 대화하고 영아의 정보를 듣는다. - 영아의 소지품을 정리 정돈한다. - 영아가 등원을 하면 자유롭게 자유 놀이와 활동을 하도록 지도한다. - 영아의 활동에 적절한 상호작용을 한다. - 영아가 부모님과 함께 인사할 수 있도록 지도한다.
9:00~ 9:30	오전 실내 자유 놀이 활동	• 신체 영역 - 대근육 - 소근육 • 언어 영역 - 듣기, 말하기, 읽기 - 쓰기 • 역할 쌓기 - 쌓기 - 역할 • 감각 탐색 - 음악, 동작 - 미술 - 탐색
9:30~ 9:50	오전 간식	• 오전 간식 <ex. 맛있는 냄새가 나요> - 준비된 간식을 감사한 마음으로 맛있게 먹는다. - 영아가 간식을 다 먹은 후 교사는 정리 정돈을 도와 치워준다. - 영아가 혼자서도 먹을 수 있도록 조금씩 지도한다.
9:50~ 10:50	오전 실내 특별활동 및 자유 놀이 활동	• 신체 영역 - 대근육 - 소근육 • 언어 영역 - 듣기, 말하기, 읽기 - 쓰기 • 역할 쌓기 - 쌓기 - 역할 • 감각 탐색

7) 건강 · 영양 및 안전교육 프로그램의 실제

실습기관의 월간 식단표와 연간 안전교육계획을 소개하여 건강 · 영양 및 안전에 관련한 실습의 내용을 파악하도록 한다.

(1) 간식 및 식단의 운영

6월 영아용식단표

- 제공일 : 2021. 05. 7.
- 영양사 :

__________어린이집

일자(요일)		1(화)	2(수)	3(목)	4(금)
오전간식	※ 알레르기 유발식품 ①난류②우유③메밀④땅콩⑤대두⑥밀⑦고등어⑧게⑨새우⑩돼지고기⑪복숭아⑫토마토⑬아황산류⑭호두⑮닭고기⑯쇠고기⑰오징어⑱조개류(굴, 전복, 홍합 포함) ⑲잣 ※ 지역 / 제철식품 감자, 애호박, 양파, 양배추, 양송이버섯, 근대, 부추, 토마토, 매실, 복분자, 전복, 오징어, 가자미, 임연수	깨죽④	사과/요구르트②	타락죽②	씨리얼/우유②
식단		잡곡밥 호박된장국⑤⑥ 소불고기⑤⑥⑯ 얼갈이나물⑤⑥ 배추김치⑨	백미밥 버섯맑은국⑤⑥ 삼치조림(고춧가루제외)⑤⑥⑦ 부추전①⑤⑥ 배추김치⑨	잡곡밥 두부김칫국⑤⑨ 단호박닭갈조림⑤⑥⑮ 잘게자른청경채나물⑤⑥ 깍두기⑨	잔치국수⑤⑥ 귀리밥 미트볼채소볶음⑤⑩⑮ 김치채무침⑨
오후간식		어묵탕	돈육소보로주먹밥	팥시루떡, 주스	찐빵
에너지/단백질		559/26	656/24	659/25	630/20
변동사항					
일자(요일)	7(월)	8(화)	9(수)	10(목)	11(금)
오전간식	옥수수스프	김치치즈죽②⑤⑥⑨	바나나/요구르트②	흰죽	찐단호박/우유②
식단	백미밥 팽이버섯된장국⑤⑥ 잘게자른오징어두부치기⑤⑥⑰ 감자조림⑤⑥ 배추김치⑨	잡곡밥 곰탕⑥⑯ 비엔나채소볶음⑤⑥⑩ 무이무침⑤⑥ 배추김치⑨	백미밥 쑥갓어묵국⑤⑥ 치킨까스①⑤⑥⑫⑮ 옥수수샐러드①⑤ 깍두기⑨	잡곡밥 미역국⑤⑥ 돈채버섯볶음⑤⑩⑮ 잘게자른숙주나물⑤⑥ 배추김치⑨	카레라이스⑤⑥⑩ 실파미소장국⑤⑥ 채소계란말이①⑤⑥ 깍두기⑨
오후간식	참외/요구르트②	유부조밥	백설기, 식혜	핫도그	피자빵②⑤⑩⑫⑮
에너지/단백질	601/22	650/22	659/21	636/20	619/26
변동사항					
일자(요일)	14(월)	15(화)	16(수)	17(목)	18(금)
오전간식	소고기스프	미역된장죽⑤⑥	청포도/요구르트②	쇠고기죽⑯	찐감자/우유②
식단	백미밥 배춧국⑤⑥ 꽁치조림⑫ 돌나물배무침 깍두기⑨	잡곡밥 쇠고기무국⑤⑥⑯ 계란찜① 가지나물⑤⑥ 배추김치⑨	잡곡밥 황태무국⑤⑥ 탕수육/소스①⑤⑥⑩ 부추무침 배추김치⑨	백미밥 배추맑은국 콩나물돈육볶음⑤⑥⑩ 마늘쫑무침⑤⑥ 배추김치⑨	볶음우동⑤⑥⑨⑯⑱ 맑은유부국⑤⑥ 오징어튀김/간장⑤⑥⑰ 깍두기⑨
오후간식	수박/요구르트②	연근떡볶이⑤⑥⑮	참치마요주먹밥	절편, 청포도주스	약과
에너지/단백질	578/23	528/27	634/24	672/20	671/27
변동사항					
일자(요일)	21(월)	22(화)	23(수)	24(목)	25(금)
오전간식	크림스프	크래미당근죽①⑤⑥⑧	바나나/요구르트②	들깨죽	찐고구마/우유②
식단	백미밥 안매운김치찌개⑤⑥⑦ 쇠고기가지볶음⑤⑥⑯ 도라지나물⑤⑥ 배추김치⑨	잡곡밥 맑은닭개장⑤⑥⑮ 두부구이/양념장⑤⑥ 잔파김가루무침⑤⑥ 배추김치⑨	백미밥 안매운고추장찌개⑤⑥⑩ 오리훈제/소스①⑤ 상추겉절이 깍두기⑨	잡곡밥 쇠고기미역국⑤⑥⑯ 비엔나소세지볶음⑤⑥⑩ 들깨무나물볶음⑤⑥ 배추김치⑨	짜장밥⑤⑥⑩ 맑은콩나물국⑤ 군만두/초간장⑤⑥⑩ 단무지무침⑬
오후간식	키위/요구르트②	로제스파게티	밥새우멸치주먹밥	백설기, 매실주스	딸기잼샌드위치
에너지/단백질	638/20	586/22	588/26	638/21	637/21
변동사항					
일자(요일)	28(월)	29(화)	30(수)		
오전간식	양송이스프	콩나물부추죽⑤	배/요구르트②		
식단	백미밥 대파무채국⑤⑥ 떡갈비⑤⑥⑩ 미니새송이볶음⑤ 배추김치⑨	잡곡밥 감자양파국⑤⑥ 삼치된장조림⑤⑥ 쑥갓무침⑤⑥ 배추김치⑨	백미밥 팽이버섯된장국⑤⑥ 닭갈비⑤⑥⑮ 안매운김치전⑤⑥⑨ 깍두기⑨		
오후간식	오렌지/요구르트②	딸기요플레	콩시루떡, 식혜		
에너지/단백질	584/24	630/25	649/22		
변동사항					

원산지 표시	쇠고기	돼지고기	닭고기/오리고기	김치	콩(두부류, 콩국수, 콩비지)	미트볼
	한우 국내산	국내산	국내산	배추 : 국내산 고춧가루: 국내산	국내산	돼지고기 : 국내산 닭고기: 국내산
	떡갈비	오징어	떡갈비	비엔나	치킨까스	오징어튀김
	돼지고기 : 국내산 두부: 외국산	국내산	떡갈비: 돼지고기 쇠고기	돼지고기 : 국내산 닭고기: 국내산	두부 : 국내산 닭고기: 국내산	오징어: 칠레산
	탕수육	크래미당근죽	쌀(밥, 죽, 누룽지)		※ 탄탄 저당 메뉴, 탄탄 저염 메뉴, 쑥쑥 무지개(영양-균형) 메뉴 입니다.	
	돼지고기 : 국내산 쌀: 국내산	명태: 미국산	쌀, 흑미, 찹쌀, 현미: 국내산			

※ 아황산류는 표백제, 보존료, 산화방지제 목적으로 사용되는 식품첨가물의 형태로 대부분 식품에 포함되어 있습니다.

(2) 안전교육 프로그램의 실제

<table>
<tr><th>월</th><th>주</th><th>아동복지법
(6대 영역)</th><th>교육내용</th><th>소방대피훈련
(비상대응계획포함)</th></tr>
<tr><td rowspan="5">3</td><td>1</td><td>실종 · 유괴의 예방 · 방지</td><td>선생님과 손을 잡아요</td><td rowspan="5">1층 빛나반 교실에서
불이 났어요
소방대피훈련</td></tr>
<tr><td>2</td><td>감염병 및 약물의 오용 · 남용
예방 등 보건위생 관리</td><td>먹을 수 있는 것과 없는 것</td></tr>
<tr><td>3</td><td>재난대비</td><td>불이야 불이야</td></tr>
<tr><td>4</td><td>교통안전</td><td>빵빵 자동차</td></tr>
<tr><td>5</td><td>생활안전</td><td>장난감은 먹는 게 아니야</td></tr>
<tr><td rowspan="5">4</td><td>1</td><td>성폭력 및 아동학대 예방</td><td>기저귀를 갈 때 좋은 느낌</td><td rowspan="5">조리실에서 불이
났어요
소방대피훈련</td></tr>
<tr><td>2</td><td>실종 · 유괴의 예방 · 방지</td><td>선생님이 보이지 않으면 그 자리에 서 있어요</td></tr>
<tr><td rowspan="2">3</td><td>감염병 및 약물의 오용 · 남용
예방 등 보건위생 관리</td><td>맛있는 냄새! 먹으면 안 돼요</td></tr>
<tr><td>재난대비</td><td>모래바람이 불어요</td></tr>
<tr><td>4</td><td>교통안전</td><td>손잡고 안전하게 건너요</td></tr>
<tr><td rowspan="5">5</td><td>1</td><td>성폭력 및 아동학대 예방</td><td>나를 사랑해요</td><td rowspan="5">미세먼지
비상대응훈련</td></tr>
<tr><td>2</td><td>감염병 및 약물의 오용 · 남용
예방 등 보건위생 관리</td><td>만지면 안 돼요 먹으면 안 돼요</td></tr>
<tr><td rowspan="2">3</td><td>재난대비</td><td>나가면 안 돼요_미세먼지</td></tr>
<tr><td>교통안전</td><td>안전벨트를 꼭 해요</td></tr>
<tr><td>4</td><td>생활안전</td><td>움직일 때 조심해요</td></tr>
<tr><td rowspan="5">6</td><td>1</td><td>실종 · 유괴의 예방 · 방지</td><td>누가 있을까</td><td rowspan="5">2층 계단에서
불이났어요
소방대피훈련</td></tr>
<tr><td>2</td><td>감염병 및 약물의 오용 · 남용
예방 등 보건위생 관리</td><td>손을 꼭꼭 씻어요</td></tr>
<tr><td>3</td><td>재난대비</td><td>만지면 안 돼요_전기 콘센트</td></tr>
<tr><td>4</td><td>교통안전</td><td>차에 탈 때 조심조심</td></tr>
<tr><td>5</td><td>생활안전</td><td>높은 곳에 있는 물건을 꺼내지 않아요</td></tr>
<tr><td rowspan="5">7</td><td>1</td><td>실종 · 유괴의 예방 · 방지</td><td>아무나 따라가지 않아요 1</td><td rowspan="5">현관에서 불이 났어요
소방대피훈련</td></tr>
<tr><td>2</td><td>감염병 및 약물의 오용 · 남용
예방 등 보건위생 관리</td><td>친구의 약을 먹으면 안 돼요</td></tr>
<tr><td rowspan="2">3</td><td>재난대비</td><td>빗물 웅덩이</td></tr>
<tr><td>교통안전</td><td>차에서 내릴 때 조심조심</td></tr>
<tr><td>4</td><td>생활안전</td><td>안전한 물놀이</td></tr>
<tr><td>8</td><td>1</td><td>성폭력 및 아동학대 예방</td><td>내 몸의 소중한 곳을 만지지 않아요</td><td>1층 힘찬반
에어컨에서 불이</td></tr>
</table>

8) 일일보육실습 내용

일일보육실습 내용은 실습일지의 대부분을 차지하고 실습생이 가장 어려워하는 부분이다. 보육실습 기간 동안 매일 실습내용을 기록하는 것인데, 하루 일과의 순서에 따라 실습기관의 보육활동을 토대로 기록한다. 일일보육실습 내용을 기록하는 방식은 기관에 따라 다양하게 이루어지는데 최근에는 개정 누리과정에서 강조하는 놀이중심으로 보육활동이 이루어지기 때문에 영유아의 놀이를 관찰한 내용을 토대로 놀이의 발전과 놀이를 통해 영유아들이 성취하거나 관심사항을 기록하고 향후 교사의 놀이지원 방향을 기록한다.

〈표 8-1〉은 전통적인 방식의 기록방식이고 〈표 8-2〉과 〈표 8-3〉은 놀이중심 보육활동에 따라 놀이관찰을 중심으로 작성된 실습일지이다. 기관에 따라서는 1주일 보육활동 일지를 1장에 기록하는 초간단 일지기록 방식도 있으나 실습생의 실습일지는 매일 기록하고 매일 지도교사와 원장의 결재를 받는 방식으로 작성해야 한다.

〈표 8-1〉 전통적 방식의 실습일지

일일 보육실습 내용

실습생	담임	원장

반이름	빛나 반 (만 1세)	시기	2021년 5월 25일	수업일수	2021년 5월 25일
주제	살펴보아요 2				
전체 일과 운영시간	9:00 - 등원 및 통합보육 9:00 ~ 9:30 - 오전 실내 자유 선택 활동 9:30 ~ 9:50 - 오전 간식 9:50 ~ 12:00 - 오전 실외 활동(산책) 12:00 ~ 12:30 - 손 씻기 및 점심 식사 12:30 ~ 12:50 - 오후 실내 자유 선택 활동 12:50 ~ 2:30 - 낮잠 및 휴식 2:30 ~ 3:10 - 낮잠 깨기 및 오후 간식 시간 3:30 ~6:00 - 오후 실내 자유 선택 활동 및 개별 귀가 지도				
일과 (시간)	실행				
등원 및 통합보육 9:00 ~	• 등원 및 통합보육 < 내 서랍이 있어요> - 밝은 미소로 영아를 반갑게 맞이하고 영아의 건강 상태를 살핀다. - 부모와 대화하고 영아의 정보를 듣는다. - 영아의 소지품을 정리 정돈한다. - 영아가 등원을 하면 자유롭게 자유 놀이와 활동을 하도록 지도한다. - 영아의 활동에 적절한 상호작용을 한다.				
오전 실내 자유 선택 활동 9:00 ~ 9:30	• 신체 영역 - 대근육 - 굴러가는 공을 따라가요 목표 : 굴러가는 공을 인식하고 신체를 사용하여 공을 잡을 수 있다. - 교사가 영아에게 인형으로 된 볼링 공을 굴려서 영아의 호기심을 자극한다. - 영아가 반응하면 교사는 볼링 공을 계속 굴려주어서 활동을 반복한다. - 소근육 - 색깔 컵으로 놀이해요 목표 : 색깔 컵을 신체를 사용하여 높이 쌓을 수 있다. - 교사가 먼저 색깔 컵 쌓는 모델을 보여주고 영아가 따라 할 수 있도록 지도한다. - 영아가 컵 쌓기를 잘 수행하지 못하면 교사가 도움을 주며 영아를 격려한다. • 쌓기 영역 - 쌓기 : 다양한 블록으로 놀이해요 목표 : 소근육을 사용하여 다양한 블록으로 다양한 작품을 만들 수 있다. - 교사가 먼저 어떤 블록을 사용하여 어떤 작품을 만드는지 아동에게 보여준다. - 아동이 교사의 모델을 보고 자신이 원하는 작품을 만들 수 있도록 격려한다.				

	• **역할영역 - 젖소가 되어보아요** 목표 : 젖소의 특징을 알고 젖소의 생김새, 울음소리를 낼 수 있다. - 영아가 젖소의 머리띠와 꼬리를 가지고 오면 교사가 영아가 젖소가 되어볼 수 있도록 착용하는 것을 도와준다. - 영아가 젖소의 울음소리를 흉내내면 교사가 적절한 반응을 해준다. • **음률 영역** **- 음률 : 노래에 맞춰 악기 연주를 해보아요.** - 교사가 영아가 노래에 맞춰서 악기 연주할 수 있도록 노래를 틀어준다. - 영아가 리듬을 타면서 악기를 다양하게 연주해 볼 수 있도록 지도한다.
오전 간식 9:30 ~ 9:50	• **오전 간식 먹기** - 준비된 간식을 감사한 마음으로 맛있게 먹는다. - 영아가 간식을 다 먹은 후 교사가 정리 정돈을 도와 치워준다.
오전 실내 자유 선택 활동 9:50 ~ 10:50	• **신체 영역** **- 대근육 - 굴러가는 공을 따라가요** 목표 : 굴러가는 공을 인식하고 신체를 사용하여 공을 잡을 수 있다. - 교사가 영아에게 인형으로 된 볼링 공을 굴려서 영아의 호기심을 자극한다. - 영아가 반응하면 교사는 볼링 공을 계속 굴려주어서 활동을 반복한다. **- 소근육 - 색깔 컵으로 놀이해요** 목표 : 색깔 컵을 신체를 사용하여 높이 쌓을 수 있다. - 교사가 먼저 색깔 컵 쌓는 모델을 보여주고 영아가 따라 할 수 있도록 지도한다. - 영아가 컵 쌓기를 잘 수행하지 못하면 교사가 도움을 주며 영아를 격려한다. • **쌓기 영역** **- 쌓기 : 다양한 블록으로 놀이해요** 목표 : 소근육을 사용하여 다양한 블록으로 다양한 작품을 만들 수 있다. - 교사가 먼저 어떤 블록을 사용하여 어떤 작품을 만드는지 아동에게 보여준다. - 아동이 교사의 모델을 보고 자신이 원하는 작품을 만들 수 있도록 격려한다. • **역할영역 - 젖소가 되어보아요** 목표 : 젖소의 특징을 알고 젖소의 생김새, 울음소리를 낼 수 있다. - 영아가 젖소의 머리띠와 꼬리를 가지고 오면 교사가 영아가 젖소가 되어볼 수 있도록 착용하는 것을 도와준다. - 영아가 젖소의 울음소리를 흉내내면 교사가 적절한 반응을 해준다. • **음률 영역** **- 음률 : 노래에 맞춰 악기 연주를 해보아요.** - 교사가 영아가 노래에 맞춰서 악기 연주할 수 있도록 노래를 틀어준다. - 영아가 리듬을 타면서 악기를 다양하게 연주해 볼 수 있도록 지도한다.

오전 실외 활동 (산책) 10:50 ~ 12:00	**• 오전 실외 활동(산책) - 산책로를 걸어요.** 목표 : 산책을 하면서 보이는 자연물을 관찰하고 특징을 알 수 있다. 산책을 하면서 안전하게 친구들과 함께 산책할 수 있다. - 교사가 안전을 유의하면서 아동과 함께 손을 잡고 산책을 한다. - 주변의 자연물에게 관심을 가질 수 있도록 흥미를 유발한다. - 아동이 만질 수 있는 자연물은 아동이 직접 만지고 체험할 수 있도록 한다. - 알러지나 위험한 자연물은 아동이 만지지 못하도록 유의한다.    
손 씻기 및 점심 식사 12:00 ~ 12:30	**• 손 씻기** - 영아가 손을 씻을 수 있도록 교사는 아동에게 도움을 주어 손을 씻는다. **• 점심 식사 <음식을 살펴보아요>** - 깨끗이 손을 씻은 후, 준비된 점심을 자리에 앉아서 감사한 마음으로 맛있게 먹는다. - 아동이 다양한 음식을 먹을 수 있도록 격려한다. - 아동이 혼자 밥을 먹지 못할 때는 교사가 도움을 주어 다 먹을 수 있도록 격려한다.

오후 실내 자유 선택 활동 12:30 ~ 12:45	**• 신체 영역** **- 대근육 - 굴러가는 공을 따라가요** 목표 : 굴러가는 공을 인식하고 신체를 사용하여 공을 잡을 수 있다. - 교사가 영아에게 인형으로 된 볼링 공을 굴려서 영아의 호기심을 자극한다. - 영아가 반응하면 교사는 볼링 공을 계속 굴려주어서 활동을 반복한다. **- 소근육 - 색깔 컵으로 놀이해요** 목표 : 색깔 컵을 신체를 사용하여 높이 쌓을 수 있다. - 교사가 먼저 색깔 컵 쌓는 모델을 보여주고 영아가 따라 할 수 있도록 지도한다. - 영아가 컵 쌓기를 잘 수행하지 못하면 교사가 도움을 주며 영아를 격려한다. **• 쌓기 영역** **- 쌓기 : 다양한 블록으로 놀이해요** 목표 : 소근육을 사용하여 다양한 블록으로 다양한 작품을 만들 수 있다. - 교사가 먼저 어떤 블록을 사용하여 어떤 작품을 만드는지 아동에게 보여준다. - 아동이 교사의 모델을 보고 자신이 원하는 작품을 만들 수 있도록 격려한다. **• 역할영역 - 젖소가 되어보아요** 목표 : 젖소의 특징을 알고 젖소의 생김새, 울음소리를 낼 수 있다. - 영아가 젖소의 머리띠와 꼬리를 가지고 오면 교사가 영아가 젖소가 되어볼 수 있도록 착용하는 것을 도와준다. - 영아가 젖소의 울음소리를 흉내내면 교사가 적절한 반응을 해준다. **• 음률 영역** **- 음률 : 노래에 맞춰 악기 연주를 해보아요.** - 교사가 영아가 노래에 맞춰서 악기 연주할 수 있도록 노래를 틀어준다. - 영아가 리듬을 타면서 악기를 다양하게 연주해 볼 수 있도록 지도한다.
기저귀 갈이/ 배변 활동 12:45 ~ 12:50	**• 기저귀 갈이/ 배변 활동 <친구의 기저귀를 찾아줘요>** 목표 : 자신의 기저귀 또는 친구의 기저귀를 찾아줄 수 있다. - 아동이 자신의 기저귀 또는 친구의 기저귀를 가지고 오면 교사가 기저귀를 갈아준다.
낮잠 및 휴식 12:50 ~ 2:30	**• 낮잠 및 취침 <기분 좋게 낮잠을 자고 일어나요>** - 교사는 편안한 분위기를 만들어 주어서 아동이 낮잠을 잘 수 있도록 한다. - 아동이 자기 이불 위에 누울 수 있도록 지도한다. - 영아의 개별적인 특성을 고려하여서 개별적으로 낮잠 또는 휴식을 취할 수 있도록 도와준다.

낮잠 깨기 및 간식 시간 2:30 ~ 3:10	• 오후 간식 먹기 <음식을 살펴보아요> - 준비된 간식을 감사한 마음으로 맛있게 먹는다. - 영아가 간식을 다 먹은 후 교사가 정리 정돈을 도와 치워준다.
오후 실내 자유 선택 활동 및 개별 귀가 지도 3:30 ~ 6:00	• 신체 영역 - 대근육 - 굴러가는 공을 따라가요 목표 : 굴러가는 공을 인식하고 신체를 사용하여 공을 잡을 수 있다. - 교사가 영아에게 인형으로 된 볼링 공을 굴려서 영아의 호기심을 자극한다. - 영아가 반응하면 교사는 볼링 공을 계속 굴려주어서 활동을 반복한다. - 소근육 - 색깔 컵으로 놀이해요 목표 : 색깔 컵을 신체를 사용하여 높이 쌓을 수 있다. - 교사가 먼저 색깔 컵 쌓는 모델을 보여주고 영아가 따라 할 수 있도록 지도한다. - 영아가 컵 쌓기를 잘 수행하지 못하면 교사가 도움을 주며 영아를 격려한다. • 쌓기 영역 - 쌓기 : 다양한 블록으로 놀이해요 목표 : 소근육을 사용하여 다양한 블록으로 다양한 작품을 만들 수 있다. - 교사가 먼저 어떤 블록을 사용하여 어떤 작품을 만드는지 아동에게 보여준다. - 아동이 교사의 모델을 보고 자신이 원하는 작품을 만들 수 있도록 격려한다. • 역할영역 - 젖소가 되어보아요 목표 : 젖소의 특징을 알고 젖소의 생김새, 울음소리를 낼 수 있다. - 영아가 젖소의 머리띠와 꼬리를 가지고 오면 교사가 영아가 젖소가 되어볼 수 있도록 착용하는 것을 도와준다. - 영아가 젖소의 울음소리를 흉내내면 교사가 적절한 반응을 해준다. • 음률 영역 - 음률 : 노래에 맞춰 악기 연주를 해보아요. - 교사가 영아가 노래에 맞춰서 악기 연주할 수 있도록 노래를 틀어준다. - 영아가 리듬을 타면서 악기를 다양하게 연주해 볼 수 있도록 지도한다.
실습생 소감 및 반성	오늘은 아침에 날씨도 우중충하고 비가 왔기 때문에 사실 많이 쳐지고 아이들도 오늘은 날씨의 영향을 받아서 하루를 힘들어할 수도 있겠다는 생각이 들어서 걱정이 많이 되었습니다. 아이들이 올 때 조금 멍해 보이는 면도 있었지만, 저의 걱정과는 다르게 시간이 좀 지나니 아주 활기찬 모습을 보여주었습니다. 그리고 아침과는 다르게 10시쯤 되니 해가 나오면서 날씨가 아주 좋아졌습니다. 그래서 오늘은 바깥 활동을 가기로 했습니다. 저도 좋은 날에 산책하는 것을 아주 좋아해서 설렜던 것 같습니다. 그리고 아이들을 양손에 손을 잡고 산책을 출발하였습니다. 아이들도 산책을 오랜만에 나와서 그런지 아주 신나하였습니다. 아이들이 신나게 산책을 하니 저도 덩달아 들뜬 기분이었습니다.

	그러나 산책을 하면서 아이들이 자꾸 바닥에 있는 흙이나 돌 그리고 나뭇가지를 자꾸 만져서 손이 더러워지지 않을까 걱정하였지만, 아이들의 특성상 하지 말라고 말한다고 해도 어쩔 수 없이 본능적으로 만지는 것을 보았을 때 사실 조금 힘들었지만, 이때 아동들의 특성을 더 실재적으로 이해할 수 있었고 체험할 수 있었습니다. :) 그리고 산책을 하면서 아동들이 자연의 변화를 느끼고 자연물의 변화를 느낄 수 있는 아주 좋을 기회였다고 생각이 들었습니다. 오랜만에 산책을 다녀와서 저도 정신없이 하루가 지나갔지만, 좋은 날 활기찬 아이들과 함께 산책을 하고 오니깐 몸도 마음도 건강해지는 기분이었습니다. 실습이 어제보다 좀 더 적응된 것 같아서 좋았고 앞으로도 더 많은 것을 배우고 싶습니다.
지도교사 조언	영아들과 바깥놀이나 산책을 나간다는 건 많은 일이 생길 수 있다는 걸 알고 마음을 단단히 하고 나가야 한답니다~. 여러 상황으로 변수들이 생길 수 있어요~. 날씨 상황이나 바깥의 주변 환경과 영아들의 컨디션 등이 그 날의 실외활동을 좌우지 한답니다. 하지만 우리 영아들은 실외활동을 참 좋아해서 되도록 안전을 지키며 자유롭게 놀이할 수 있도록 교사가 많은 역할을 수행해 주어야 함을 잊지 마세요~

〈표 8-2〉 놀이관찰기록을 중심으로 작성된 실습일지

<table>
<tr><td colspan="4">일 일 보 육 일 지 (만 0 세 블루반)</td><td rowspan="2">결재</td><td>실습생</td><td>담임</td><td>원장</td></tr>
<tr><td colspan="2">날 짜</td><td colspan="2">2021 년 6월 16일 수요일 18일차</td><td></td><td></td><td></td></tr>
<tr><td colspan="2">주제</td><td>느껴봐요</td><td colspan="3">주제</td><td colspan="2">놀며 느껴요2</td></tr>
<tr><td colspan="2">하루일과(시간)</td><td>- 08:00~09:00 등원 및 통합보육
- 09:00~09:50 기본보육아동등원
/ 수유 및 이유 및 간식
- 09:50~10:50 실내놀이
- 10:50~11:10 오전낮잠 및 휴식
- 11:10~11:40 바깥놀이
- 11:40~11:50 기저귀갈이</td><td colspan="5">- 11:50~12:40 수유 및 이유 및 점심
- 12:40~14:40 낮잠 및 휴식
- 14:40~15:00 기저귀갈이
/ 수유 및 이유 및 간식
- 15:00~16:00 실내놀이
- 16:00~18:30 연장반 운영
/ 기본보육아동하원</td></tr>
<tr><td colspan="2">일과(시간)</td><td colspan="6">계획 및 실행</td></tr>
<tr><td rowspan="3">일상생활</td><td>간식</td><td colspan="6">▸아침에 배고픈 영아를 위해 콩나물죽을 제공하였다.
▸김 유부 주먹밥을 영아가 맛있게 먹는 모습을 보며 잘 먹는구나 하며 칭찬하였다.</td></tr>
<tr><td>점심식사</td><td colspan="6">▸영아들이 김자반에 관심을 보여 죽에 김자반을 뿌려서 함께 제공하였다.
▸황태가 들어간 국을 먹기 싫어하는 영아의 국에서 황태를 조금 건져내 주었다.</td></tr>
<tr><td>낮잠 및 휴식</td><td colspan="6">▸영아들이 깊은 잠자리에 들 수 있게 등을 토닥여 주었다.
▸먼저 일어난 영아와 조용히 이야기하며 다른 영아가 일어나기 전까지 놀이하였다.</td></tr>
<tr><td rowspan="2">놀이</td><td rowspan="2">실내놀이
(9:50~10:50)
(15:00~16:00)</td><td>▸밀가루 반죽이 차가워!
→ 손을 잡고 밀가루반죽을 콩콩 밟아요.</td><td colspan="5">▸밀가루 반죽 위에 올라간 민아가 "아차!" 하며 발을 떼어 교사도 반죽에 손을 갖다 대고 떼면서 "아이 차가워!"하자 민아도 "아차!"하며 밀가루 반죽 위에 올라가 "콩콩 밀가루 반죽 밟아 주는거야?" 하며 납작해진 반죽을 보며 "밀가루반죽이 납작하게 커졌구나." 하자 민아가 ""까르르" 웃으며 납작해진 반죽을 손으로 만져봄. 이 모습을 보던 은혁이도 밀가루 반죽에 올라갔다 내려와 "은혁이도 밀가루 반죽 밟아 보고 싶었어?"하며 손을 잡아주니 밀가루 반죽 위에서 콩콩 발을구름. 은혁이가 밟을 때마다 "콩콩!"하자 그소리가 재미있었던지 "헤."하고 웃음.</td></tr>
<tr><td>▸종이에 스티커를 붙여요.
→ 크레파스로 끼적여요.</td><td colspan="5">▸시완이가 〈끼적여보아요〉종이에 붙어있는 스티커를 떼고 싶어 해 "시완이 스티커 필요해요?" 하며 스티커가 들어 있는 통을 제공하자 시완이가 스티커를 가지고 붙이고 싶어 해 "시완아 여기 뒤에 종이를 떼고 붙이면 짜잔! 붙는다 그치!"하며 시완이 스티커 뒷부분을 떼어내고 주자 시완이가 "꺄아아아!"하며 붙임. 민아도 스티커를 붙이려고 하였지만 붙지 않자 "냐냐냐냐!"하며 내밀어 "민아도 스티커 떼어줄게요." 하며 스티커를 주자 크레파스를 손가락에 끼우고 스티커 위에 끼적여 "스티커 꾸며주는 거야? 초록색 스티커 위를 쓱싹쓱싹!"말하자</td></tr>
</table>

			신이나 한 손에는 스티커를 한 손에는 크레파스를 가지고 끼적이기와 스티커 붙이기를 반복함.
	바깥놀이(대체) (11:10~11:40)	실내대체활동>사유>비 ▸동요를 들으며 몸을 흔들어요. → 동요를 들으며 악기를 흔들어요.	▸ '바나나 차차' 동요를 듣던 한나가 "까야!" 하며 소리를 지르고 몸을 흔들어 "어? 한나가 춤을 추나 봐!" "우와, 한나 춤 잘 추는구나!" 하자 민아도 일어나 몸을 흔듬. "흔들흔들 민아도 같이 춤추는 거야?" 하자 은혁이가 "헤헤." 하고 웃음. 혜담이는 '바나나 차차' 에 맞춰 악기를 흔들어 "혜담이는 악기를 흔들어주네!" 하자 다른 악기를 가지고 와 양손에 들고 동요에 맞춰 흔들어주며 좋아함.
활동		▸ 원행사 : 서한마트	
5개영역의 내용 통합적이해		놀이(경험) / 보육과정영역 연계하기 / 놀이를 통한 배움	▸신체운동>감각과 신체 인식하기>감각적 자극에 반응한다. ▸의사소통>읽기와 쓰기에 관심 가지기>끼적이기에 관심을 가진다. ▸사회관계>나를 알고 존중하기>나와 친숙한 것을 안다. ▸예술경험>창의적으로 표현하기>소리와 리듬, 노래로 표현한다. ▸자연탐구>탐구과정 즐기기>사물과 자연 탐색하기를 즐긴다.
실습생 소감 및 반성		영아들이 레드반에 꾸며진 서한마트라는 새로운 환경을 보고 호기심을 보였지만, 친숙하게 보았던 가게의 물건에 관심가지는 것을 보고 익숙한 것과 새로운것을 함께 제공하는 것이 영아들에게 안정감을 주면서 호기심을 유발하기 더 좋을 것이라고 생각이 들었습니다.	
지도교사 조언		선생님께서 관찰을 잘 하셨네요. 그래서 익숙한 놀잇감이 있는 곳에 새로운 놀잇감을 조금씩 넣어 제공해줍니다. 오늘도 수고하셨습니다. ♡	

〈표 8-3〉 놀이관찰기록을 중심으로 작성된 실습일지

까치반(4세) 놀이실행기록

<table>
<tr><td>날짜</td><td>2021년 6월 1일 화요일</td><td>날씨</td><td>미세먼지</td><td rowspan="2">결
재</td><td>실습생</td><td>지도
교사</td><td>부장</td><td>원감</td><td>원장</td></tr>
<tr><td>주제</td><td>우리 동네</td><td>소주제</td><td>모습</td><td></td><td></td><td></td><td></td><td></td></tr>
<tr><td>하루일과
(시 간)</td><td colspan="9">〈교육과정〉
■ ~ 09:00 등원 및 인사 나누기
■ 09:00 ~ 09:20 오전 간식 및 아침 체조
■ 09:20 ~ 09:40 그림책 놀이 및 휴식
■ 09:40 ~ 10:50 바깥놀이
■ 10:50 ~ 11:10 이야기나누기 [다양한 감정에 대해 알아보아요]
■ 11:10 ~ 12:00 화장실 다녀오기 및 점심시간
■ 12:00 ~ 12:30 실내놀이

〈방과 후 과정〉
■ 13:30 ~ 13:40 동요 부르기
■ 13:40 ~ 14:20 특성화 프로그램 및 화장실 다녀오기
(땡이 미술 / 호호독서)
■ 14:20 ~ 15:00 손 씻기 및 오후 간식
■ 15:00 ~ 15:30 실내놀이
■ 15:30 ~ 15:40 화장실 다녀오기
■ 15:40 ~ 16:00 평가 및 귀가지도
■ 16:00 ~ 18:00 돌봄유아 실내놀이 및 귀가지도</td></tr>
<tr><td>일과운영</td><td colspan="3">놀이실행</td><td colspan="6">놀이평가 : 놀이 속 배움의 내용, 방식, 과정</td></tr>
<tr><td rowspan="4">놀이</td><td rowspan="3">실내놀이</td><td>▶ 쓱쓱 바르는 매니큐어</td><td></td><td colspan="6">▶ 준희가 교사에게 다가와 "선생님 이거 봐요!" 라고 함. 교사는 "이게 뭐야?" 라고 질문하자 준희가 "이거 매니큐어에요." 라고 함. 교사는 "우와~ 선생님 손톱에 발라주세요~" 라고 함. 준희는 교사의 손톱에 바르는 시늉을 하며 "예쁜 손톱 완성입니다~!" 라고 함. 교사가 "감사합니다. 무슨 색 매니큐어 인가요~?" 라고 질문하자 준희는 "초록색이에요~!" 라고 말함. 교사는 "다른 색 매니큐어는 없나요?" 라고 이야기하자 다시 매니큐어를 바르는 시늉을 하며 "무지개 색이에요! 이제 무지개색으로 변할 거에요." 라고 함.</td></tr>
<tr><td>▶ 무지개 아파트</td><td>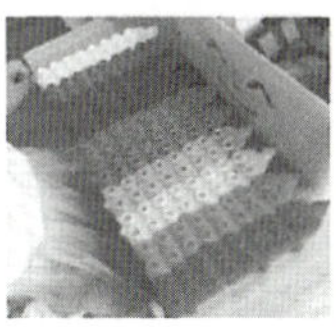</td><td colspan="6">▶ 가연이가 교사에게 다가와 "선생님 이거 보세요! 아파트에요." 라고 말함. 교사가 "아파트 이름은 무엇인가요?" 라고 질문하자 가연이는 "무지개 아파트에요. 저는 노란동에 살아요." 라고 말함. 교사는 또 다른 동에는 누가 살고 있나요?" 라고 말하자 가연이가 "빨간색에는 엄마, 주황색에는 아빠, 그리고 다른 사람들이 살고 있어요." 라고 이야기함. 교사는 "사람들만 살고 있나요?" 라고 이야기하자 가연이는 "강아지도 살고 있어요~" 라고 말함.</td></tr>
<tr><td>▶ 물고기를 잡아라!</td><td></td><td colspan="6">▶ 서윤이가 자석 교구로 낚싯대를 만들어 놀고 있음. 교사에게 "선생님 이게 뭐게요?" 라고 질문하자 교사는 "낚싯대 같은데? 물고기를 잡고 있니?" 라고 질문함. 서윤이가 "맞아요! 저랑 물고기 누가 많이 잡는지 해봐요." 라고 이야기하자 교사는 "그래~ 선생님도 낚싯대를 만들어 볼게. 같이 해보자!" 라고 함. 같이 놀이하던 중 서윤이의 자석 낚싯대가 계속 끊어지자 교사는 서윤이에게 "왜 자꾸 끊어지는 걸까?" 라고 질문함. 서윤이는 "너무 길어서 그런 것 같아요." 라고 말하며 낚싯대를 짧게 만듦. 짧게 만든 낚싯대도 끊어지자 서윤이는 "아!! 튼튼하게 만들면 되겠다!" 라고 함.</td></tr>
<tr><td>바깥놀이</td><td>▶ 모래로 그려본 개미</td><td>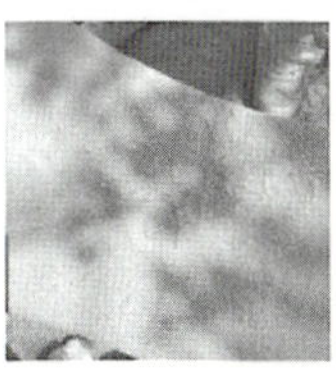</td><td colspan="6">▶ 울아가 교사에게 다가와 "선생님 저랑 모래놀이 해요!" 라고 말함. 교사는 "어떻게 놀이할까?" 라고 말하자 울아가 "스펀지 위에 모래를 뿌리더니 손으로 휘젓기 시작함. 교사는 "우와 그림 그리는 것 같아~" 라고 말하자 울아가 "어 맞네! 선생님 우리 모래로 그림 그려요!" 라고 함. 울아가 지나가던 개미를 관찰하더니 "개미다! 개미 그려야지~" 라고 말하며 개미를 그리기 시작함. 교사가 "개미 머리는 어디야?" 라고 질문하자 울아가 "여기요! 그다음 밑에는 다리~ 라고 말함." 교사가 "개미 머리 밑에는 다리일까? 라고 질문하자 울아가 "아 가슴!" 이라고 말함.</td></tr>
<tr><td>활 동</td><td colspan="9">▶ 이야기 나누기) 다양한 감정에 대해 알아보아요 : 감정에 대한 의미를 알아보고 유쾌한 감정과 불쾌한 감정들이 무엇이 있는지에 대해 알아봄. 기본감정(기쁨, 슬픔, 화남, 놀람, 혐오스러움, 무서움, 부끄러움)에 대해 알아본 뒤 감정인 것과 감정이 아닌 그림을 제시하여 맞추어보는 활동을 통해 유아들이 흥미를 느끼며 활동하는 모습을 보임.</td></tr>
<tr><td>실습생 소감
및 반성</td><td colspan="9">▶ 유아들의 놀이가 하루하루 조금씩 발전되어 가는 모습이 신기하다고 느껴짐. 어제와 같은 놀잇감을 사용한 아이들도 다음날이 되면 똑같은 놀잇감을 자신만의 방식대로 조금씩 변형하여 놀이하고, 또 또래 친구의 영향을 받아 다양한 방법으로 놀이가 확장된다는 것을 알게 되었음.</td></tr>
<tr><td>지도교사
조언</td><td colspan="9">▶ 같은 놀잇감이지만 늘 새로운 놀이로 만드는 유아들이기에 '놀이중심 교육과정' 이 꼭 필요하다고 생각됩니다. 그 놀이에서 자라고 성장하는 친구들을 살펴보게 되는 거 같습니다. 또한 또래에서도 배우는 게 많은 시기이기에 놀이를 관찰하고 함께할 때 교사인 저도 재미있게 느껴질때가 있거든요. 선생님도 함께 즐거움을 느끼는 시간이시길 바랍니다.</td></tr>
</table>

9) 부분 및 전체 보육활동

이는 부분 및 전체 보육활동에 대한 계획안을 작성하고 보육활동을 이행한 증거로서 제시되는 것이다. 부분 보육계획안은 일과 중 어느 한 단위의 활동을 실습생이 맡아서 직접 운영해 볼 때 작성하는 것이고, 전체 보육계획안은 일과 전체를 실습생이 맡아서 직접 운영해 볼 때 작성하는 것이다. 실습기간 중 부분수업과 전체수업 횟수가 정해진 규칙은 없지만 대개는 부분수업 2~3회, 전체수업 1~2회 정도 이행하는 경향이다. 물론 기관의 여건에 따라 더 많이 할 수도 있고 덜할 수도 있다. 이러한 점을 가능한 통일할 수 있도록 지도교사와 양성기관과의 충분한 협의 통해 매뉴얼을 만들면 실습생들이 예측할 수 있어 실습에 대한 막연한 불안감을 해소할 수 있다.

부분 보육계획안

실습생	담임	원장

<table>
<tr><td>일시</td><td>2021년 6월 2일(수)</td><td>반(연령)</td><td>빛나 반 (만 1세)</td><td>활동유형</td><td colspan="2">감각 탐색
(미술, 탐색)</td></tr>
<tr><td>주제</td><td colspan="6">느낄 수 있어요 2</td></tr>
<tr><td>활동명</td><td colspan="3">조물조물 만져보아요!</td><td>활동장소</td><td colspan="2">다산어린이집-빛나 반</td></tr>
<tr><td>교사의 기대</td><td colspan="6">• 밀가루 반죽이 다양한 색이라는 것을 인식할 수 있다.
• 다양한 냄새가 나는 밀가루 반죽을 후각을 이용하여 탐색할 수 있다.
• 다양한 감각기관을 사용하여 밀가루 반죽을 만져 느껴볼 수 있다.
• 밀가루 반죽을 탐색하는 활동에 즐겁게 참여할 수 있다.</td></tr>
<tr><td>표준보육 과정 내용 범주</td><td colspan="6">• 신체 운동> 신체 활동 즐기기> 대 소근육을 조절한다.
• 자연탐구> 생활 속에서 탐구하기> 친숙한 물체를 감각으로 탐색한다.</td></tr>
<tr><td>활동자료</td><td colspan="6">다양한 색의 밀가루 반죽(주황 반죽, 보라 반죽, 초록 반죽, 검은 반죽), 파프리카, 숯, 아로니아, 쑥, 다양한 미술 재료(모양틀- 하트, 자동차, 별, 새, 나뭇잎 등등)</td></tr>
<tr><td colspan="2">활동 (시간)</td><td colspan="4">활동 내용</td><td>자료 및 유의점</td></tr>
<tr><td>활동 방법</td><td>도입 (10분)</td><td colspan="4">1. 활동하기 전, 깨끗이 손을 씻고 앉는다.
- 친구들~ 손 씻고 올까요?
- 아이 깨끗하다~

2. 밀가루 반죽에 관심을 보인다.
- 친구들~ 오늘 선생님이 무엇을 가지고 왔을까요?
- 말랑말랑해요.
- 여러 색이 있어요.
- 쭉~ 늘어나요.
 </td><td>- 영아들이 손을 씻고 올 수 있도록 교사가 도움을 준다.

- 밀가루 반죽을 조금씩 떼어서 영아들이 충분히 탐색할 수 있도록 한다.</td></tr>
</table>

<table>
<tr>
<td></td>
<td>전개
(20분)</td>
<td>

3. 밀가루 반죽을 탐색하는 교사의 모습을 본다.

- 선생님이 먼저 밀가루 반죽을 만져볼게요.
- (밀가루 반죽을 만지며) 와~ 말랑말랑하다! 미끄럽다~
- 냄새도 한번 맡아볼까요?

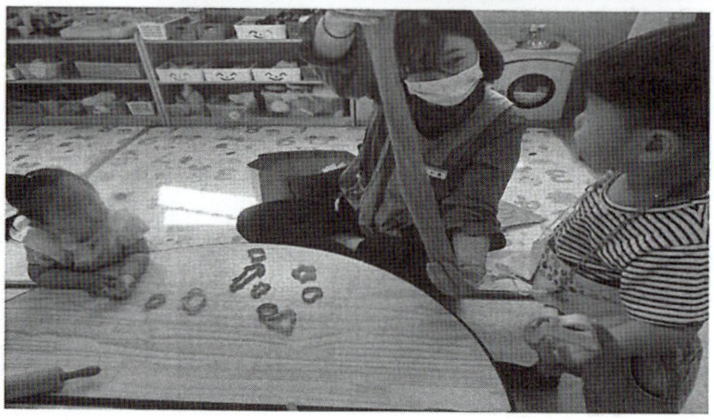

4. 밀가루 반죽을 조금씩 색깔별로 탐색한다.

- 선생님이 조금씩 밀가루 반죽을 떼어서 줄게~ 잠시만 기다려줘요~
- OO아 느낌이 어때요?
- OO아 느낌이 좋아요?
- (교사가 모델을 보여주며) 자~ 이렇게 주물주물 만져봐요~

</td>
<td>

- 밀가루 반죽을 충분히 제공한다.

- 큰 비닐을 책상에 깔아준다.

- 영아와 활동에 적합한 상호작용을 한다.
- 영아가 자유롭게 밀가루 반죽을 탐색할 수 있도록 시간을 충분히 제공한다.

- 영아가 만든 작품은 교실에 배치한다.

</td>
</tr>
</table>

		5. 자유롭게 밀가루 반죽을 만져본다. - 자! 이제는 선생님이 밀가루 반죽을 색깔별로 놓아줄게요 - 자유롭게 만져보아요~ - 느낌이 좋지?  **6. 밀가루 반죽으로 만들고 싶은 것을 자유롭게 만들어본다.** - 00이는 뭐 만들어보고 싶어요? - 00아! 이게 뭐야? - 자! 애벌레도 만들어보고~ 눈사람도 만들어보고~ 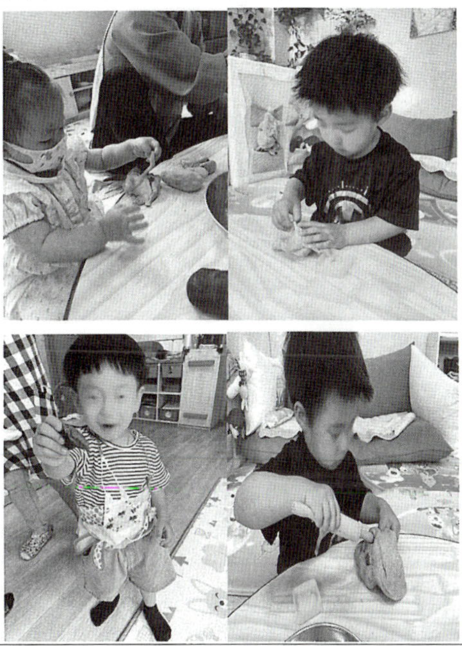	

	마무리(5분)	**7. 활동을 마무리하고 정리 정돈을 한다.** - 친구들~ 이제 "모두 제자리~" 정리합시다. **8. 손 씻고 온다.** - 이제 손 씻고 올게요 - 뽀득뽀득 깨끗이 씻어요~ 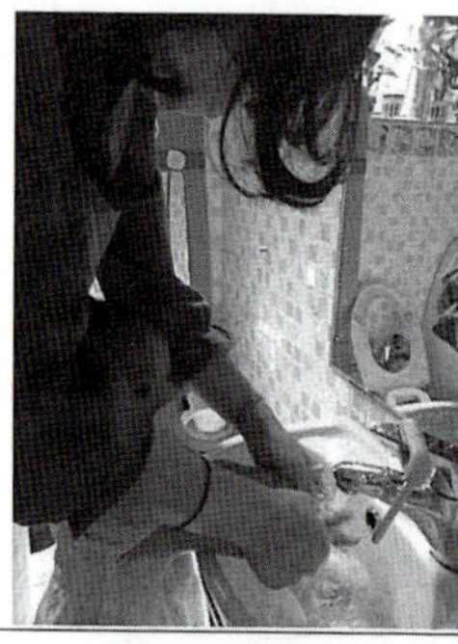	- 영아가 손을 깨끗이 씻을 수 있도록 도와준다.
평가		- 영아가 밀가루 반죽이 다양한 색이라는 것을 알았는가? - 영아가 다양한 냄새가 나는 밀가루 반죽을 후각을 이용하여 탐색하였는가? - 영아가 다양한 감각기관을 사용하여 밀가루 반죽을 만져 느껴보았는가? - 영아가 밀가루 반죽을 탐색하는 활동에 즐겁게 참여하였는가?	
실행 및 평가		사실 처음에는 아이들이 재미있게 참여할 수 있을까. 많이 걱정되었는데 생각보다 아이들이 집중도 잘해주고 재미있게 몰입해서 놀이에 참여해 주어서 너무 좋았고 뿌듯했습니다. 아이들이 밀가루 반죽을 만지면서 혹시나 먹을 수도 있기 때문에 천연 재료로만 색을 냈습니다. 쑥으로 초록색, 아로니아로 보라색, 숯으로 검은색, 파프리카로 주황색을 냈습니다. 천연 재료로만 사용해서 아이들이 걱정 없이 놀 수 있도록 준비했습니다. 어젯밤에 밀가루 반죽을 준비하면서 아이들이 재미있게 가지고 놀아줄까 하는 걱정과 함께 기대하는 마음으로 준비를 했었는데, 아이들에게 이 재료로 함께 놀이할 생각에 준비하는 과정도 설레는 마음으로 재미있게 준비했던 것 같습니다.	

	이 활동은 오늘뿐만이 아니라 제가 나중에 교사가 되어서도 활동하면 좋을 것 같다는 생각이 들었습니다. 그리고 오늘 활동하면서 느꼈던 것은 밀가루 반죽만 준비하는 것보다는 밀가루 반죽을 만지면서 같이 사용할 수 있는 미술 재료를 함께 제공해도 좋을 것 같다는 생각이 들었습니다. 밀가루 반죽만 만지다 보면 빨리 흥미를 잃어버릴 수도 있지만, 더 풍성한 재료를 아이들에게 제공해 준다면 더 오랜 시간 몰입하여서 활동할 수 있겠다는 것을 느꼈습니다.

지도교사 조언

아들이 좋아할 밀가루 반죽놀이를 준비해 주어 참 좋았어요.
천연요료로 색을 내어 건강까지 생각한 섬세함도 칭찬합니다.
소근육 활동을 열심히 해준 아이들이 준비한 선생님의 마음을 알아 준것 같네요~.

전체 보육계획안

실습생	담임	원장

반이름	빛나반 (만 1세)	시기	2021년 6월 17일	수업일수	2021년 6월 17일
주제	느낄 수 있어요 2				
전체 일과 운영시간	**9:00 - 등원 및 통합보육** **9:00 ~ 9:30 - 오전 실내 자유 놀이 활동** **9:30 ~ 9:50 - 오전 간식** **9:50 ~ 10:50 - 오전 실내 특별활동 (막대 인형극)** **10:50 ~ 11:45 - 오전 실내 특별활동 (실습생 전체 수업)** **11:45 ~ 12:00 - 귀가 및 손 씻기** **12:00 ~ 12:30 - 점심 식사** **12:30 ~ 12:50 - 오후 실내 자유 놀이 활동** **12:50 ~ 2:30 - 낮잠 및 휴식** **2:30 ~ 3:10 - 낮잠 깨기 및 오후 간식 시간** **3:30 ~ 6:00 - 오후 실내 자유 놀이 활동 및 개별 귀가 지도**				

일과 (시간)	계획 및 실행	자료 및 유의점
등원 및 통합보육 9:00 ~	**• 등원 및 통합보육 < 우리 반에서 나는 소리를 들어요.>** - 밝은 미소로 영아를 반갑게 맞이하고 영아의 건강 상태를 살핀다. - 부모와 대화하고 영아의 정보를 듣는다. - 영아의 소지품을 정리 정돈한다. - 영아가 등원을 하면 자유롭게 자유 놀이와 활동을 하도록 지도한다. - 영아의 활동에 적절한 상호작용을 한다. - 영아가 부모님과 함께 인사할 수 있도록 지도한다.	영아가 어린이집에 도착하면 영아의 출석을 도와주고 가방을 정리한다.
오전 실내 자유 놀이 활동 9:00 ~ 9:30	**• 역할영역 - 지글 보글 가스레인지를 사용해보아요** 목표 : 가스레인지의 특성을 알고 요리 도구를 사용하여 음식을 할 수 있다. - 영아가 역할영역에서 냄비를 가스레인지 위에 올려두고 놀이한다. - 영아가 놀이에 충분히 몰입할 수 있도록 교사는 환경을 제공한다. - 영아가 놀이하다가 어려움이 있을 경우, 교사가 개입하여 도움을 준다. - 영아와 적절한 상호작용을 한다.  	영아와 함께 놀이하면서 환경을 제공해주고 영아가 도움이 필요할 때 개입하여 도움을 준다.

	• **신체 영역** - **(소근육) : 폼폼이를 계란판에 꽂아요** 목표 : 손가락을 사용하여 폼폼이를 계란판에 넣을 수 있다. - 영아가 폼폼이와 계란판에 관심을 가질 수 있도록 교사가 흥미를 유발한다. - 영아가 활동을 어떻게 하는지 알 수 있도록 교사가 시범을 보여준다. - 영아도 교사를 따라서 활동할 수 있도록 지도한다. - 영아가 혼자서도 할 수 있도록 한다. - 영아와 적적한 상호작용을 한다. - 영아가 폼폼이를 계란판에 넣는 것을 성공했을 때, 교사는 영아를 칭찬하여 보상해준다.  • **쌓기 영역** - **쌓기 : 색깔 컵을 쌓아**보아요 목표 : 색깔 컵의 특징을 이해하고 쌓아볼 수 있다. - 영아가 색깔 컵으로 자유롭게 쌓아볼 수 있도록 격려한다. - 영아가 색깔 컵을 쌓지 못할 경우, 교사가 개입하여 모델을 보여준다. - 영아와 적합한 상호작용을 한다.  - **쌓기 : 블록을 자유롭게 쌓아요** 목표 : 신체를 사용하여 블록을 자유롭게 쌓아 볼 수 있다. - 영아가 쌓기 영역에서 블록을 가지고 논다. - 영아가 블록을 자유롭게 쌓을 수 있도록 기회를 제공한다. - 교사도 영아와 함께 놀이에 참여한다. - 영아와 적절한 상호작용을 나눈다.	

<table>
<tr><td></td><td>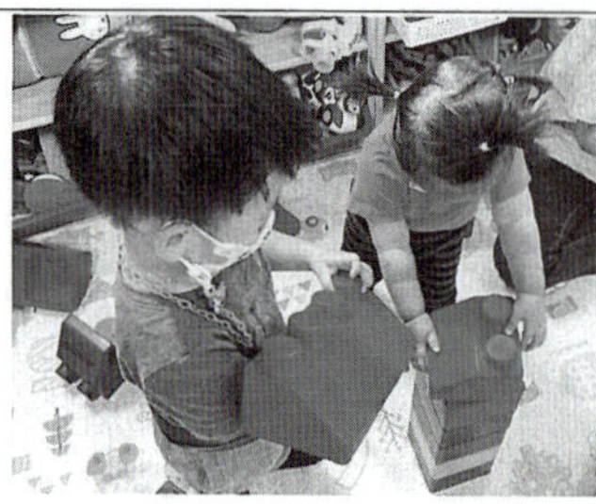 

• 언어 영역
- 듣기, 말하기, 읽기 : 동화 "잘자요", "오감 놀이 동요", "뛰뛰 빵빵 자동차", "난 멋진 형아야"
목표 : 원하는 동화책을 고르고 글과 그림을 이해하며 듣고, 말하고, 읽을 수 있다.
- 영아가 원하는 동화책을 들고 온다.
- 교사는 영아가 들고 온 동화책을 함께 읽어주며 영아와 상호작용한다.
- 영아도 교사와 함께 책을 읽어보고 말할 수 있도록 격려한다.
 </td><td></td></tr>
<tr><td>오전 간식
9:30 ~
9:50</td><td>• 오전 간식 먹기< 음식을 꼭꼭 씹어서 먹어요. >
- 준비된 간식을 감사한 마음으로 맛있게 먹는다.
- 영아가 간식을 다 먹은 후 교사는 정리 정돈을 도와 치워준다.
- 영아가 혼자서도 먹을 수 있도록 조금씩 지도한다.
- 영아가 음식을 꼭꼭 씹어서 먹을 수 있도록 지도한다.</td><td>영아가 간식을 먹을 수 있도록 교사가 도움을 준다.

스스로 먹을 수 있도록 지도한다.</td></tr>
<tr><td>오전 실내
특별활동
9:50 ~
10:30</td><td>• 오전 실내 특별활동 - 막대 인형극을 보아요
목표 : 막대 인형극을 볼 때 즐거운 마음을 참여한다.
- 막대 인형극이 시작할 때 영아들이 제자리에 앉을 수 있도록 지도한다.
- 영아들이 분위기에 적응할 수 있도록 교사가 함께 참여하여 준다.
- 영아들이 막대 인형극에 방해가 된다면 현장에서 나온다.
- 영아들과 적절한 상호작용을 한다.</td><td>막대 인형극이 시작할 때 영아들이 제자리에 앉을 수 있도록 지도한다.</td></tr>
</table>

<table>
<tr>
<td></td>
<td>

</td>
<td></td>
</tr>
<tr>
<td>오전 실외 특별활동 (실습생 수업)
10:30 ~ 11:45</td>
<td>• 오전 실외 특별활동 (실습생 수업) - 대롱대롱 달린 풍성과 과자!
풍선을 쳐봐요! 과자를 따먹어요!
목표: 봉에 달린 풍성과 과자를 인식할 수 있다.
신체를 사용하여 봉에 달린 풍선을 치고 과자를 따먹을 수 있다.
풍선을 치고 과자를 따먹는 활동에 즐겁게 참여하는 태도를 보인다.

1. 봉에 달린 풍선을 인식하고 신체를 사용하여 만지고 쳐본다.
- 친구들~ 선생님이 오늘 무엇을 가지고 왔을까요?
- 선생님이 지금 이 커다란 봉에 풍선을 달아줄 거에요~
- (풍선을 다 달고) 와~ 친구들!! 이것 봐봐요. 풍선이 대롱대롱 달려 있지요?
- 친구들이 자유롭게 한 번 만져볼까요?
- 풍선이 어떤 느낌이 드나요?
- 가볍게 한 번 쳐볼까요?
- 이번에 세게 한 번 쳐볼까요?
- 와~ 풍선이 봉 위로 돌아갔지요?</td>
<td>준비물 : 봉, 실, 풍선, 과자

영아들이 안전하게 활동할 수 있도록 유의하여 관찰한다.

영아들이 충분히 탐색하고 관찰할 수 있는 시간을 제공하여 준다.

영아가 혼자서도 풍선으로 치고 과자를 따먹을 수 있도록 지도한다.</td>
</tr>
</table>

	   **2. 봉에 달린 과자를 따서 먹어본다.** - 친구들! 이번에는 선생님이 다른 걸 달아줄 거에요. - 와~ 이게 뭘까? - 친구들이 좋아하는 과자네~? - 친구들이 여기에 달린 과자를 따먹어 볼까요? - 00아! 키가 안 닿지? 위로 뛰어서 한 번 잡아봐봐!  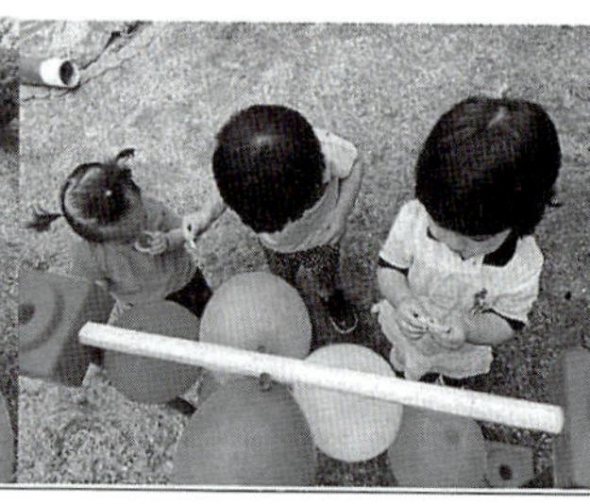	

3. 봉에 달린 풍성과 과자를 자유롭게 탐색하고 만져본다.
- 이제 친구들이 자유롭게 봉에 달린 풍선을 만져보고 과자를 따먹어봐요.
- 친구들 어때요? 재밌어요?

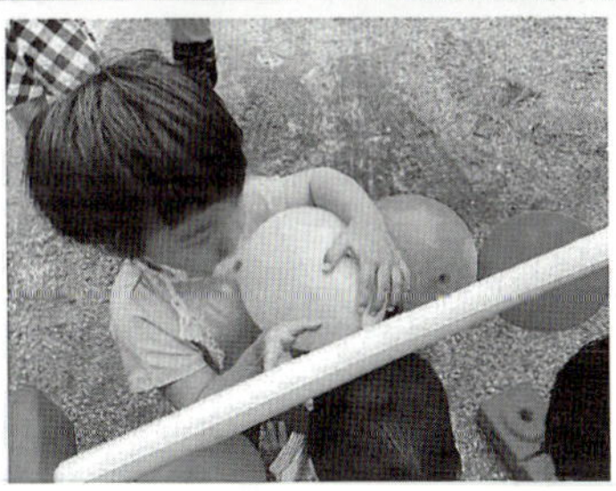

4. 활동을 마무리하고 정리한다.
- 친구들 이제 우리 정리해볼까요?

5. 정리한 후, 손을 씻는다.
- 친구들, 정리가 끝났으면 우리 손 씻고 오자요~
- 자 00아 손 씻으러 가자!
- 차례대로 서요.

	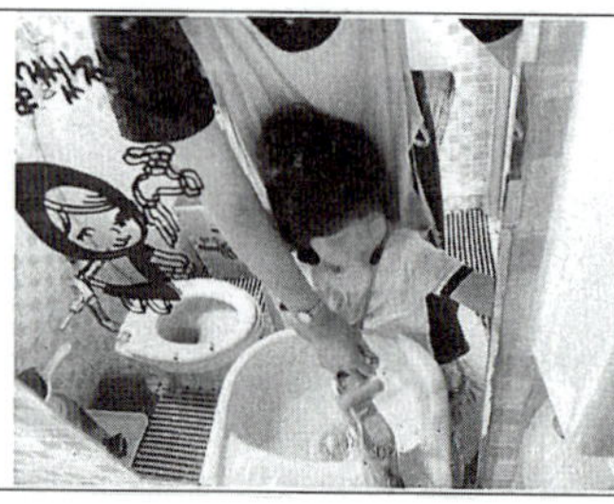	
귀가 및 손 씻기 11:45 ~ 12:00	**• 귀가** - 영아가 자기 신발을 자기 자리에 넣을 수 있도록 지도한다. **• 손 씻기** - 영아가 손을 씻을 수 있도록 교사는 아동에게 도움을 주어 손을 씻는다.	영아가 안전하게 어린이집에 도착할 수 있도록 교사가 항상 함께한다. 영아가 손을 씻을 수 있도록 교사가 지도한다.
점심 식사 12:00 ~ 12:30	**• 점심 식사 <음식을 꼭꼭 씹어서 먹어요>** - 깨끗이 손을 씻은 후, 준비된 점심을 자리에 앉아서 감사한 마음으로 맛있게 먹는다. - 아동이 다양한 음식을 먹을 수 있도록 격려한다. - 아동이 혼자 밥을 먹지 못할 때는 교사가 도움을 주어 다 먹을 수 있도록 격려한다. - 영아가 음식을 꼭꼭 씹어서 먹을 수 있도록 지도한다.	영아가 점심을 먹을 수 있도록 교사가 도움을 준다. 스스로 먹을 수 있도록 지도한다.
오후 실내 자유 놀이 활동 12:30 ~ 12:45	**• 역할영역 - 지글 보글 가스레인지를 사용해보아요** 목표 : 가스레인지의 특성을 알고 요리 도구를 사용하여 음식을 할 수 있다. - 영아가 역할영역에서 냄비를 가스레인지 위에 올려두고 놀이한다. - 영아가 놀이에 충분히 몰입할 수 있도록 교사는 환경을 제공한다. - 영아가 놀이하다가 어려움이 있을 경우, 교사가 개입하여 도움을 준다. - 영아와 적절한 상호작용을 한다. **• 신체 영역** **- (소근육) : 폼폼이를 계란판에 꽂아요** 목표 : 손가락을 사용하여 폼폼이를 계란판에 넣을 수 있다. - 영아가 폼폼이와 계란판에 관심을 가질 수 있도록 교사가 흥미를 유발한다. - 영아가 활동을 어떻게 하는지 알 수 있도록 교사가 시범을 보여준다. - 영아도 교사를 따라서 활동할 수 있도록 지도한다. - 영아가 혼자서도 할 수 있도록 한다. - 영아와 적적한 상호작용을 한다. - 영아가 폼폼이를 계란판에 넣는 것을 성공했을 때, 교사는 영아를 칭찬하여 보상해준다.	영아와 함께 놀이하면서 환경을 제공해주고 영아가 도움이 필요할 때 개입하여 도움을 준다.

<table>
<tr><td></td><td>• 쌓기 영역
- 쌓기 : 색깔 컵을 쌓아보아요
목표 : 색깔 컵의 특징을 이해하고 쌓아볼 수 있다.
- 영아가 색깔 컵으로 자유롭게 쌓아볼 수 있도록 격려한다.
- 영아가 색깔 컵을 쌓지 못할 경우, 교사가 개입하여 모델을 보여준다.
- 영아와 적합한 상호작용을 한다.

- 쌓기 : 블록을 자유롭게 쌓아요
목표 : 신체를 사용하여 블록을 자유롭게 쌓아 볼 수 있다.
- 영아가 쌓기 영역에서 블록을 가지고 논다.
- 영아가 블록을 자유롭게 쌓을 수 있도록 기회를 제공한다.
- 교사도 영아와 함께 놀이에 참여한다.
- 영아와 적절한 상호작용을 나눈다.

• 언어 영역
- 듣기, 말하기, 읽기 : 동화 "잘자요", "오감 놀이 동요", "뛰뛰 빵빵 자동차", "난 멋진 형아야"
목표 : 원하는 동화책을 고르고 글과 그림을 이해하며 듣고, 말하고, 읽을 수 있다.
- 영아가 원하는 동화책을 들고 온다.
- 교사는 영아가 들고 온 동화책을 함께 읽어주며 영아와 상호작용한다.
- 영아도 교사와 함께 책을 읽어보고 말할 수 있도록 격려한다.</td><td></td></tr>
<tr><td>기저귀 갈이/ 배변 활동
12:45 ~ 12:50</td><td>• 기저귀 갈이/ 배변 활동 <축축해요, 뽀송뽀송해요>
목표 :축축하고 뽀송뽀송한 자신의 기저귀의 느낌을 느낄 수 있다.
- 아동이 자신의 기저귀 또는 친구의 기저귀를 가지고 오면 교사가 기저귀를 갈아준다.
- 교사가 기저귀를 갈아주면 아동이 기저귀를 휴지통에 넣을 수 있도록 지도한다.</td><td>영아의 기저귀를 교사가 갈아준다.</td></tr>
<tr><td>낮잠 및 휴식
12:50 ~ 2:30</td><td>• 낮잠 및 취침 <얇은 이불을 덮고 잠을 자요>
- 교사는 편안한 분위기를 만들어 주어서 아동이 낮잠을 잘 수 있도록 한다.
- 아동이 자기 이불 위에 누울 수 있도록 지도한다.
- 영아의 개별적인 특성을 고려하여서 개별적으로 낮잠 또는 휴식을 취할 수 있도록 한다
- 영아가 덥지 않도록 얇은 이불을 덮어준다.</td><td>영아가 낮잠을 잘 수 있도록 환경을 제공하여 준다.

편안한 분위기의 노래를 틀어 준다.</td></tr>
<tr><td>낮잠 깨기 및 간식 시간
2:30 ~ 3:10</td><td>• 오후 간식 먹기 <음식을 꼭꼭 씹어서 먹어요>
- 준비된 간식을 감사한 마음으로 맛있게 먹는다.
- 영아가 간식을 다 먹은 후 교사가 정리 정돈을 도와 치워준다.
- 영아가 간식의 냄새를 맡아볼 기회를 제공하여 준다.
- 영아가 음식을 꼭꼭 씹어서 먹을 수 있도록 지도한다.</td><td>영아가 간식을 먹을 수 있도록 교사가 도움을 준다.

스스로 먹을 수 있도록 지도한</td></tr>
</table>

		다.
오후 실내 자유 놀이 활동 및 개별 귀가 지도 3:30 ~ 6:00	**• 역할영역 - 지금 보글 가스레인지를 사용해보아요** 목표 : 가스레인지의 특성을 알고 요리 도구를 사용하여 음식을 할 수 있다. - 영아가 역할영역에서 냄비를 가스레인지 위에 올려두고 놀이한다. - 영아가 놀이에 충분히 몰입할 수 있도록 교사는 환경을 제공한다. - 영아가 놀이하다가 어려움이 있을 경우, 교사가 개입하여 도움을 준다. - 영아와 적절한 상호작용을 한다. **• 신체 영역** **- (소근육) : 폼폼이를 계란판에 꽂아요** 목표 : 손가락을 사용하여 폼폼이를 계란판에 넣을 수 있다. - 영아가 폼폼이와 계란판에 관심을 가질 수 있도록 교사가 흥미를 유발한다. - 영아가 활동을 어떻게 하는지 알 수 있도록 교사가 시범을 보여준다. - 영아도 교사를 따라서 활동할 수 있도록 지도한다. - 영아가 혼자서도 할 수 있도록 한다. - 영아와 적적한 상호작용을 한다. - 영아가 폼폼이를 계란판에 넣는 것을 성공했을 때, 교사는 영아를 칭찬하여 보상해준다. **• 쌓기 영역** **- 쌓기 : 색깔 컵을 쌓아보아요** 목표 : 색깔 컵의 특징을 이해하고 쌓아볼 수 있다. - 영아가 색깔 컵으로 자유롭게 쌓아볼 수 있도록 격려한다. - 영아가 색깔 컵을 쌓지 못할 경우, 교사가 개입하여 모델을 보여준다. - 영아와 적합한 상호작용을 한다. **- 쌓기 : 블록을 자유롭게 쌓아요** 목표 : 신체를 사용하여 블록을 자유롭게 쌓아 볼 수 있다. - 영아가 쌓기 영역에서 블록을 가지고 논다. - 영아가 블록을 자유롭게 쌓을 수 있도록 기회를 제공한다. - 교사도 영아와 함께 놀이에 참여한다. - 영아와 적절한 상호작용을 나눈다. **• 언어 영역** **- 듣기, 말하기, 읽기 : 동화 "잘자요", "오감 놀이 동요", "뛰뛰 빵빵 자동차", "난 멋진 형아야"** 목표 : 원하는 동화책을 고르고 글과 그림을 이해하며 듣고, 말하고, 읽을 수 있다. - 영아가 원하는 동화책을 들고 온다. - 교사는 영아가 들고 온 동화책을 함께 읽어주며 영아와 상호작용한다. - 영아도 교사와 함께 책을 읽어보고 말할 수 있도록 격려한다.	영아와 함께 놀이하면서 환경을 제공해주고 영아가 도움이 필요할 때 개입하여 도움을 준다.

실습생 소감 및 반성	오늘은 마지막 활동을 진행하였습니다. 어떻게 하면 아이들이 재미있게 참여할 수 있을지를 많이 고려하여서 정한 활동이었는데 오늘 활동을 진행하는 장소에 있어서 많이 부족했던 것 같습니다. 활동 장소를 놀이터 옆에서 진행을 하였는데 아이들이 이 제가 준비한 활동에 완전히 몰입하지 못하고 계속 놀이터 그리고 땅, 그리고 흙에 관심을 보였습니다. 그래서 다른 것에 더 흥미를 보이는 아이들하고 제가 준비한 활동을 길게 할 수는 없었습니다. 이러한 부분은 너무 아쉬웠던 것 같습니다. 또한, 풍선만 가지고 흥미를 유발했을 때는 모든 아이들이 관심을 보이지는 않았지만, 과자를 가지고 흥미를 유발했을 때는 아이들이 관심을 보이기 시작하였습니다. 하지만 어떤 아이는 풍선이 무서워서 과자를 따먹지 못하는 아이도 있었습니다. 그래서 다음에는 풍선 놀이 따로 과자 따먹기 따로 준비하면 더 좋을 것 같다는 생각이 들었습니다. 또한, 장소를 정하는 데 있어서도 실외에서 하는 것보다 실내에서 진행을 하여서 아이들이 이 활동에 좀 더 집중할 수 있는 환경을 만들어 줘야겠다는 생각이 들었습니다. 사실 오늘 활동을 제일 기대를 했었는데 변수가 생겨서 아쉬운 활동으로 남은 것 같습니다. 하지만 이런 경험을 통해서 아이들의 특성을 좀 더 이해할 수 있었고 다음에는 이런 경험을 토대로 수업을 구성하고 장소까지 정할 수 있을 것 같습니다. 아직 많이 부족하지만 한 번 한 번의 경험을 통해서 배울 수 있다는 것이 좋았습니다. 이런 기회가 저에게 주어져서 감사했습니다.
지도교사 조언	부분 수업만 하다 전체수업을 한다는건 그만큼 부담이 더 많이 되는 일이죠. 책임이라는건 보육을 함으로 당연히 가지고 따라오는 것이랍니다. 어떨때는 식은 땀이 날 정도의 사건사고가 생기는데 그때마다 배우는것도 있고 반성하는 것도 있지요. 교사가 전반적 반운영을 할 때 융통성과 즐거움 그리고 편안함을 가지고 천천히 만들어 갈때 아이들과 교사가 상호간 상생효과를 본다고 생각해요~.

10) 총평가

총평가는 실습기간 동안 실습생의 실습 수행 정도를 스스로 평가하고 그 소감을 적고, 실습지도교사 또는 실습기관의 장이 실습생의 실습에 임하는 자세와 노력에 대한 평가와 실습생의 발전에 대하여 조언을 기록하는 것이다. 실습생은 실습을 통해 새롭게 통찰한 점을 적거나 어려웠던 점, 고마운 점 등 자신의 소회를 적을 수 있다. 실습지도교사 또는 실습기관의 장은 실습생이 소정의 실습과정을 성실히 완수한 점을 치하하고, 실습생이 가지고 있는 가능성을 발견하여 어떻게 발전시킬 수 있는지에 대한 조언을 적어주는 것이 일반적이다.

실습생	지도교사	원 장

나의 실습소감
이번 4주간 (5월 24일 ~ 6월 18일) 보육실습을 하면서 정말 많은 것을 배우고 많은 것을 느낄 수 있는 기회였다고 생각합니다. 사실 보육실습이 시작되기 전에는 새로운 환경에서 적응해야 한다는 것에 걱정도 많이 되고 떨렸지만, 막상 와서 해보니깐 걱정했던 것과는 달리 아이들도 처음부터 저에게 빨리 적응해 주었고 선생님들께서 너무나 친절하게 가르쳐주시고 챙겨주셔서 빨리 적응할 수 있었습니다. 사실 오기 전에 이론과 현실은 다르다는 것을 알고 왔지만 정말로 현장에서 아이들과 함께 생활하고 지내다 보니깐 현실은 이론과 정말 많이 다르다는 것을 피부로 느꼈던 것 같습니다. 그래서 처음에는 이 아이들을 대한 것에 있어서 당황도 많이 하고 어떻게 대해야 할지 방황도 많이 했던 것 같습니다. 하지만 그런 상황 속에서 제가 점차 배울 수 있었던 것은 아이들의 원래 본성에 대해서 이해할 수 있었고, 아이들이 하는 행동에 어떻게 대처해야 하는지를 조금씩 배워나갈 수 있었던 것 같습니다. 그리고 선생님께서 아이들을 대하는 모습을 보고도 많이 배울 수 있었습니다. 저는 어떻게 대처해야 할지 모르는 상황을 선생님께서 현명하게 대처하시는 모습을 보고 "나도 나중에는 저렇게 한번 해봐야겠다" 라는 생각을 많이 했던 것 같습니다. 정말 아이들을 대하는 선생님들의 모습을 볼 때 가장 먼저 느낄 수 있는 것이 선생님들께서 이 아이들을 정말 사랑으로 키우고 있다는 것이 제일 먼저 느껴졌고 그것을 아이들도 느끼면서 성장하는 모습을 볼 수 있었습니다. 저에게 있어서 이번 보육실습은 아주 유익한 경험이었다고 생각합니다. 물론 제가 영아반에 가서 교육적인 면에서는 유아들보다 많이 체험하지는 못했지만 사실 유치원 선생님이든 어린이집 선생님이든 가장 중요한 것은 아이들의 특성을 알고 그것을 이해해 주고 받아들일 수 있는 것이라고 생각합니다. 그러한 것을 생각해 봤을 때 이번 4주간 저는 아이들의 특성을 많이 경험하였고 이해할 수 있는 기회였습니다. 그리고 수업을 계획할 때도 아이들의 특성을 생각하여서 수업을 계획 하였습니다. 또한, 이번에 제가 계획한 활동을 아이들과 함께 활동하면서 느꼈던 것은 항상 내가 계획한 대로 흘러가지 않고 변수는 생긴다는 것.. 그런 상황 속에서 교사는 융통성을 발휘하여서 영아가 또는 유아가 원하는 놀이로 바꿀 수 있고 환경을 제공해 줄 수 있는 교사의 역량이 필요하다고 느꼈습니다. 그래서 이번에 보육실습을 통해서 많은 것을 느끼고 배울 수 있었습니다. 또한, 저는 이번에 너무 감사했던 것은 이번에 함께 했던 선생님들 아이들이 너무 좋았다는 것입니다. 사실 새로운 환경 속에서 새로운 것을 배워야 한다는 것이 힘든 일인데도 불구하고 좋은 환경과 좋은 분들과 함께 배우니까 시간이 눈 깜짝할 사이에 지나가 버렸던 것 같습니다. 그만큼 재밌고 흥미 있게 배우는 시간이었습니다. 저에게 이러한 기회가 주어졌다는 것이 너무 감사합니다 :) 마지막으로 저를 가르쳐주신 선생님들! 저와 함께 생활해준 우리 아이들에게! 감사하다는 말씀드리고 싶습니다.
지도교사 및 원장님의 지도 내용
어린이집은 유치원과 다르게 영아들의 생활을 체험할 수 있다는 장점이 있어 유치원 실습을 앞두고 있는 실습선생님이 영아반을 담당해보기를 원했습니다. 발달에 관련된 교육을 통해 이론상 영아들의 인지, 정서, 신체 등의 발달에 대해 배웠겠지만 영아들은 발달의 개인차가 크고 돌발적인 상황에 대한 즉각적 대처능력도 빨라야 하기에 이번 기회를 통해 책과 연계된 실제를 경험하기를 바랬습니다. 신체적으로 많이 피곤하고 힘들었지만 항상 아이들에게 웃으며 다정하게 대하는 선생님의 모습이 인상깊었으며 아이를 낳고 키워보지 않아 기저귀 갈이와 같은 업무는 쉽지 않았을텐데 그래도 척척해내는 모습을 보였습니다. 바깥활동을 좋아하는 저의 원의 특성으로 인해 어린 영아들의 손을 잡고 산책을 자주 나가야 했는데 더운 날씨 속에서도 꿋꿋히 잘 따라와주는 모습을 보였습니다. 다만 시골의 특성상 벌레를 마주하게 될 때 놀라기도 하고 밖에서 자라는 과일을 덥석 먹어보는 것에 겁을 내기도 하셨지만 생태활동에 대한 이해를 조금이나마 할 수 있는 시간이 되었기를 바래봅니다. 영아반 주제가 감각놀이에 대한 부분이 많았고 그 부분에 대한 영아반의 지원을 요청하였는데 아이들을 위해 자연적 재료로 밀가루에 색을 내어 다양한 색의 밀가루 점토를 만들어 오셨습니다. 흰색이나 단색의 밀가루 점토만 만지던 영아들에게 다양한 자연재료의 색깔을 경험하게 해주고 그것을 이용해 다양한 표현을 할 수 있는 놀이를 제공해주려는 선생님의 노력이 보였습니다. 앞으로도 아이들을 이해하고 사랑해주는 멋진 교사가 되길 응원합니다.

- 52 -

3. 보육실습일지의 내용

실습일지에 포함될 사항은 일지의 기능을 생각해 보면 어떤 항목들이 포함되어야 하는지 알 수 있다. 실습일지의 구성은 대략 6가지 영역으로 구분할 수 있다. 일지만 보면 누가, 어디서, 어떤 일을, 언제, 왜 했는지 알 수 있는 정보가 다 들어가 있어야 하고, 어떤 집단의 일에 대한 확인자와 담당자를 알 수 있는 결재자 정보가 들어가야 한다.

일지의 핵심은 시간의 흐름에 따라 업무의 내용을 어떻게 수행하였는지 정보가 있어야 하고, 업무를 수행하면서 특이점을 기록해야 한다. 특이점이란 업무의 특성에 따라 달라지겠지만 유치원이나 어린이집의 경우 연령에 따른 업무의 특성이 약간씩 다를 것이고 이에 따른 특이점도 약간씩은 다를 것이다. 기관에 따라 특색 있는 프로그램을 운영하기 때문에 프로그램의 특이 점이 나타나도록 할 수 있다.

1) 업무수행 현장 및 결재정보 영역

실습생이 근무하는 현장이 어떤 곳인지 명확하게 나타냄으로써 업무의 수행 특성을 짐작할 수 있고, 날짜를 기록함으로써 업무가 이루어지는 시기가 언제인지 알 수 있다. 결재란은 누가 업무를 수행하고 지시하고 감독하는 것인지 알게 하여 업무의 계통적 체계를 분명히 한다.

2) 일과와 주제 영역

유아교육기관의 특성상 하루 일과는 주제를 가지고 있다. 유아들이 주제를 중심으로 누리과정의 5개 영역이 통합되어 경험되도록 하기 위함이다. 주제를 나타냄으로써 그날의 배움의 중심이 무엇인지 알 수 있고, 활동의 내용 특성도 알 수 있게 된다.

3) 일과 정보 영역

하루 동안 시간의 흐름에 따라 일어나는 일과를 단위별로 요약하여 대강의 일과가 어떻게 진행되는지를 나타낸다. 이때 일과의 단위란 활동의 특성 단위로 묶어서 하는 경우가 편리하다. 예컨대 등원, 자유놀이, 정리정돈 및 화장실 다녀오기, 대집단활동, 바깥놀이 등이 있다.

4) 일과 단위별 업무내용 영역

이 부분이 일지의 가장 많은 부분을 차지하고, 어떤 업무를 하였는지 구체적으로 나타내는 영역이다. 실습생의 입장에서 실습의 실제 내용을 기록하는 영역이라고 할 수 있다. 2019 개정 누리과정에서는 유아주도 놀이를 중요시하기 때문에 실내놀이와 실외놀이에 대한 관찰과 기록을 하고 놀이 지원계획에 대한 내용을 기록해야 한다.

5) 실습생 소감 및 반성 영역

일지에서 빠트릴 수 없는 것이 일과를 마치고 업무수행에 대한 반성과 평가, 향후 보완할 점 등을 기록하는 소감 및 반성 영역이 반드시 있어야 한다. 이 영역에서 이미 수행한 업무에 대한 스스로의 평가는 업무능력을 더욱 발전시키는 계기가 되며 실수나 빠트린 일에 대한 반성과 향후 대책을 계획할 수 있다. 여기서 실습생은 업무에 대한 자신의 생각을 정리할 수 있고, 완성하지 못한 업무라든지 향후 업무에 대한 계획을 간략하게 기록할 수 있다.

6) 지도교사 조언 영역

실습생은 업무를 배우는 입장에 있으므로 지도교사의 조언과 지도내용을 기록하는 영역도 있어야 한다. 지도교사는 실습생 일과의 전체를 관찰하고 이에 대한 지도와 조언을 일지에 기록하여 실습생이 어떤 점을 개선해야 하는지, 어떤 점을 잘하고 있는지 알 수 있도록 해야 한다.

4. 보육실습일지 작성의 원리

예비교사들이 보육실습에서 어려워하는 것 중의 하나가 실습일지를 작성하는 것이다. 어려워하는 이유를 분석해 보면 막연하게 접근하기 때문이다. 일지에 어떤 내용이 들어가야 하는지 사전 지식이 없기도 하고, 처음 해 보는 일이기에 익숙하지 않아서 어렵게 느껴지는 것이다. 물론 문서를 작성하는 것에 대한 두려움과 어떤 용어를 선택해야 하는지 전문적인 지식의 부족도 한몫한다. 아직 배우는 단계라서 직무에 대해 숙달되지 않았기 때문에 전문적인 용어를 잘 선택하기는 쉽지 않다. 그래서 처음에는 잘 작성된 일지를 많이 읽어서 일지에 사용되는 용어를 익히는 시간이 필요하다. 다음에는 직접 일지를 작성하는 연습을 한다. 잘 작성된 일지를 보고 베끼는 것도 좋은 방법이다.

2019 개정 누리과정에서 핵심 교수학습방법은 놀이중심과 유아중심이기 때문에 현장에서 교사들이 작성하는 일일보육일지도 그에 적합한 방법으로 간소화되었다. 유아들의 놀이가 어떻게 전개되며 그 과정에서 유아들은 무엇을 배우는지 교사는 주의 깊게 관찰하고 기록한다. 교사는 기록을 근거로 놀이를 어떻게 지원할 것인지 방향을 설정한다. 일일보육일지 작성 방법이 변함에 따라 실습일지도 현장의 교사들이 일지 쓰는 방식으로 변화되었다.

보육일지의 형식이 기관에 따라 다양한 만큼 실습일지도 기관에 따라 다양한 방법으로 작성된다. 다양하다고 하지만 크게 보면 대동소이하다고 할 수 있다. 그러나 학생들 입장에서는 다르다고 느낄 것이다.

1) 객관적 기술

일지는 증거로서 기능을 하기 때문에 객관성을 유지해야 한다. 객관성은 실습생 자신의 주관에 빠지지 않고 누가 보아도 그러하다고 인정되는 성질이다. 진실을 밝히기 위해서는 어느 한쪽으로의 편향이나 감정, 가짜 믿음에서 벗어나는 것이다. 날짜와 학급, 주제 일과시간 등은 객관성을 유지하기 쉬우나 유아들의 놀이를 관찰하여 기록할 때는 주관이 개입될 가능성이 있다. 관찰할 때도 객관적인 기준에 따라 관찰하고 기록할 때도 객관적인 기록절차에 따라 기록해야 객관성을 유지할 수 있다.

2) 사실에 근거한 기술

보육실습은 240시간의 규정된 실습시간을 채워야 하고 하루 8시간을 초과할 수 없기 때문에 사실대로 적어야 한다. 사실에 근거하여 적어야 하는 것은 날짜와 시간 같은 사소한 것부터 복잡한 활동내용에 이르기까지 모든 것을 사실대로 적어야 한다. 특히 활동내용을 적을 때 실제 활동한 것을 무시하고 인위적으로 지어낸 활동을 적는 것은 실습일지의 목적과 기능에 충실하지 못하기 때문에 실습에서 기대하는 직무능력 향상을 꾀하기 어렵다. 종종 지도교사로부터 실제 활동내용을 무시하고 임의적으로 지어내서 활동내용을 적으라는 요구를 받는 경우도 있지만 그런 요구에 따르기보다는 실제 활동을 적어서 실습에 배움을 얻는 편이 훨씬 유익하다.

3) 구체적 기술

실습일지만 보아도 어떤 실습을 하였는지 알 수 있어야 하기 때문에 비교적 실습내용을 구체적으로 기술해야 한다. 즉, 실습 일과에서 누락시키지 말고 적어야 한다. 특히 놀이를 지원해 주기 위한 놀이 관찰 및 기록에서는 세심한 부분까지 놓치지 말고 적어야 필요한 지원을 해 줄 수 있다.

4) 시간적 순서에 의한 기술

보육기관의 활동은 시간의 흐름에 따라 일상적 패턴을 유지하면서 이루어지기 때문에 모든 기록은 시간의 흐름에 따라 기록한다. 등원부터 시작하여 귀가까지 영유아들의 생활 리듬에 맞는 시간 간격마다 기록하고, 마지막에 실습생 소감과 평가 그리고 지도교사의 조언을 적는다.

5) 가치중립적 기술

일지는 증거로서의 기능을 가지기 때문에 편향된 관점이나 시각을 가지고 일지를 작성하면 안된다. 예를 들어 실습기관의 교육과정이나 프로그램에 대하여 좋다 혹은 나쁘다의 판단이 있어서는 안 되고, 교사의 교수행동과 교구교재 사용에 대해서도 좋다 나쁘다의 판단을 해서는 안 된다. 그러나 실습생 소감 및 반성을 작성할 때는 자신의 교수행동이 무엇이 잘되고 잘 못되었는지 적는 것은 예외로 인정된다.

6) 개인정보 보호

실습기관의 대외비 문서라든지 기관의 주요 정보에 대해서는 실습일지에 기재하지 않도록 하고, 특히 유아에 대한 신상정보라든지 교직원의 신상정보에 대해서는 일지에 기재되어서는 안 된다. 특히 사진을 일지에 삽입할 때는 유아의 얼굴이 선명하게 나오지 않도록 옆면이나 뒷모습을 나오게 하든지 멀리서 찍어 얼굴이 작게 나오도록 한다.

7) 개조식 기술

실습일지는 간략하고 명료하게 기록해야 하기 때문에 개조식 기술이 사용된다. 서술식 기술은 완전한 문장으로 설명하는데 반해 개조식 기술은 키워드 중심으로 끊어서 쓰는 방식이다. 예를 들어, 주어를 생략하거나 서술어미를 생략하여 “기차놀이를 함”, “병을 가지고 달려옴” 등과 같이 적는다. 서술식에 비해 간결하고 내용과 논리 체계가 한눈에 들어와 내용을 빠르게 파악할 수 있다.

09 Chapter

놀이지원의 이해

배울내용

1. 국가수준의 보육과정에서는 영유아의 연속적 경험과 연령 간 발달적 연계를 위해 영유아중심, 놀이중심을 추구하고, 영유아의 일상생활과 놀이를 통해 경험 속 성장을 존중하고 지원하며 영유아의 전인적인 발달을 지원할 수 있다.
2. 이 장에서는 영유아의 놀 권리 및 균형적 발달을 고려한 표준보육과정의 6개 영역과 누리과정의 5개 영역을 이해하고 자연스럽게 영유아 놀이중심 보육과정을 실천할 수 있다.

학습목표

1. 표준보육과정에 기초한 영아의 영역활동을 이해하고 놀이지원을 실천할 수 있다.
2. 누리과정에 기초한 유아의 영역활동을 이해하고 놀이지원을 실천할 수 있다.

보육교사가 어떤 보육환경을 구성하고 영역을 배치하며 교재 · 교구를 관리하느냐에 따라 보육실의 운영형태는 크고 작은 영향을 받는다. 특히, 영유아들은 스스로 자신의 흥미와 욕구에 의해 자발적으로 놀이에 응하며 놀이활동을 선택하고 진행하지만 영유아의 놀이가 보다 수준 높고, 확장될 수 있도록 하기 위해서 교사의 역할이 보육환경 못지않은 영향력을 미친다. 이 장에서는 보육실의 각 흥미영역의 구성과 영아와 유아의 흥미영역의 살펴보고 영역별 놀이지원을 살펴보며 적절한 영역의 구성과 영역에 맞는 교수방법을 알아볼 수 있다. 특히 영유아의 자유선택 놀이 시간은 단순한 놀이활동으로 끝나는 것이 아니라 영유아의 발달과 학습에 영향을 주기 때문에 연령에 맞는 적절한 놀이지도가 필요하고, 놀이영역은 고정영역이 아니라 영유아의 흥미나 관심에 따라 기존 영역들을 통합이나 새로운 구성이 가능함을 인식하여야 한다.

1. 영아반 놀이지원

영유아는 연령에 따라 놀이의 양상이 다르게 나타난다. 놀이는 태어나면서부터 시작되며 신생아의 경우 수유나 음식물 섭취가 곧 놀이시간의 될 수 있다. 이는 자신의 동작에 의해 움직임을 유발하고 예측하고 있다면 더욱 재미를 느끼기 때문이다. 즉 0세의 놀이는 무엇인가 흔들고, 잡았다가 떨어뜨리고, 던져보고, 입으로 물고, 손에 쥐어보는 활동들이 반복되고 이로 인해 영아의 발달이 시작되며 환경에 대한 놀이가 시작된다. 1세의 영아는 다양한 감각을 자극하고 신체를 움직일 수 있는 놀이 기회를 제공하며 다양한 감각을 이용해 주변을 탐색할 수 있도록 상호작용해야 한다. 2세가 되면 신체를 다양하게 움직이고 놀잇감을 자율적으로 조작하면서 감각적으로 느끼고 표현하는 놀이양상이 나타난다. 교사는 영아의 자율적인 탐색과 시도를 격려하며 놀이를 통해 자신의 감정과 생각을 표현하고 또래 관계를 형성할 수 있도록 도와야 한다.

영아들의 놀이유형은 주로 감각운동, 연습놀이로 이루어지며, 영아들은 새로운 환경을 발견함에 따라 놀이가 시작되고 이것을 반복하는 과정에서 즐거움을 느낀다고 하였다(권세경 외, 2015). 그러한 놀이를 통해 여러 가지 유용한 사물이나 장난감을 영아가 반복하며 확장하는 경험을 통해 전인적인 성장과 발달의 기초를 형성한다. 영아가 주도적으로 교사, 또래, 놀잇감, 주변환경과 상호작용하며 자율적으로 활동하고 이해할 수 있도록 허용적인 분위기를 조성하여야 한다.

0~2세 영아의 놀이영역은 신체, 언어, 감각 · 탐색, 역할 · 쌓기, 표현영역 등의 실내 놀이영역과 실외 놀이영역 등으로 구성할 수 있으며, 이 영역은 영아의 욕구에 따라 통합하거나 분류하여 영역을 구성해 볼 수 있다. 각 놀이영역별 지원방법을 구체적으로 살펴보면 다음과 같다.

1) 신체영역

신체발달이 왕성하고 움직임이 활발한 운동능력을 갖는 시간의 영아를 위해 실내외에서 근육의 움직임이 가능한 영역이 필요하며, 영아들의 활발한 신체발달을 도와주는 안전하고 도전적인 충분한 공간이 마련되어야 한다. 영아들은 자연스러운 신체활동인 오르고, 구르고, 기고, 걷고, 뛰는 활동이 이루어지도록 고안한 안전한 기구와 충분한 공간 안에서 신체를 움직이며 자연스럽게 신체의 부분들을 통합하고 조정하는 연습을 하게 된다. 이 시기는 근육발달이 미숙하고 협응이 서투르는 시기로 움직임이 자유롭지 않으므로 넘어지거나 부딪히는 경우를 대비해 모서리나 날카로운 곳은 없는지 늘 점검해야 한다.

기어오르기, 계단, 낮은 미끄럼틀, 매트, 다양한 공, 후프, 줄 등의 대근육활동을 돕는 기구를 활용할 수 있도록 위생적이고 안전한 환경을 제공하고 바닥은 넘어짐을 대비해 충격흡수가 가능한 매트를 깔아준다. 소리가 나는 흥미로운 걷기 교구를 제시하며 다양한 교수방법을 통해 다양한 신체활동이 이루어질 수 있도록 잡고 걸을 수 있는 바퀴 달린 장난감이나 실내용 미끄럼틀, 그네, 흔들말, 낮은 계단과 경사로, 스펀지 블록, 공, 세발자전거나 붕붕차 등을 제시하여 일상생활을 통해 자연스럽게 다양한 대근육 활동을 할 수 있는 안전적이고 도전적인 환경을 제공한다.

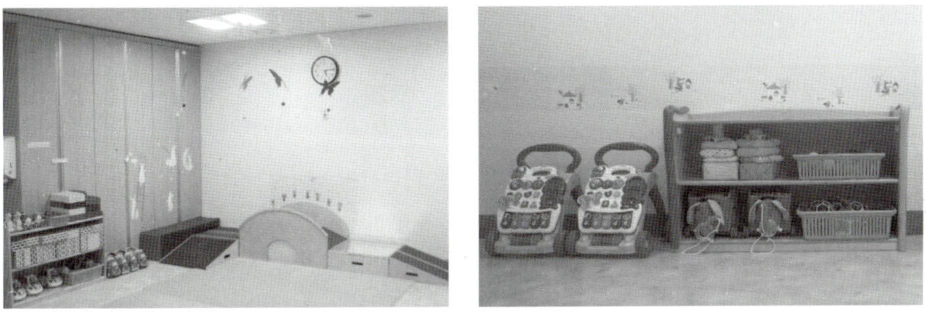

[그림 9-1] 신체영역 구성의 예

출처: 보건복지부 · 육아정책연구소(2013).

2) 언어영역

언이영역은 보육실 중 가장 조용하고 밝은 곳에 두되 출입구, 화장실, 피아노 등 활동이 잦은 곳과 거리를 두고 배치해 준다. 이 영역에는 영아를 위한 감각책, 그림책, 손인형, 그림, 사진, 녹음기 등의 자료를 갖추어주고 영아가 쉬거나 몰두해 활동할 수 있도록 하며 교사와의 언어적 상호작용을 통해 인지적 · 사회적 · 정서적인 경험을 하게 되므로 풍부한 언어자극을 통해 영아의 반응을 유도해낸다. 비록 영아가 언어의 표현력이 서투르고 언어가 능숙하지 못해 비언어를 사용하더라도 교사는 끊임없이 언어적인 자극을 제공하고 반복된 언어의 표현이 필요하다.

언어영역은 영아가 편히 쉴 수 있는 휴식의 기능도 해야 하며 아늑하고 편안한 분위기를 만들기 위해 등쿠션이나 작은 소파를 제시하거나 부분 커튼이나 캐노피 등을 설치해주어 휴식이 필요할 때 휴식을 제공하고 혼자 있고 싶어 하는 영아의 욕구를 채워줄 수 있다.

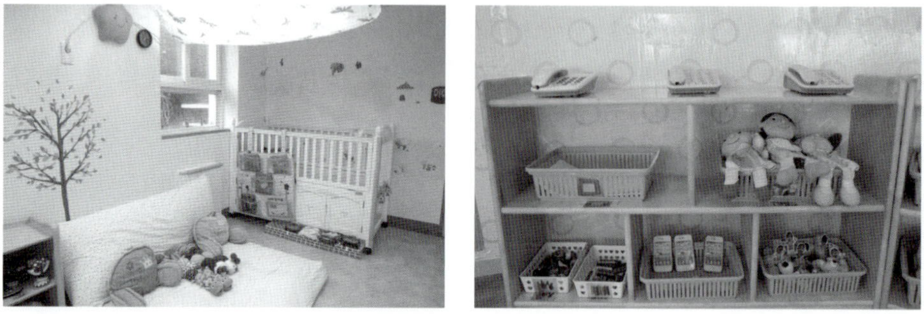

[그림 9-2] 언어영역 구성의 예

출처: 보건복지부 · 육아정책연구소(2013).

3) 감각 · 탐색영역

영아는 오감을 통해 사물을 인식하고 환경에 대한 지식을 발달시키는 감각운동기로 모든 사물을 감각적으로 탐색하고 감각적인 상호작용을 할 수 있도록 다양한 재질을 느끼고 탐색할 수 있는 환경을 준비해 주어야 한다.

영아의 발달적 특성을 충족시키기 위해 누워 있는 영아에게는 모빌, 딸랑이 등, 앉거나 이동이 가능한 시기의 영아는 쌓기 상자, 통 안에 모양 맞춰 넣기, 마라카스, 테이프나 점토, 소리 나는 놀잇감 등 손과 눈의 협응과 소근육발달이 이루어지는 시기에 맞춰 소근육 조작 경험을 충분히 할 수 있도록 적절한 놀잇감을 제공한다. 또 어항이나 화분 등의 동 · 식물 자료를 제시하는 것도 영아의 탐구를 도울 수 있고 자연현상의 사진이나 관찰자료를 제시해 주는 것도 좋다. 이때 모든 자료는 [그림 9-3]과 같은 자료를 제시해 주는 것이 좋다. 이 시기의 영아에게 밝은 색상, 대비가 분명한 것, 단순한 디자인, 두드러지는 특징의 것, 사람 얼굴모양 등의 특징을 갖춘 놀잇감을 준비하고, 영아가 삼킬 수 있는 작은 자료를 피하며, 3cm

이상의 놀잇감으로 제시하도록 하며 항상 청결하게 관리하고 파손된 자료는 즉시 수리하거나 폐기하도록 한다.

[그림 9-3] 감각 · 탐색영역 구성의 예

출처: 보건복지부 · 육아정책연구소(2013).

4) 역할 · 쌓기영역

일상생활에서 탐색을 통한 흉내 내기를 시작으로 아기돌보기, 요리하기, 먹는 장면 등의 초보적인 상징놀이가 점차 역할놀이로 확장되며 역할놀이를 통해 자신을 표현하는 기회를 가질 수 있다. 또한 영아의 대 · 소근육 기능의 증진, 언어적 · 사회적 기술의 확장, 인지적 개념발달, 창의적 표현력의 발달을 자극하기 위해 역할영역 가까이 쌓기활동도 제시해 주는 것이 좋다. 영아의 경험 중 많은 부분이 가정이나 어린이집에서 이루어짐을 가만하여 가정과 같은 분위기를 낼 수 있도록 아늑하게 구성하고 실물이나 구체적인 소꿉모형의 자료를 제시한다. 영아들이 실제 입을 수 있는 크기의 의상이나 천을 제시해 주고 가정에서 사용하는 부엌용품, 청소용품 등을 전시해 주며 다양한 블록과 손인형, 봉제인형 등과 밀고 당기는 손수레, 유모차, 자동차 등을 전시해 주어 활동적인 활동이 이루어질 수 있도록 돕는다. 어릴수록 크고 가벼우면서 안전한 놀잇감에서 점차 다른 질감과 다양한 형태의 블록을 제공하는 것이 좋으며, 너무 작은 블록이나 쌓았던 구조물이 넘어짐을 감안하여 안전한 크기의 놀잇감과 청결하고 위생적인 놀잇감을 제공하도록 한다. 영아가 삼킬 수 있는 작은 자료는 비치하지 않도록 하며 청결하고 안전한 놀이환경을 제공하도록 한다.

[그림 9-4] 역할 · 쌓기영역 구성의 예

출처: 보건복지부 · 육아정책연구소(2013).

5) 표현영역

영아의 표현영역은 대략 미술, 음률, 극화영역으로 구분할 수 있다. 이 시기의 영아가 단순한 미술재료를 탐색하고 사용하도록 하며 간단한 노래 부르기 및 악기 다루기 등을 해 보는 공간이다. 영아에게 표현활동은 결과물보다 활동자료가 갖는 속성을 충분히 탐색하고, 자기만의 표현력을 기르며 심미적인 아름다움을 경험하는 데 있다. 실제사물과 유사한 놀잇감을 사용하여 일상생활에서 일어나는 상황을 흉내내면서 상상놀이의 기회를 제공하는 표현활동이 이루어진다.

미술활동이 활발히 이루어질 수 있도록 조용하고 밝은 곳에 위치하고 물 가까이 배치한다. 다양한 폐품이나 사진, 일상생활 속 친숙한 재료 등을 충분히 제공하고 크레파스나 점토 등을 사용할 때는 쉽게 닦일 수 있는 재료를 사용한다. 영아가 사용하는 재료는 입에 넣어도 무해한 무독성이나 위생적인 것이어야 하고 작은 재료들은 피하도록 하며 삼키지 않도록 주의를 기울여 살펴주어야 한다. 음률영역의 경우 움직일 수 있는 충분한 공간을 제공하기 위해 신체영역과 인접하여 구성해 주고 여러 가지 소리가 나는 타악기나 간단한 멜로디의 건반악기 등을 제시해 줄 수 있다. 소리에 맞추어 몸을 움직여보거나 도구를 활용한 음률활동을 제공하기 위해 카세트, 스카프, 리본테이프 등의 소품을 함께 제공해 주어도 좋다. 보육교사는 극화영역을 위해 가정과 같은 분위기를 연출해 주고 여러 가지 소품을 준비하여 영아가 경험한 일상생활을 중심으로 모방놀이와 상상놀이가 이루어지도록 한다. 영아의 흥미에 따라 음식모형이나 옷, 구두 등 친숙한 자료를 활용하도록 하며 점차 종류와 수를 늘려가며 활동할 수 있도록 한다. 이때 깨지기 쉬운 놀잇감이나 밟혀 넘어질 수 있는 길이가 긴 리듬막대 등 위험한 물품은 사용하지 않도록 하며 위생적이고 안전한 활동이 이루어질 수 있도록 살펴야 한다.

[그림 9-5] 표현영역 구성의 예

출처: 보건복지부 · 육아정책연구소(2013).

6) 실외놀이영역

실외놀이영역의 바깥놀이터는 영아가 날씨의 변화와 자연현상을 감각적으로 경험할 수 있는 공간이다. 영아는 신체조절능력이 덜 발달되어 다른 연령에 비해 바깥놀이가 자유롭지 못하지만 날씨를 살피고 자연의 변화를 살피고 관찰하며 다른 연령의 놀이를 탐색할 수 있는 흥미로운 공간이다. 실외놀이는 동적인 영역과 정적인 영역으로 구분하여 배치하며 동적인 영역에서는 걷기 전 영아를 위한 유모차나 걷기 시작한 경우에는 붕붕카 등 영아의 발달 수준에 맞추어 바깥놀이를 위한 놀잇감도 준비한다. 교사는 영아에게 미끄럼틀과 그네, 시소 등의 놀잇감을 경험할 수 있도록 돕는다. 정적인 영역에서는 휴식이나 물놀이, 모래놀이 등을 할 수 있도록 구성할 수 있다. 교사는 실외놀이 활동 시 영아의 신체크기에 적합한 공간을 확보하고 발달 단계에 따른 지각력과 개별운동을 고려하여 구성하며, 외부차량이나 사람들 위험요인으로부터 영아를 살피고 안전을 위해 놀이상황을 교사가 한눈에 파악할 수 있도록 공간을 구성한다.

[그림 9-6] 실외놀이영역 구성의 예

출처: 보건복지부 · 육아정책연구소(2013).

2. 유아반 놀이지원

유아기에 접어들면서 자발적이고 능동적인 놀이활동이 본격적으로 시작되고 모든 영역의 발달이 놀이를 통해 더욱 강화된다. 즉, 놀이를 통해 신체적 · 정서적 ·

사회적 발달이 이루어지고 학습의 기회와 유아의 자아발달, 자존감 형성에 긍정적인 영향을 미친다. 만3세 전후가 되면 유아들은 자신을 독립된 개체로 인식하며 자율성과 독립심이 생기며 또래에게 관심을 갖게 된다. 만4세가 되면 언어가 급속히 발달되고 인지능력과 사회성발달로 놀이의 형태가 확장되며 친구와 노는 기회가 많아진다. 대근육발달이 이루어지면서 탐색적이고 모험적인 놀이가 또래와의 연합놀이가 나타난다. 만5세가 되면 신체, 인지, 사회, 정서 등 모든 영역에서 발달이 조화롭게 이루어지는 시기로 복잡하고 다양한 활동이 가능하고 관찰과 경험을 통해 협동놀이를 즐기고 놀이과정에서 집단의 소속감과 규칙을 이해하며 성숙한 민주시민으로의 전인발달의 기초를 쌓는다.

연령이 증가하면서 놀이에 집중하는 시간도 늘어나고 정교하게 소근육을 활용할 수 있게 되면서 어떤 결과물을 만들어 내거나 작은 놀잇감을 조작하는 형태의 놀이 양상도 많이 나타난다. 보육교사는 유아들에게 다양한 감각적 경험을 제공하고 유아가 주도적으로 놀이를 계획하고 실행해 볼 수 있는 충분한 시간적 여유를 제공하며, 유아의 흥미와 놀이를 관찰하면서 적절한 순간에 개별적으로, 두세 명, 네다섯 명과 함께 놀이해 볼 수 있도록 다양한 형태의 놀이기회와 상호작용을 지원한다.

3~5세 놀이영역은 언어영역, 역할영역, 쌓기영역, 수 · 조작영역, 과학영역, 음률영역, 미술영역 등의 실내 놀이영역과 실외 놀이영역으로 구성할 수 있으며, 유아들과 협의하여 새로운 영역으로 놀이공간을 구성해 볼 수 있다. 각 놀이영역별 지원방법을 구체적으로 살펴보면 다음과 같다.

1) 언어영역

언어영역은 듣기, 말하기, 읽기, 쓰기와 같은 관련된 활동을 경험하는 영역이다. 유아는 언어영역의 활동을 통해 일상생활에 필요한 언어능력을 향상시키고 올바른 의사소통능력 및 태도를 기를 수 있다. 언어영역은 조용하고 밝은 곳에 배치하고 유아들이 책읽기, 말과 글로 자신의 생각을 표현하기 등의 활동이 자유롭고 편안하게 이루어지도록 해야 한다. 활동주제나 유아의 흥미에 따라 다양한 언어활동 자료를 비치하여 듣기, 말하기, 읽기, 쓰기 활동이 고루 이루어지도록 하며, 쿠션이나 의자를 활용해 안락한 분위기를 연출할 수 있다. 듣기자료로는 다양한 종류의 책, 카세트, 동화 읽는 책펜 등을 활용할 수 있으며, 이야기 꾸미기자료와 융판, 그림막대, 손인형이나 녹음기, 마이크 등을 활용해 말하기 활동을 제공하고 또래간, 교사와의 언어표현을 통해 말하기 환경을 격려해 줄 수 있다. 또한, 종류별 책과 주제에 맞는 그림, 친구이름 카드, 잡지류, 글씨가 적혀 있는 다양한 자료들을 제공하여 읽기활동을 격려할 수 있고 안전한 필기류와 고무글자판과 스탬프, 소형 화이트보드와 마커펜 등을 활용해 쓰기활동을 경험할 수 있도록 한다. 교사는 유아가 활동 후 제자리에 정리할 수 있도록 하며 적절한 분위기를 조성해 유아가 활동에 몰입할 수 있도록 한다.

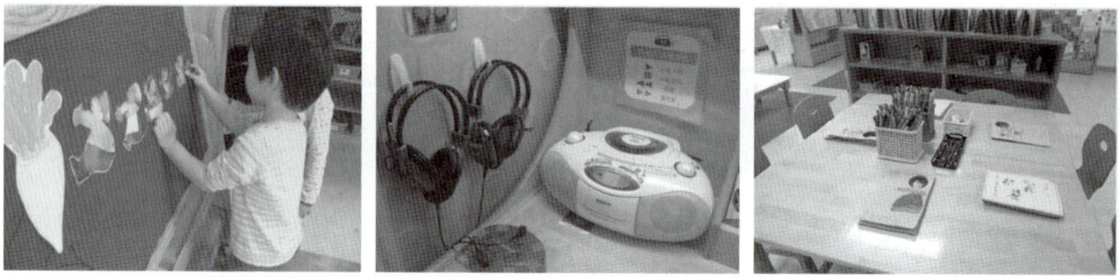

[그림 9-7] 언어영역 구성의 예

출처: 보건복지부 · 육아정책연구소(2014).

2) 역할영역

역할영역은 유아가 가족이나 성역할뿐만 아니라 우리 사회의 다양한 직업이나 사회구성원의 역할을 상상놀이 및 사회극놀이 등을 통해 경험하는 영역이다. 활동을 통해 유아의 내면적 욕구를 표현하고 자기중심적 사고에서 벗어나 다른 사람의 역할을 이해하고 타인과 관계에서 생각과 감정을 적절하게 상호작용할 수 있으며, 주변 사람들이나 공동체에서 함께 살아가는 방법을 익힌다.

역할놀이영역에서는 유아 간 다양한 대화와 신체적 움직임이 유발되는 동적인 놀이영역이므로 조용한 놀이영역과 구분하여 배치하고, 진행되는 생활주제와 관련된 가구나 모형, 다양한 의상, 인형, 가면 등의 소품을 제공하여 활동이 더욱 흥미롭고 풍부하게 이루어지도록 한다.

[그림 9-8] 역할영역 구성의 예

출처: 보건복지부 · 육아정책연구소(2014).

3) 쌓기영역

쌓기영역은 유아의 대근육과 소근육 발달을 돕고 공간적 관계, 크기, 모양 등의 개념을 이해하도록 돕는 영역이다. 이 영역은 소란스럽고 소음이 발생하는 활동적이며 건조한 영역이므로 주로 역할영역 옆에 위치하는 것이 좋다. 다양한 블록, 자동차, 동물 모형 등의 자료를 최대한 활용하여 놀이할 수 있도록 충분한 공간과 시간을 지원한다. 또한, 블록을 최대한 활용하여 구성할 수 있도록 적당한 공간을 확보하고 블록을 넣어두는 장은 문이 없는 개방장으로 하여 큰 블록을 아래로 하고 위에 작은 블록을 쌓아놓도록 하여 안전을 확보해 주도록 한다. 쌓기놀이영역은 다양한 종류의 모양, 색, 크기, 형태의 블록을 이용하여 일상생활에서 볼 수 있거나 상상하는 것을 구성해 볼 수 있는 공간으로 쌓기놀이를 통해 유아들을 다양한 사물의 형태와 크기, 공간 구성력이나 분류능력 등을 형성하게 된다. 또한 유아들을 다양한 몇 명씩 협동하여 함께 블록을 구성하면서 서로 돕고 양보하며, 정해진 규칙을 지키고 다른 사람의 입장을 존중해 주는 등의 사회적 기술을 발달시킨다. 교사는 유아들이 개별적 혹은 협력적으로 놀이하면서 공간 구성하기, 측정하기, 분류하기 등을 경험해 보도록 활동기회를 제공해야 한다.

[그림 9-9] 쌓기영역 구성의 예

출처: 보건복지부 · 육아정책연구소(2014).

4) 수 · 조작영역

수 · 조작영역은 유아들이 소근육 협응력, 논리 · 수학적 사고, 수렴적 혹은 발산적 사고력을 활용하여 문제를 해결하는 영역이다. 사물의 수나 양을 경험하고, 조각그림 맞추기, 끼우기, 바느질하기, 그룹게임 등을 통해 공감 및 도형을 경험하고 측정하고 성질이 가진 속성에 준거해 분류하고 규칙성을 파악해 보거나 하는 활동으로 개별적인 활동이 주로 이루어지는 곳으로 조용한 곳에 책상과 의자를 배치해 준다. 다양한 블록이나 구슬꿰기, 볼트와 너트 맞추기, 색깔 맞추기 등의 활동을 통해 일대일 대응, 분류, 비교, 서열 등의 수활동이나 논리적 문제해결, 소근육발달, 집중력과 문제해결능력을 키울 수 있다. 이 활동을 위해 놀잇감은 안전하게 꺼낼 수 있는 위치에 배치하고 그래프나 공간, 도형 등과 관련해 개별활동에서 대·소집단 활동으로 자연스럽게 확장할 수 있도록 격려한다. 퍼즐을 사용할 때 퍼즐 조각이 분실되지 않도록 주의하며 활동 후 정리정돈을 할 수 있도록 지도한다.

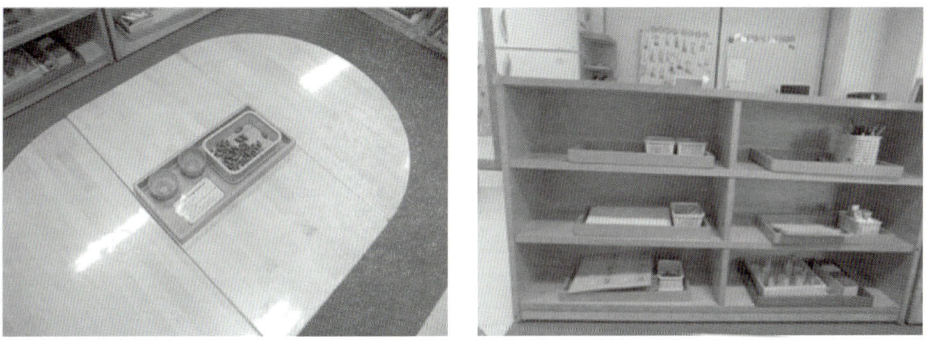

[그림 9-10] 수·조작영역 구성의 예

출처: 보건복지부·육아정책연구소(2014).

5) 과학영역

과학영역은 여러 가지 기자재를 활용해 다양한 물체와 물질, 동물과 식물 등의 자연환경, 간단한 도구와 기계에 대해 호기심을 가지고 지속적으로 탐구하는 태도를 기르며, 이에 대한 기초지식을 얻기 위해 관찰하고 실험하며 감상하는 활동영역이다. 유아는 과학영역의 활동을 통해 주변의 환경이나 생명체에 소중함을 여기는 마음을 기르는 영역으로 조용한 영역에 배치하는데 개별적 또는 소집단으로 활동에 몰입할 수 있도록 유아가 관찰이 용이한 자리에 위치하도록 한다. 과학영역의 자료들은 계절, 주제, 유아의 흥미에 기초하여 다양한 자연물이나 실물자료 또는 사진 등의 자료를 제시하고 돋보기, 거울, 자, 저울, 관찰용지 등을 놓아두어 관찰하고 기록해 볼 수 있도록 환경을 구성한다. 기계 관련 모형이나 안전한 실물기계 등을 놓아둘 수 있고 자연현상과 관련된 사진자료들을 전시해 주어 유아가 다양한 물리적 특징을 탐색하고 과학적 태도를 자극해 줌으로써 탐구과정의 호기심을 더해주고 자연에 대한 소중함을 알고 탐구에 대한 과학적 기초지식을 쌓으며 탐구에 대한 즐거움을 경험하도록 한다.

[그림 9-11] 과학영역 구성의 예

출처: 보건복지부 · 육아정책연구소(2014).

6) 음률영역

음률영역은 생활주변에서 듣는 다양한 소리에 관심을 가지고 탐색하고 음악을 듣고 노래를 부르고 여러 가지 악기를 다루어 보고 음악에 맞추어 자유롭게 움직이거나 창의적인 신체표현을 경험하는 영역이다. 유아는 음악을 감상하며 노래를 부르고, 악기를 탐색하거나 연주하며, 소리의 빠르기, 세기, 장단, 높낮이, 리듬, 멜로디 등을 경험하며 노래로 자신의 생각과 느낌을 표현한다. 또한 음악에 맞춰 신체를 이용한 주변의 다양한 모양이나 형태, 움직임, 자신의 생각이나 느낌을 율동으로 표현한다. 유아는 이를 통해 음악을 즐기며 감수성을 키울 수 있다. 활동을 위해 신체표현이 자유로운 넓은 공간이 필요하며 소음이 많이 나는 영역임을 감안해 조용한 영역과 떨어진 곳에 비치한다. 바닥에는 카펫 등을 깔아 소음을 줄이고 안정적인 분위기를 연출할 수 있도록 하며, 벽면에는 간단한 노래악보나 연주악보를 붙여주고 녹음기와 헤드셋을 구비해 노래감상을 할 수 있도록 환경을 구성해 준다. 카세트나 동영상 자료, 전통악기, 외국악기, 스카프, 리본, 무대의상 등을 구비해 개별활동을 격려하고 벽에 거울을 준비해 움직이는 모습을 감상할 수 있도록 한다. 또한 활동 시 유아가 서로 부딪히거나 다치지 않도록 미리 주의를 주고 쉽게 다룰 수 있는 악기부터 조작이 필요한 악기순으로 확장해 준다.

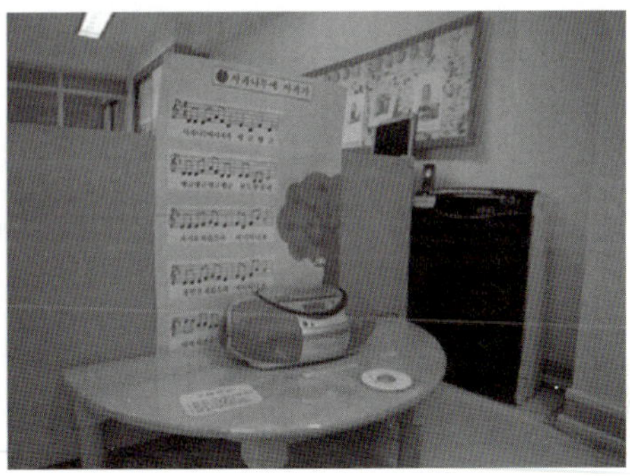

[그림 9-12] 음률영역 구성의 예

출처: 보건복지부 · 육아정책연구소(2014).

7) 미술영역

미술영역은 자연과 사물의 아름다움을 체험하고 그리기, 만들기, 꾸미기, 구성하기 등의 활동을 하며, 자신의 느낌이나 생각을 자유롭게 표현하고 미적 아름다움을 감상하는 경험을 하는 영역이다. 이를 위해 미술영역은 보육실에서 조용하고 밝은 곳, 물이 가까운 곳에 위치하는 것이 좋다. 가능하면 다양한 자료를 창의적으로 활용할 수 있도록 생활용품, 재활용용품, 종이류, 그리기 도구, 만들기 도구, 수수깡, 점토, 나뭇가지 등을 활용해 활동하며, 활동을 통해 미술적 아름다움의 요소를 이해하고, 자신의 생각이나 느낌을 표현하면서 성취감을 얻고, 정서적인 긴장감도 해소한다. 유아들은 그리기, 찢기, 붙이기, 만들기, 점토로 만들기, 염색하기 등을 하면서 활용한 자료와 도구의 특성에 관심을 가질 수 있으며 적절한 방법으로 표현한다. 이를 활용하며 경험하는 시행착오를 통해 문제해결력을 기를 수 있으며 다양한 표현에 즐거움을 느끼고 눈과 손의 협응력을 기르고 자신의 창의력과 상상력을 기른다.

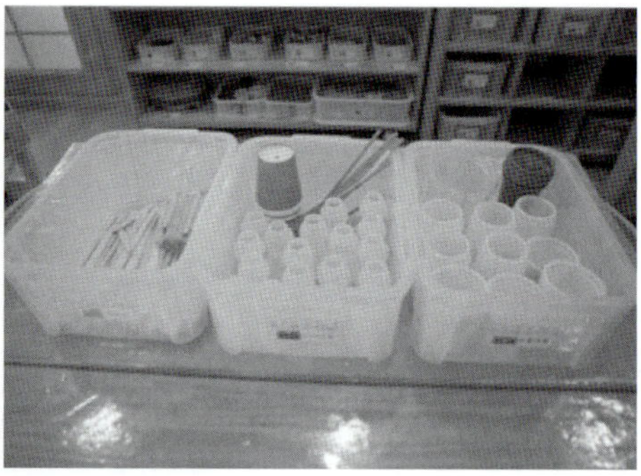

[그림 9-13] 미술영역 구성의 예

출처: 보건복지부 · 육아정책연구소(2014).

8) 실외놀이영역

실외놀이환경은 유아들의 전인적 성장발달을 촉진하는 복합적 기능을 수행할 수 있도록 계획하는 것이 바람직하다. 바깥놀이터는 유아들이 마음껏 뛰어놀 수 있는 장소이며 날씨의 변화와 자연현상을 감각적으로 느낄 수 있는 곳으로 유아에게 즐거움을 주는 장소이며, 위험하지 않으면서 모험적이며 도전적인 놀이, 다양하고 창의적인 놀이를 할 수 있도록 구성한다.

실외놀이환경은 기능적 측면과 안전도를 우선적으로 고려해야 하는데, 놀이에 대한 유아의 발달적 요구를 충족시켜주고 동시에 신체나 운동기능의 발달이 아직은 미숙한 유아들의 놀이 특성 및 신체크기, 능력 등을 고려한 환경을 제공해 주어야 한다. 실외놀이의 교육적 효과는 운동적 기술발달 외에 인지적 발달, 의사소통능력의 확대, 사회적 기술향상, 독립성과 긍정적 자아개념을 형성하는 데 중요하다. 따라서 대근육 활동을 위한 공간만이 아니라 실내놀이공간처럼 정적인 영역과 동적인 영역을 흥미영역별로 균형잡힌 배치를 통해 유아에게 다양한 교육적 경험을 제공해 주는 공간이 되도록 환경을 구성해야 한다. 실외놀이터의 바닥재료는 잔디, 시멘트, 자갈, 모래, 흙 등 다양한 구성이 좋으나, 오르기 시설물이 있는 바닥은 유아의 안전을 위해 탄력성이 있는 바닥재를 설치하고 영유아의 안전을 위해 「어린이 놀이시설 안전관리법」에 따른 시설기준을 적용하여 설치하도록 한다.

실외놀이환경도 정적인 영역과 동적인 영역을 분리하여 달리기, 공놀이, 자전거타기, 물 · 모래놀이 등 적극적인 활동은 동적 활동영역으로, 작업하기, 휴식하기, 책읽기 등은 정적인 활동영역으로 배치하고 교사는 놀잇감을 보관할 수 있는 창고를 마련하고 외부차량이나 사람들, 위험한 환경들로부터 유아를 보호할 수 있도록 주의 깊게 살펴 안전한 활동이 이루어질 수 있도록 한다.

[그림 9-14] 실외놀이영역 구성의 예

출처: 보건복지부 · 육아정책연구소(2014).

10 Chapter

관찰

배울내용

1. 관찰의 목적 및 필요성
2. 관찰의 절차
3. 관찰의 유형
4. 표집방법
5. 기록방법
6. 실습생의 관찰영역
7. 관찰에서 자료수집 대상
8. 놀이관찰과 기록의 실제
9. 지도교사 수업 관찰과 기록의 실제

학습목표

1. 관찰의 목적 및 필요성을 안다.
2. 관찰의 절차를 알고 실제 관찰에서 절차를 지켜서 관찰하는 능력을 갖는다.
3. 관찰의 유형을 알고 실제 관찰에서 알맞은 관찰유형으로 관찰하는 능력을 갖는다.
4. 표집방법을 알고 필요에 따라 적합한 표집방법을 선택할 수 있는 능력을 갖는다.
5. 기록방법을 알고 적합한 표집방법을 선택할 수 있는 능력을 갖는다.
6. 실습생으로서 관찰해야 하는 영역을 안다.
7. 관찰에서 수집대상이 무엇인지 알고 대상에 따라 수집하는 방법을 안다.
8. 실제 실습현장에서 놀이관찰과 기록하는 능력을 갖는다.
9. 지도교사의 수업을 관찰하여 분석하고 수업기술을 익힌다.

1. 관찰의 목적 및 필요성

보육실습에서 관찰은 실습의 과정 중에서 가장 먼저 이루어진다. 실습생의 입장에서 낯선 실습기관의 특성을 빨리 파악하고 각 업무영역에서 어떤 일이 일어나는지 알아야 빨리 적응할 수 있다. 특히 유아에 대한 교육과 돌봄 서비스를 배우기 위해서는 유아의 놀이와 상호작용이 어떻게 이루어지는지 아는 것이 필수적이다. 영유아교육기관에서 유아에 대한 교육과 돌봄 서비스는 놀이의 과정과 교사-유아 상호작용, 유아-유아 상호작용을 통해서 이루어지기 때문에 놀이의 과정과 상호작용을 관찰하는 것은 매우 중요하다고 할 수 있다.

특히 2019 개정 누리과정에서는 놀이를 통해서 배움이 일어나도록 강조하기 때문에 놀이가 어떻게 시작되고 발전되는지를 아는 것이 더욱 중요하게 되었다. 더구나 놀이는 교사 주도가 아닌 유아 주도로 일어나도록 하기에 교사는 놀이에서 관찰자 역할을 하여 놀이를 통해 어떤 배움이 일어나는지와 영유아들이 무엇에 관심 있는지 파악하는 일에 초점을 둬야 한다.

실습생으로서 관찰의 목적은 첫째 교사의 직무가 무엇이며 어떻게 이루어지는지를 파악하는 데 있고, 둘째는 유아를 이해하여 더 나은 교육과 돌봄 서비스를 하기 위함이다. 더 나은 교육과 돌봄 서비스를 위해서는 다음과 같은 목적과 필요성으로 관찰이 이루어져야 한다.

첫째, 영유아들의 일상적 생활을 관리하여 안전한 생활을 보장하고, 영유아들의 감정 및 정서를 이해하여 만족스러운 생활이 되도록 한다.

둘째, 영유아의 배움이 어떤 과정으로 얼마나 일어나는지 평가할 수 있도록 한다.

셋째, 영유아들의 발달이 어느 정도 수준에서 이루어지는지 평가할 수 있도록 한다.

넷째, 영유아들이 교육기관에서 어떤 경험을 하고, 그들 사이에서 형성된 문화를 알아낼 수 있도록 한다.

2. 관찰 절차

영유아 교육기관에서 관찰은 교육 및 보육 활동에서 나타나는 현상과 성과를 과학적으로 분석하기 위해 행하는 과정이다. 즉, 교사가 영유아들의 성장에서 알고자 하는 바를 객관적이고 타당성 있는 논리적 과정으로 밝혀내는 엄밀한 과정이다. 이인원 등(2020)에 의하면 영유아교육기관에서 교사가 관찰할 때 다음과 같은 7가지 절차에 따라 이루어진다.

1) 관찰 목적 설정하기

관찰의 결과를 어디에 어떻게 사용할 것인지를 정하는 것이다. 그 목적은 대개는 영유아들의 일상생활을 관리하거나, 영유아의 학습수행과 발달을 평가하기 위해서 수행된다. 요즘은 영유아들이 경험의 의미를 밝히거나 문화를 알아내기 위해 질적 연구의 수단으로 관찰을 하는 경우도 있다.

2) 관찰 목록 만들기

어떤 세부적인 영유아들의 학습과 발달을 평가할 때는 구체적인 관찰 분야를 설정하여 수행한다. 관찰하려는 타깃 없이 막연히 관찰한다면 관찰이 어렵기도 하고, 관찰의 성과를 이루기 어렵다. 예컨대 친사회적 행동이나 공격적 행동을 관찰 목표로 정하여 놓고 관찰을 수행하면 더 체계적으로 관찰할 수 있다.

3) 관찰 기록지 만들기

기록은 관찰과 함께 필연적으로 따라오는 과정이다. 보기만 하고 기록을 안 한다면 본 내용이 저장되지 않아 아무 데도 사용할 수 없게 된다. 관찰의 결과를 남기고 이용하기 위해서는 필요한 정보의 형태로 기록해야 한다. 기록의 형태는 자료처리를 어떻게 할 것인지 생각하여 행동목록(체크리스트), 평정척도, 일화기록, 표본기록 등으로 할 수 있다.

4) 관찰 방법 정하기

관찰 대상이나 관찰 타깃이 무엇이냐에 따라 관찰 방법이 달라진다. 관찰자의 관찰 행동이 영유아들의 행동에 영향을 끼친다면 비참여관찰로 해야 하지만 그렇지 않을 때는 참여관찰로 해도 무방하다. 관찰 타깃이 무엇이냐에 따라서도 관찰 방법은 달라진다. 일상에서는 잘 관찰할 수 없는 행동이나 반응을 관찰할 때는 통제관찰로 상황을 설정하여 관찰하여야 하지만 그렇지 않고 일상에서 잘 나타나는 행동인 경우는 자연관찰로 할 수 있다.

5) 관찰 대상 정하기

관찰은 사람의 오감으로 일어나는 현상을 순간적으로 포착하는 것이기에 관찰자의 능력에 한계가 있을 수 있다. 학급의 모든 영유아를 동시에 관찰한다는 것은 불가능한 일이다. 그래서 보통 소수의 인원을 정하여 관찰하는 것이 일반적이다.

6) 관찰 수행 및 기록하기

관찰을 수행할 때는 관찰자의 감각기관을 모두 동원하여 일어나는 현상을 빠짐없이 포착해야 한다. 순간적으로 지나가는 현상을 모두 포착하기가 어려울 때는 비디오 녹화를 하면서 관찰할 수 있다. 기록은 관찰하면서 동시에 해야 빠트리지 않고 기록할 수 있다. 시간이 조금 지나면 기억이 안 나거나 정확히 기록하기 어렵다. 일화기록이나 표본기록으로 할 경우 관찰하면서 키워드 중심으로 기록하고 나중에 보완하여 기록하는 방법도 있다.

7) 기록지 정리 및 분석하기

관찰할 때 키워드 중심으로 기록한 경우는 보완하여 완전하게 기록하고, 체크리스트나 평정척도로 기록한 경우는 합계를 내거나 보정을 하여 정리한다. 일화기록과 표본기록은 질적인 정보로서 질적분석을 하고, 평정척도와 체크리스트는 양적인 정보로서 통계적 방법으로 분석한다.

3. 관찰의 유형

1) 자연관찰

일상적 상황에서 영유아의 생활을 방해하지 않고 인위적으로 상황을 조작하지 않은 상태에서 나타나는 현상을 그대로 수집하는 방법이다.

(1) 특징

① 숙련되지 않은 관찰자는 수행하기 어려운 면이 있지만, 관찰 결과의 신뢰성은 높은 편이다.

② 외현적으로 나타난 영유아들의 행동 이외에 그 행동을 일으킨 동기나 맥락을 알면 영유아의 사고와 태도 같은 비행동적 정보도 알 수 있다.

(2) 용도

① 영유아의 발달이나 학습결과를 평가할 수 있다.

② 구체적인 연구를 설계하기 전에 탐색하는 단계에서 실시한다.

③ 표적행동을 정밀하게 관찰할 때 사용한다.

④ 영유아의 문화나 경험을 알고자 할 때 사용한다.

⑤ 자유놀이 장면을 관찰할 때 사용한다.

(3) 유의점

① 질적 자료를 수집하는 경우, 영유아들의 행동은 전체 맥락 속에서 이해할 수 있도록 관찰 대상 그룹이나 교실 전체 분위기도 함께 관찰한다.

② 표적행동을 정밀하게 관찰할 때는 어떤 행동을 관찰할 것인지 미리 정해 놓고 관찰한다.

2) 통제관찰

관찰 장면을 자연스럽게 놔두고 관찰하는 것이 아니라 일정한 조건으로 맞춰놓고 계획적으로 관찰하는 것이다.

(1) 특징

조건을 만들어 놓기 때문에 관찰 시간을 절약할 수 있다.

(2) 용도

특정한 처치나 자극을 투입한 후 변화를 알아보고자 할 때 사용한다.

(3) 유의점

관찰하는 세션마다 관찰 시간을 동일하게 하거나 동일한 자극을 주어 동일한 환경조건을 만들어 표준화된 절차로 한다.

3) 참여관찰

참여관찰은 영유아들이 활동하는 장면 안에 들어가서 관찰을 수행하는 것이다. 관찰자는 관찰대상 영유아 활동의 일원으로 참여할 수도 있고, 가까운 옆에서 가벼운 대화를 하면서 참여할 수도 있다.

(1) 특징

① 관찰자는 관찰 대상 영유아 활동의 일원으로 참여할 수도 있고, 가까운 옆에서 가벼운 대화를 하면서 참여할 수도 있고, 방관자 역할만 하면서 관찰할 수도 있다.

② 관찰자는 무슨 일이 일어나고 있는가를 아는 것뿐만 아니라 관찰 대상의 입장이 어떤 느낌인지도 알 수 있다.

③ 비참여관찰에 비하면 시간이 많이 소요된다.

(2) 용도

① 영유아들이 관찰자가 있어도 영향을 받지 않을 때 사용한다.

② 학급의 담임교사가 자기 반 아이들을 학습과 발달을 평가할 때 또는 영유아들의 일상적 생활을 관리할 때 사용한다.

③ 학급의 문화를 알아보고자 할 때 사용한다.

(3) 유의점

① 관찰 대상인 영유아가 관찰자의 반응에 영향을 받지 않도록 상호작용에서 중립적이어야 한다.

② 영유아의 활동에 깊이 참여하다 보면 관찰을 소홀히 할 수 있다.

③ 관찰 내용을 확인하기 위하여 관찰 대상자와 추가로 면담하거나 문서를 수집할 수도 있다.

4) 비참여관찰

관찰자가 관찰 장면에 직접 들어가지 않고 일방경이 설치된 관찰실에서 관찰하거나 카메라로 녹화하여 모니터 화면을 보면서 관칠하는 것이다.

(1) 특징

① 관찰자가 편한 마음으로 자유롭게 관찰할 수 있다.

② 관찰에서 수집하는 정보가 제한적이다.

③ 관찰자가 객관성을 유지하기가 쉽다.

(2) 용도

① 관찰 대상이 관찰자에 의하여 활동에 방해를 받을 염려가 있을 때 사용한다.
② 관찰자가 관찰 대상 영유아의 행동에 영향을 미칠 우려가 있을 때 사용한다.

(3) 유의점

① 관찰만으로는 정보수집이 제한적이기에 필요한 정보는 별도로 교사의 면담이나 문서 등도 함께 수집한다.

4. 표집방법

알고자 하는 대상의 속성을 파악할 때 모든 대상을 조사하면 정확하게 알 수 있으나 노력과 시간이 너무 많이 든다. 대상을 대표할 수 있는 표본을 잘 추출하면 모든 대상을 조사하지 않고도 속성을 파악할 수 있다. 어느 농가가 생산한 복숭아의 당도를 알아보고자 할 때 모든 복숭아에 대하여 당도를 측정하지 않고 몇몇 상자에서 표본을 추출하여 당도를 측정하면 모든 복숭아에 상처를 내지 않고도 그 농가에서 생산한 복숭아의 당도를 알아낼 수 있다. 유아들의 행동이나 발달상황을 알아볼 때도 표본을 추출하여 알아보면 노력과 시간을 절약할 수 있다.

1) 시간표집법

관찰 전 미리 정해 놓은 시간표에 맞추어 정해진 시간 동안 발생하는 정보를 수집하는 방법이다. 즉, 5분 관찰하고 10분 쉬고 다시 5분 관찰하고 10분 쉬는 방식으로 주기적으로 정보를 수집한다.

(1) 특징

① 짧은 시간에 여러 명의 영유아를 동시에 관찰할 수 있다.

② 행동의 빈도수 지속시간 등은 알 수 있으나 행동의 원인이나 질적인 속성에 대해서는 알 수 없다.

③ 관찰 결과는 통계 처리하여 분석할 수 있다.

(2) 용도

① 양적 자료를 수집할 때 사용한다.

② 일상에서 자주 일어나는 행동을 관찰할 때 사용한다.

② 시간에 따라 기계적으로 표집하기 때문에 자세하게 서술하는 연구에는 적당하지 않다.

(3) 유의점

① 관찰 주기를 짧게 할지 길게 할지는 관찰 대상 행동의 특성에 따라 달리한다.

2) 사건표집법

관찰하고자 하는 행동이 일어날 때마다 정보를 수집하는 방법이다.

(1) 특징

① 행동이나 사건에 대한 정보를 수집하는 동시에 일어나는 과정까지 상세하게 수집할 수 있다. 시간표집법에 비해 융통성이 있어서 미리 만들어진 틀을 통

해 기록할 수도 있고, 설화적으로 자세히 기록할 수도 있다.

(2) 용도

① 자주 일어나는 행동부터 드물게 일어나는 행동까지 모두 사용할 수 있다.
② 행동이 왜 일어나는지 원인까지 파악하고자 할 때 사용한다.

(3) 유의점

① 관찰 대상 행동이 언제 일어날지 모르기 때문에 관찰하는 동안 집중하고 있어야 한다.
③ 일화기록이나 표본기록법을 사용할 때는 한 가지 행동만 관찰하는 게 아니라 일어나는 행동과 사건을 모두 관찰하여 기록한다.

5. 기록방법

관찰에서 수집한 정보를 질적 분석할 것인지 양적 분석할 것인지에 따라 기록하는 방법은 달라진다. 양적 분석을 한다면, 체크리스트나 평정척도로 기록하지만, 질적 분석한다면, 일화기록이나 표본기록법을 사용한다.

1) 일화기록법

하나의 사건이나 행동을 단위로 일어난 사실을 있는 그대로 기술하고 이를 토대로 의미를 해석하는 방법이다.

(1) 특징

짧은 에피소드를 기록하여 그 안에 숨어 있는 의미를 분석한다.

(2) 용도

① 학급에서 수시로 일어나는 에피소드를 가지고 영유아의 학습과 발달을 평가하고자 할 때 사용한다.

② 어떤 특정한 상황에서 영유아의 반응을 알고자 할 때 사용한다.

(3) 유의점

① 사실과 해석을 구분하여 기록한다.

② 관찰자의 추측이나 관점을 기술하지 않는다.

③ 어느 하나의 사건을 단위로 기록해야 하고 여러 개의 사건을 동시에 기록하지 않는다.

④ 유아들끼리 대화는 직접화법을 사용하여 기록하고 행동은 묘사하여 기록한다.

⑤ 해석은 사실을 기록한 것을 토대로 한다.

⑥ 해석은 사실에서 뽑아낼 수 있는 학습과 발달에 관련된 모든 것을 의미화한다.

(4) 일화기록 사례

〈표 10-1〉 일화기록 사례

일화기록			
관찰대상	미정, 근수	관찰일	2021년 3월 17일
연령	만5세	관찰시간	9시 30분~10시 00분
관찰자	이교사	관찰장면	자유놀이
사실			
자유놀이 시간에 미정이와 근수가 병원놀이를 한다. 근수: 콜록 콜록(기침을 한다.) 미정: 근수야! 너 감기 걸렸나 봐. 기침하네. 근수: 그런가 봐. 미정: (재빨리 병원놀이 상자를 열어 장난감 청진기를 들어 귀에 걸고 근수에게로 다가간다.) 근수야 이리 와봐 내가 진찰해 줄게. 근수: 알았어. (미정이에게 다가간다.) 미정: (청진기를 근수 가슴에 대로 진찰하는 시늉을 한다.) 감기 걸린 것 같다. 근수: 그래? 미정: (종이에 '감기약'이라고 쓰고) 내가 약 줄게. (하며 종이를 근수에게 준다.) 이거 가지고 약국에 가서 약 타먹어. 근수: 알았어. 미정: 병원비 내야지. 근수: 얼마인데? 미정: 삼천 원이야. 근수: (주머니에서 돈을 꺼내는 시늉을 한다.) 여기 삼천 원. (하며 주먹을 내밀어 돈을 건네는 시늉을 한다.)			
해석			
1. 미정이는 의사의 직업에 대하여 안다. 2. 미정이는 한글을 쓸 수 있다. 3. 미정이는 돈의 개념을 안다.			

2) 표본기록

관찰 장면의 모든 상황을 사건이 일어난 순서대로 육하원칙에 따라 설화적으로 기록한다.

(1) 특징

① 학급에서 일어나는 모든 것을 알 수 있다.

② 학급에서 일어나는 모든 것을 기록하기 때문에 상당한 숙련이 필요하다.

(2) 용도

① 학급에서 담임교사가 영유아의 놀이를 관찰하고 지원계획을 할 때 사용한다.

② 학급의 상황을 자세히 알고자 할 때 사용한다.

③ 학급의 문화를 알고자 할 때 사용한다.

(3) 유의점

① 관찰자의 추론이나 선입견은 배제하고 기록한다.

② 사실과 해석은 분리하여 기록한다.

③ 사건이 일어난 순서대로 현재형으로 기록한다.

④ 유아들끼리 대화는 직접화법을 사용하여 기록하고 행동은 묘사하여 기록한다.

⑤ 해석은 많은 사실을 토대로 하므로 의미 있는 것을 선택하여 기록한다.

(4) 표본기록 사례

〈표 10-2〉 표본기록 사례

표본기록			
관찰대상	미정, 근수	관찰일	2021년 3월 17일
연령	만5세	관찰시간	9시 30분~10시 00분
관찰자	이교사	관찰장면	자유놀이

시간	사실
10:07	과학영역 책상 위에 소라껍질이 다양하게 전시된 것을 본 A유아는 "와~ 이거 바다에서 봤는데 선생님 이거 누가 가지고 왔어요."하는 A유아의 질문에 "선생님이 주말에 바닷가에 갔다가 주워왔지."하며 교사가 대답한다.
10:08	A유아는 소라껍질 중에 왼쪽에서 세 번째 껍질을 오른손으로 잡더니 오른쪽 귀에 가져다 대며 고개를 오른쪽으로 45도 정도 기울이고 10초간 소리를 들어본다
10:09	가지고 있던 껍질을 제자리에 내려놓으며 "바다 소리가 들리는데요. 선생님들 한번 들어보세요." 하며 교사에게 권유한다. 교사는 오른쪽 끝에 있는 소라껍질을 왼손으로 자보는 왼쪽 귀에 가져다 대고 잠시 멈추더니 "음~~~선생님도 파도소리가 들리는 것 같아."하며 소라껍질을 제자리에 내려 놓는다. A유아는 교사의 행동을 보고 있다가 "맞죠. 바다 소리죠."하고는 음률영역으로 이동한다.
10:11	A유아는 악기가 있는 교구장 앞에 서서 마라카스를 만지고 있다. 왼쪽 귀에 갖다 대고는 손목을 돌려보며 마라카스에서 나는 소리를 듣는다. 다시 좌우로 두 번을 흔들어 보더니 다시 내려놓는다.
10:12	마라카스가 담긴 바구니 옆에 코끼리 코 귀로를 양손으로 잡아 왼손과 오른손을 교차로 위아래로 올렸다 내렸다 반복한다.
10:13	B유아가 옆으로 와 "너, 지금 뭐하는 거야."라며 A유아에게 묻자 "잘 들어봐, 이거 무슨 소리랑 닮았거든."하며 귀로를 다시 왼손과 오른손을 위아래로 올렸다 내렸다를 반복한다.
10:14	B유아는 소리를 고개를 갸웃거리며 반복해서 듣고 있다. B유아는 "잘 들어봐. 생각이 안 나?"하고 말한다.
10:15	가만히 소리를 듣고 있던 B유아는 "음~~ 엄마 구두 소리?"라고 이야기하자 "그래?"(옆에 있는 마라카스를 잡고 B유아 귀에 대고는 천천히 돌려보며)
10:16	"이거는 무슨 소리 같아?"하고 묻는다. B유아는 가만히 듣고 있더니(30초 정도) "이거는 빗소리 같기도 하고, 파도 소리 같기도 하네."하고 대답한다.

10:17	A유아는 “바다 소리?”라고 하더니 “이제 찾았다.”라며 가지고 있던 마라카스를 오른쪽 옆에 두고 “B유아야 우리 바다놀이 할래?”하며 B유아에게 놀이를 제안한다. “바다놀이? 어떻게 하는 건데.”라고 묻자 마라카스를 내려놓고 B유아에게 쌓기놀이영역을 가리키며 “저기 가서 하는 건데 나 따라와 봐.”하며 B유아의 손을 잡고 함께 쌓기놀이영역으로 자리를 옮긴다.

해석

1. A유아는 소라껍질이 바다에서 가져왔다는 사실로 바다 소리가 들릴 것이라는 상상을 할 수 있다.
2. A유아는 소리 탐색에 흥미를 가지고 탐색활동에 몰입할 수 있다.
3. B유아는 마라카스에서 나는 소리를 듣고 빗소리, 바닷소리 같다고 하는 것으로 보아 소리의 성질을 잘 파악할 수 있다.
4. A유아는 소리 탐색 끝에 마라카스에서 바닷소리를 찾았고 바다놀이로 놀이를 발전시켰다.

3) 행동목록법

관찰할 행동의 목록을 미리 만들어 놓고 관찰하면서 행동이 나타날 때 체크하여 기록하는 것이다.

(1) 특징

① 행동이 일어나는지 아닌지만 알 수 있고 질적인 수준 정도는 알 수 없다.

② 학급에서 손쉽게 영유아의 행동을 관찰하여 학습과 발달을 평가할 수 있다.

③ 관찰 대상의 학습과 발달을 점수로 나타낼 수 있다.

④ 평정척도법에 비하여 초심자가 사용하기 쉽다.

(2) 용도

① 주기적으로 영유아의 학습과 발달을 평가하여 시간의 경과에 따라 변화를 알고자 할 때 사용한다.

② 점수로 나타낼 필요가 있을 때 사용한다.

③ 교수법이나 프로그램의 효과를 검증할 때 사용한다.

(3) 유의점

① 행동목록을 만들 때 중복되지 않도록 포괄적이고 배타적으로 만들어야 한다.
② 사전에 체크하는 기준을 명확히 만들어 놓는다.
③ 관찰자가 여러 명 일 때 관찰자 간 신뢰도를 유지하기 위해서 훈련과 합의가 필요하다.

(4) 행동목록법 사례

한국건강관리협회 유아 주의력결핍과잉행동장애(ADHD) 체크리스트

〈표 10-3〉 행동목록법 사례

번호	문항	체크
1	말이 많다.	
2	집중력이 부족하다.	
3	물건을 잘 잃어버린다.	
4	시끄럽게 놀이한다.	
5	다른 사람 말을 잘 듣지 않는다.	
6	질문 도중에 말을 끊고 대답한다.	
7	오랫동안 가만히 앉아 있지를 못한다.	
8	외부 자극으로 인해 집중하지 못하고 산만해진다.	
9	앉아 있는 도중에도 몸을 이리저리 움직인다.	
10	한 가지 알을 다 끝내기 전에 다른 일을 한다.	
11	무언가를 할 때 자기 차례를 기다리기 힘들어한다.	

※ 7세 이전의 유아가 8개 이상의 항목 증상을 6개월 이상 보이면 ADHD 확률이 높다.

4) 평정척도법

관찰에서 수집된 자료를 질적 수준에 따라 척도를 만들어 수치로 기록한다.

(1) 특징

① 관찰된 행동의 질적 수준을 숫자로 기록한다.

② 행동의 유 · 무뿐만 아니라 질적 수준까지 나타낼 수 있다.

③ 점수화할 수 있어, 총점과 평균을 나타낼 수 있다.

(2) 용도

① 영유아의 학습과 발달 정도를 점수로 나타낼 필요가 있을 때 사용한다.

② 어떤 교수법이나 프로그램의 효과를 검증하는 연구에서 사용한다.

(3) 유의점

① 척도화된 점수를 기록할 때 객관적인 입장을 일관되게 유지한다.

② 사전에 점수를 주는 기준을 명확히 만들어 놓는다.

③ 관찰자가 여러 명 일 때 관찰자 간 신뢰도를 유지하기 위해서 훈련과 합의가 필요하다.

(4) 평정척도법 사례

〈표 10-4〉 Shearer의 유아용 다중지능 평가도구(음악적 지능)

번호	문 항	전혀 그렇지 않다	그렇지 않다	보통이다	그렇다	항상 그렇지 않다
1	유아는 악기나 음을 만들어내는 사물(병, 후라이팬 증)을 사용한다.					
2	유아는 노래를 잘 부른다.					
3	유아가 음악적 재능이 있다고 생각한다.					
4	유아는 손뼉을 치거나 발구르기, 콧노래, 노래부르기를 혼자서 한다.					
5	유아는 놀이 활동 중 노래를 흥겹게 만들어 부른다.					
6	유아는 발을 구르거나 가볍게 칠 때 박자를 맞춰서 할 수 있다.					
7	유아는 어떤 노래나 특정한 음악을 반복하여 만든다.					
8	유아는 음악 레슨을 받거나 악기 연주하는 것을 즐긴다.					
9	유아는 음악에 따라 손뼉을 치거나 움직이는 것을 좋아한다.					
10	유아는 음반, 라디오, 텔레비전의 설명에 알맞게 노래를 부른다.					
11	유아는 악기를 연주할 수 있다.					

6. 실습생의 관찰영역

실습생은 실습기관의 모든 것은 관찰해서 교사로서 자신의 능력을 향상시키고 유아교육기관에서 근무할 수 있는 역량을 갖춰야 한다. 우선 실습기관의 규모와 물리적 환경부터 조직의 형태와 풍토에 이르기까지 알아야 하고, 교사의 직무에 대해서는 하나라도 빠트림 없이 파악해야만 직무를 익힐 수 있는 것이다. 무엇보다도 교사로서 중요한 것은 유아에 대한 이해의 수준을 높여 가르치거나 돌보는 일에서 실수가 없어야 한다. 지도교사의 직무 수행을 곁에서 세심하게 관찰함으로써 실습생 스스로 배울 수 있어야 한다.

1) 실습기관의 물리적 환경

실습생이 업무를 배우기 위해서는 실습하는 기관의 물리적인 환경에 빨리 익숙해져야 한다. 각 시설들의 기능과 역할뿐만 아니라 사용방법, 특성 등을 익혀야 시설들을 적합하게 사용할 수 있고 나아가서 안전하게 사용할 수 있다. 어떤 사람이든 낯선 환경에서는 실수하기 쉽고, 넘어지거나 오작동으로 인한 사고를 당할 수도 있다. 물리적 환경을 관찰할 때 꼭 필요한 것을 열거하면 다음과 같다.

(1) 시설의 크기 및 모양의 특성

유아교육기관에는 다양한 크기와 모양을 가진 시설들이 있다. 그 크기는 영유아들의 신체적 크기와 안전한 사용을 고려하여 결정되는데 때로는 성인이 사용하기에 불편할 경우도 있다. 이러한 점을 잘 숙지하여 시설을 이용하여야 안전하게 이용할 수 있다. 예를 들어, 계단의 높이는 영유아들이 사용하기 알맞도록 높이가 낮게 만들어져 있기에 실습생들이 자칫하면 넘어지는 실수를 할 수 있다.

(2) 기능 및 역할

건축물에는 각종 기계 기구들이 설치되어 있는데 난방장치를 비롯하여 소방시설, 가스시설, 전기시설, 놀이시설, 방송시설, 주방시설, 공기 정화시설, 수업에 사용되는 컴퓨터, CCTV, 빔프로젝트 등 많은 시설이 있는데 이러한 시설들은 쾌적한 환경을 만들거나 안전을 위하여 늘 작동되는 상태에 있고, 필요할 때 켜는 경우도 있다. 각 시설의 기능과 역할을 파악하여 필요에 따라서 작동시키는 방법을 알아야 한다.

(3) 사용법

교실에 있는 각종 교구나 비품들은 수업에서 늘 활용되는 것들이다. 실습생이 처음 보는 것도 있고 사용법에 대하여 모르는 것도 있기에 주의 깊게 관찰하여 올바른 사용법을 익혀야 한다. 교사들의 직무에 필요한 도구들을 잘 다루는 것도 직무능력에 포함되므로 적극적인 자세로 사용법을 익혀야 한다.

2) 실습기관의 조직문화

교사의 실무를 배우기 위해서 꼭 필요한 점이 실무를 담당하는 교직원 세계의 조직문화를 익히는 것이 필요하다. 실무는 조직의 의사결정 과정과 계통을 거쳐서 담당자에게 업무가 부여되고 담당자는 매뉴얼이나 원칙에 따라 처리하게 된다. 직무를 수행하기 위해서는 계획과 실행, 평가, 환류의 과정을 거치는데 교직원이 각자 가지고 있는 직무능력뿐만 아니라 그 조직의 문화적 특성까지 직무 수행에 영향을 미친다. 교직원들이 맡은 바 직무를 원활히 수행하기 위해서 조직의 문화를 알아야 한다. 조직의 문화는 다양한 영역에서 형성되는데 의사전달 방법, 업무분장, 출퇴근, 휴식과 포상, 기관장의 리더십 등에 있어서 기관에 따라 독특한 색깔을 가진다.

3) 교사의 직무

영유아교육기관 교사의 직무는 크게 7가지 정도로 분류할 수 있다. 직위에 따라 담당 업무 비중이 다를 수 있지만, 일반적인 담임교사라면 교육과 돌봄의 비중이 가장 클 것이다.

(1) 교육

영유아를 가르치는 일은 교사의 직무 중 가장 큰 비중을 차지한다고 볼 수 있다. 가르치는 일을 다시 세분하면 교육계획, 실행, 평가가 있고, 교육계획에는 연간, 월간, 주간, 일간 계획, 교육내용 조직 등이 있으며, 실행에는 각종 교구 · 교재 개발, 교수전략과 교수기술 연구 등이 있으며, 평가에는 평가도구 개발, 평가를 위한 관찰 및 기록, 환류 등이 있다.

(2) 돌봄

돌봄은 영유아의 적응과 기본적인 욕구를 충족시켜주는 것 이외에 정서적 안정을 위한 애착 형성, 관계 형성, 마음의 치료 등이 포함된다. 나이가 어린 영유아일수록 돌봄의 비중은 커진다. 실습생은 영유아의 돌봄 요구에 어떻게 반응하고 대응하는지 교사의 손길과 태도 등을 세심히 관찰하여 다양한 사례에 따른 대응 방법을 습득해야 한다.

(3) 학부모상담

영유아 교육기관의 교사들은 영유아에 대한 서비스로 끝나는 것이 아니라 그 부모와 가정에 대한 서비스도 함께 해야 한다. 부모에 대한 서비스는 영유아의 적응과 발달을 위한 정보를 제공하는 것부터 알권리를 충족시켜주는 일까지 포함된다. 교사가 부모를 응대하고 소통하기 위해서는 대인관계 기술과 예절 등이 필요하다.

(4) 교실환경 관리

교실은 교사의 손길이 안 가는 곳이 없다. 영유아들이 안전하고 쾌적한 환경에서 생활할 수 있게 해 주어야 하므로 매일 체크하여 불완전한 것이 없도록 관리한다. 영유아들이 배움이 일어나도록 하는 데는 교사의 직접 지도와 더불어 교실환경을 배움과 관련 있는 주제로 꾸미는 것이 필요하다. 이와 관련한 교사의 직무는 청소와 게시판, 벽과 천장 꾸미기 교구·교재를 비롯한 장난감 소독하기 등이 있다.

(5) 행사

유아교육기관에서 행사는 교육활동의 하나이기 때문에 교육목표가 분명한 행사를 해야 하고, 그 행사들이 교육적 목적을 이룰 수 있도록 치러져야 한다. 행사는 일상적인 교육활동에서 경험하기 어려운 것을 행사라는 이름으로 활동함으로써 특별한 장소와 방법으로 목표를 성취하도록 하는 것이다. 행사를 일회성 홍보나 보여주기식으로 치러진다면 그 행사는 교육적 목적을 상실하여 맹목적인 행사로 그칠 수 있다. 실습생은 행사를 기획하고 준비와 실행 과정에서 교사가 어떤 일들을 하는지 관찰하고 직접 참여하여 보조함으로써 행사에 관련된 직무를 배울 수 있다.

(6) 문서관리

어떤 기관이든 기관에서 이루어지는 일에 대하여 계획, 수행, 평가하는 과정을 공식적으로 남기고, 의사전달의 방법으로 문서가 사용된다. 문서는 영구적으로 정보를 저장할 수 있는 수단이고 공식적인 증거 능력을 갖기에 정확하게 작성되어야 하고 핵심 내용을 포함하여야 한다.

(7) 재정관리

재정관리는 모든 교사가 담당하지 않고 지정 담당자가 회계업무를 맡아서 한다. 유아교육기관의 재정은 교육비, 수혜자부담경비 징수와 같은 수입과 인건비, 교육운영비와 같은 지출을 다루는 업무로서 수입결의서와 지출결의서 작성하기, 현금출납부 작성, 통장관리 등이 있다. 실습생으로서는 쉽게 접할 수 없는 업무이기에 직무 수행을 관찰할 수 있는 기회가 없을 수도 있다.

7. 관찰에서 자료수집 대상

영유아들은 교사와 또는 또래들과 상호작용에서 자신의 의사를 표현할 뿐만 아니라 자신이 알고 있는 지식에 근거하거나 느낌이나 관점에 따라 표현하고자 하는 욕구가 생기고 이를 밖으로 표출한다. 교사들은 영유아들이 밖으로 표출하는 것을 잘 수집하면 그들의 내면을 이해할 수 있다. 교사가 영유아와 관련된 정보를 수집하기 위해 주의를 집중하는 것은 영유아들이 표현하는 수단인 말, 행동, 표정, 표현작품 등이다. 이것들이 가지고 있는 의미를 해석하면 영유아들의 보이지 않는 정신세계나 마음까지도 이해할 수 있게 된다.

관찰은 관찰자가 가지고 있는 지각 능력을 최대한 활용하여 나타나는 현상을 정확히 이해하는 작업이라고 할 수 있다. 지각 능력을 키우면 그만큼 많이 볼 수 있는 것이고 더 자세히 알 수 있게 된다. 아는 만큼 보이기 때문에 관찰자가 관련 분야의 지식을 많이 가지고 있으면 그만큼 많이 볼 수 있다.

1) 말 · 표정 · 몸짓

말을 배우는 시기가 지나고 자신의 의사를 마음대로 구사할 수 있는 연령이 되면 영유아는 자신이 표현하고자 하는 것을 대부분 말로 표현이 가능하다. 만3세 이상의 영유아들을 관찰할 때 말은 가장 많은 정보를 수집할 수 있는 대상이다. 때로는 말과 몸짓과 표정이 더해져서 더 정확한 의미를 만들어낸다. 관찰자는 말소리만 듣기보다는 표정과 몸짓까지 봐야 정확한 정보를 수집할 수 있다. 영유아들이 사이에서 오가는 대화는 그대로 직접화법으로 따옴표 안에 그대로 기록하면 된다. 표정과 몸짓은 글로 묘사하여 기록하는데 사실적으로 기록하기 위해서는 생생하게 묘사하는 기술이 필요하다. 가능하면 구체적으로 묘사해야 정확한 의미를 알아낼 수 있다.

예를 들면 "영아가 "내꺼야! 이리 줘"라고 말하며 장난감을 달라는 손짓을 하며 눈물을 글썽였다."와 같이 기록한다.

2) 행동

영유아들이 활동하는 상황에서 행동은 작은 움직임에서부터 큰 움직임에 이르기까지 모든 일거수일투족이 의미를 담고 있다고 할 수 있다. 고개를 갸우뚱하거나 발을 구르거나 손을 흔드는 등 많은 움직임을 하는데 이것들은 모두 영유아들의 의사를 전달하거나 자신의 감정이나 정서를 표현하는 행동들이다. 영유아들의 행동은 글로 묘사를 통해서 기록한다. 행동을 묘사할 때 구체적이면서도 행동을 가장 잘 나타낼 수 있는 어휘를 선택하는 것이 중요하며 때로는 의태어를 사용하여 행동을 묘사한다.

예를 들면 "ㅇㅇ가 선물을 받아들고 좋아서 깡충깡충 뛰었다." "ㅇㅇ가 교실 주변을 느릿느릿 발걸음을 옮기며 주변을 두리번거렸다." 등과 같이 묘사한다.

3) 분위기

관찰하는 교실이나 영유아들이 놀고 있는 분위기는 전체 상황을 이해하는데 중요한 정보가 된다. 분위기를 기록할 때도 글로써 묘사하는데 구체적이면서도 적당한 어휘를 사용해야 분위기를 있는 그대로 기록할 수 있다. 분위기를 묘사하는 데는 형용사를 잘 사용하면 생생하게 나타낼 수 있다.

예를 들어 "바깥 날씨가 화창하지만 좀 쌀쌀하게 느껴지는데도 유아들은 겉옷을 벗고 신나게 운동장을 뛰어다니며 놀고 있다. 때로는 유아들이 서로 반대 방향으로 뛰다가 가끔 부딪쳐 넘어지기도 한다. 선생님은 유아들이 다칠까 염려되어 천천히 뛰라고 큰 소리로 말한다."와 같이 기록한다.

4) 사진

사진은 순간을 포착하여 보존하는 능력이 매우 우수하다. 운동회 같은 행사를 하거나 견학 및 기타 여러 가지 행사 도중에 사진을 찍어 두면 매우 유용한 정보를 수집할 수 있다. 영유아들의 작품이 너무 커 실물 그대로 보관인 어려운 경우와 놀이 상황이 종료되면 작품을 해체해야 하는 경우(블록 자동차, 모래성)에 사진을 찍어서 보관할 수 있다.

6) 작품

영유아들이 지식에 근거하거나 사고한 것을 작품을 통해서 표현할 수 있다. 작품은 영유아들의 내면세계를 나타내주는 동시에 인지발달을 비롯하여 여러 가지 발달 수준을 가늠할 수 있다. 또한 영유아들의 감정과 정서 상태를 나타내기도 한다. 작품 활동은 글이나 그림, 만들기, 음악, 춤 등 다양하게 할 수 있는데 글쓰기와 그림, 만들기 같은 작품은 그대로 수집하면 되지만 춤이나 음악은 동영상이나 녹음으로 수집할 수 있다.

7) 문서

문서를 통해서 학급에서 일어나는 교육활동 및 보육활동이 공식적으로 어떤 목표를 가지고 하는 것인지 알 수 있다. 예컨대 일일, 주간, 월간 보육계획안을 분석해 보면 보육기관인 학급의 보육활동을 이해할 수 있다. 그 밖에도 가정통신문, 생활기록부, 출석부 등도 수집할 수 있는 문서에 해당된다.

8) 교사의 저널

저널은 교사가 학급운영 및 보육활동에서 의도했던 점이나 목표달성 정도와 활동 과정에서 느낀 점, 앞으로의 계획, 반성 등을 일기 형식으로 기록한다. 교사의 저널에는 학급을 이해하고, 보육활동을 이해하는 데 도움되는 정보가 있다.

8. 놀이관찰과 기록의 실제

영유아 관찰은 실습생의 관찰실습 중 핵심이라고 본다. 영유아들을 이해하는 일은 교사가 제공하는 서비스를 계획하는 기초가 되는 것이다. 영유아가 기관에서 생활하는 동안 교사는 늘 관찰하고 있어야 하고, 영유아의 행동에 따라 적절한 개입이 즉각적으로 이루어져야 한다.

교사는 놀이를 조성해 주어야 하고 그들의 관심과 흥미에 따라 놀이가 발전하도록 지원해야 한다. 영유아들은 놀이를 통해서 배우기도 하고, 놀이를 통해서 정서적 만족을 얻기도 한다. 영유아가 하는 놀이의 수준은 학습과 발달의 정도를 파악할 수 있는 척도가 된다. 교사가 학급에서 영유아들의 놀이를 관찰하는 일은 배움을 위한 적절한 지원과 평가를 위해 중요한 일이다.

〈표 10-5〉 놀이관찰 사례

바깥 놀이	바깥 놀이 시간에 서너 명의 유아들이 모래 케이크를 만들며 놀이하고 있다. 진성: (또래들을 불러 모으고 있다.) 수진: (다가와) 여기 개미 있다. 신기한 벌레야! 지렁이인가? (하며 손가락으로 가리킨다.) 진성: 괜찮아(라고 말하며 진수를 안심시킨다.) 수진: (케이크 만드는 방법에 대해 진성이에게 묻는다. 모래 케이크를 가리키며) 이거 어떻게 만들어?(라고 말한다.) 진성: (뒤편에 놓아둔 자신이 사용했던 도구(그릇)를 가지고 와서 모래를 담아 뒤집는 시늉을 하며 그릇 형태의 모래 케이크 만드는 방법을 이야기한다.) 이거랑 이거 쓰면 돼, 여기 모래 넣고, 여기에 모래 넣고. (모래 케이크에 작은 나뭇가지로 꾸미는 방법을 알려준다.) 이제 아까 한 것처럼 이렇게 꾸며.(라고 말하고 고운 모래를 한 움큼 집어 케이크 위에 뿌린다. 모래 케이크를 손으로 밀어 위치를 조금 옮긴다.) 이제 다 만들고 부셔!(라고 말하지만, 모래 케이크는 부수지 않고 여러 가지 도구로 모래 케이크를 감싼다.) 경수: (모래 케이크 위에 작은 돌과 나뭇가지를 올리며 꾸민다.) 진성: (경수를 따라서 작은 돌과 모래로 모레 케이크를 꾸민다.) 여기는 초콜릿 과자. (나뭇가지를 모래 케이크에 찔러 넣으며) 이거는 조금 깊게 넣어야겠다. (계속 모래 케이크를 꾸민다.) 여기 위에 초코 과자만 있으면 안 되니까 치즈도 뿌리고 빼빼로도 넣고. 경수: (나뭇가지를 빼빼로라고 가장하고 모래 케이크에 빼빼로를 꽂는다.) 진성: 나는 빼빼로 많이 넣어줘. (라고 말하며 모래 케이크를 꾸민다.) 성수: (모래 케이크 주변으로 다가와) 더 멋지게 꾸미려면 이것도 해야 돼. (말하며 나뭇잎을 꽂는다.)

해석	1. 진성이는 도구를 활용하여 모래를 성형할 수 있다는 것을 잘 알고 둥그런 도구의 모양을 잘 살려 모래 케이크를 만들 수 있다. 2. 다른 유아들도 케이크 만들기에 관심을 가지며, 케이크를 멋지게 꾸미는 방법에 대하여 알고 있는 것으로 보아 실제 생일 등 일상에서 케이크를 먹어본 경험이 풍부해 보인다. 3. 유아들은 또래들과 협력해서 놀이에 참여할 수 있다. 4. 경수는 나뭇가지를 빼빼로라고 가장하는 능력이 있다.
향후 지원계획	1. 유아들이 다양한 도구를 가지고 놀 수 있도록 준비해 준다.

9. 지도교사 수업 관찰과 기록의 실제

실습생은 지도교사의 수업을 관찰하고 배우는 기회를 갖는다. 관찰은 학습에 있어서 매우 유용한 방법이기 때문에 실습생이 교사의 직무를 배우려면 직접 관찰하는 기회를 가져야 한다. 교사의 직무에는 가르치는 일은 물론이고 돌봄, 교실환경 꾸미기, 행사 등 다양한 일들이 있다. 하루 일과를 모두 관찰하면 교사의 모든 직무를 보고 배울 수 있다. 수업 관찰은 실습생이 가장 큰 비중을 두는 영역이라고 할 수 있다.

실습생은 수업 관찰에서 교사가 어떤 전략을 사용하는지와 어떤 교수행동을 하는지 등 수업기술에 관한 것을 섬세하게 보고 배워야 한다. 실습생이 사전에 알아야 할 교수전략과 교수행동은 다음과 같다.

1) 교수전략

교수전략은 교사가 수업에서 학습자의 학습효과를 극대화하기 위해서 비교적 큰 틀에서 사용하는 기술이라고 보면 된다. 어떤 한 단위의 수업에서 교사는 한 가지 전략만 사용하지 않고 복합적으로 여러 가지 전략을 섞어서 사용할 수 있다. 교사가 수업의 성격에 따라 또는 가르치는 내용에 따라 적합한 전략을 사용하는 것은 교사의 수업기술로 나타난다. 가능한 다양한 전략을 적기에 사용하는 것이 중요하다. 암스트롱(Armstrong, 1993; 1994)은 교수전략을 7가지로 구분하였다.

(1) 언어적 교수전략

교사의 설명식 수업은 가장 흔한 언어적 전략이다. 언어적 교수전략에서 나타나는 활동은 브레인스토밍 및 이야기하기, 일지기록, 문집출판 등 언어를 사용하여 교수-학습 효과를 나타내는 방법이다.

(2) 논리 · 수학적 교수전략

소크라테스식 질문처럼 논리적 순서에 따라 진리에 접근하도록 하거나 분류나 범주화처럼 논리적인 기준을 사용하거나 수의 계산 또는 수량으로 나타내어 가르치는 방법이다. 일반적으로 과학활동이라 할 수 있는 탐구처럼 모르는 것을 '가설-실험(관찰)-검증-일반화'의 단계로 알아가는 것도 여기에 포함된다.

(3) 공간적 교수전략

어떤 개념을 가르치기 위해 시각화하거나 모형을 제시하는 방법을 공간적 교수전략이라고 한다. 유아교육기관에서 사용하는 다양한 그림, 동영상, 차트, 디오라마 그 외 다양한 구체물들을 사용하는 것은 대표적인 공간적 교수전략이라고 할 수 있다.

(4) 운동감각적 교수전략

유아들이 몸을 움직여 직접 체험하게 하여 개념형성과 이해를 돕는 방법이다.

동극 및 상황극, 각종 체험활동 같은 방법은 대표적인 운동감각적 교수전략이다.

(5) 음악적 교수전략

그림 그리기 활동에 배경음악을 사용하거나 노래 가사, 리듬 등을 활용하여 기억을 돕고 음악개념을 사용하여 다른 어려운 개념을 이해하게 할 수 있다.

(6) 대인관계 교수전략

또래들과 함께 어울려 배울 수 있도록 하는 방법으로서 협동학습, 집단학습 등이 있다. 협동화 그리기 합창하기, 팀프로젝트 등은 대표적인 대인관계 교수전략이다.

(7) 개인 내 교수전략

대인관계 교수전략과 달리 학습자 혼자 곰곰이 사고하거나 혼자 과제를 수행하면서 배우게 하는 방법이다.

2) 교수행동

브레드캠프와 로즈그란트(Bredkamp & Rosegrant, 1992)는 수업에서 교사가 학습자의 학습을 돕는 행동으로 8가지를 들어 설명하였다. 교수행동은 수업 또는 상호작용에서 순간적으로 일어나기도 하고 조금 긴 시간 동안 보여주기도 한다. 교수행동이 단조로운 수업보다 필요에 따라 다양한 교수행동을 하는 수업이 활력 있고, 영유아들은 수업에 몰입하는 경향이 있다. 물론 다양한 교수행동을 적기에 하는 수업은 영유아들이 더 잘 배울 수 있게 한다.

(1) 인정하기

영유아의 말과 행동에 긍정적 반응을 하여 관심을 보여주고 격려하는 것으로 인정해 주면 영유아는 더 적극적으로 바람직한 행동을 하게 되고 흥미와 자신감을 갖게 된다.

교사의 인정하기는 고개를 끄덕인다든지 "그렇구나", "잘했구나" 등과 같은 반응을 해 주는 것이다.

(2) 모델 보이기

영유아가 가르치고자 하는 행동을 교사가 은연중에 장시간에 걸쳐서 보여줌으로써 배우게 하는 방법이다. 교사가 평소에 단정한 차림을 하거나, 말을 공손히 하면 영유아들은 보고 배우게 된다. 또한 식사할 때 편식하지 않고 골고루 먹는 행동은 좋은 본보기가 된다.

(3) 촉진하기

영유아가 학습이 잘되도록 동기를 부여하거나 흥미를 유발하거나 성취욕을 북돋울 수 있는 약간의 경쟁을 유발하는 방법이다.

(4) 지원하기

영유아의 학습수행에서 어려워하는 점을 직접 교사가 나서서 구체적으로 도움을 주는 것이다. 예를 들어 사람 얼굴 그리기를 할 때 동그랗게 원을 그려야 하는데 "선생님 못하겠어요" 하며 머뭇거릴 때 선생님은 영유아의 손을 잡고 같이 원을 그려 그림 그리기를 지원할 수 있다.

(5) 지지하기

영유아는 새로운 과업을 수행할 때 "선생님 이렇게 해도 돼요?", "선생님 여기에 파란색 칠해도 돼요?"라며 머뭇거리는 경우가 있다. 자신이 없어서 혹은 잘못할까 봐 불안해할 때 선생님은 "응, 괜찮아. 네가 하고 싶은 대로 해도 돼."라고 반응해 주거나 "네가 칠하고 싶은 색으로 칠하면 되는 거야."라고 심리적으로 지지해 주면 영유아는 안심하고 과업을 이어갈 수 있다.

(6) 협력적 구성하기

교사와 영유아가 함께 과제를 수행하는 방법이다. 영유아가 조금 수준 높은 만들기를 할 때 영유아 혼자서는 완성하기 어렵다고 인정될 때 교사가 만들기에 참여하여 함께할 수 있다.

(7) 시범보이기

시범 보이기는 모델 보이기와 비슷해 보이나 엄밀히 따지면 다르다. 시범 보이기는 영유아가 기술을 배울 수 있도록 교사가 직접 몸을 사용하여 기술을 보여주는 것이다. 예를 들어, 평균대 걷기를 할 때 교사가 먼저 평균대에 올라가 걷는 동작을 보여주어 영유아가 따라 할 수 있도록 한다. 만약 송편 빚기를 할 때 교사가 말로 설명하는 것보다 직접 실제 송편을 빚는 기술을 보여주면 훨씬 더 빠르고 정확하게 배울 수 있다.

3) 수업 관찰과 기록 사례

실습생들은 지도교사의 수업을 관찰하고 수업에서 사용된 교수전략과 교수행동을 분석함으로써 수업기술을 익힐 수 있다.

〈표 10-6〉 수업관찰 기록 사례

악기 연주하기	교사가 쌀, 채소 등 융판으로 만든 자료를 가지고 이야기를 들려준다. 등장인물마다 독특한 목소리를 내면서 이야기를 이어가자 유아들이 "쌀"이라고 교사는 "응"이라고 반응해 준다. 융 인형을 보여주면서 "표정이 어때? 얘들아?"라고 말하자 유아들이 "안 좋아요"라고 대답한다. "탐구반 친구들아" 하면서 유아들의 참여를 유도한다.
교수전략과 교수행동	1. 이야기를 들려줌: 언어적 교수전략 2. 융판자료 제시: 공간적 교수전략 3. 등장인물마다 독특한 목소리로 이야기함: 촉진하기 4. 유아가 "쌀"이라고 말하자 교사가 "응"이라고 반응함: 인정하기

참고문헌

고문숙, 권민균, 김명화, 김수영, 김수향, 임영심, 정정희(2014). **보육과정**. 경기: 양서원.

교육과학기술부, 보건복지부(2013). 표준보육과정 해설서. 교육과학기술부, 보건복지부.

교육과학기술부, 보건복지부(2014). 표준보육과정 해설서. 교육과학기술부, 보건복지부.

교육부(2019). 2019 개정 누리과정 놀이실행자료. 교육부, 보건복지부.

교육부(2019). 2019 개정 누리과정 해설서. 교육부, 보건복지부.

교육부(2020). 2019 개정 누리과정 놀이이해자료. 교육부, 보건복지부.

김계중, 조영주, 김정숙, 문수영, 최종문(2020). **보육과정**. 서울: 창지사.

김용희, 황혜경, 김지영, 심윤희, 김보영, 이희현(2014). **보육과정**. 경기: 양서원.

김정희 외(2021). **6주보육실습**. 서울: 창지사.

문혁준, 백혜리, 김정희, 김혜연, 김민희(2013). **보육실습**. 서울: 창지사.

문혁준, 백혜리, 김정희, 김혜연, 김민희(2013). 보육실습. 창지사.

박영양, 남윤희, 신지혜, 김선구, 서진경(2013). **사이버 보육교사를 위한 보육실습의 이해**. 경기: 공동체.

박찬옥, 곽현주, 이예숙, 오경숙(2017). **보육교사 자격 기준 강화에 따른 6주 보육실습**. 경기: 양성원.

박찬옥, 곽현주, 이예숙, 오경숙(2020). **6주 보육실습**. 경기: 양성원.

보건복지부(2013). 제3차 어린이집 표준보육과정 해설서. 보건복지부.

보건복지부(2020). 제4차 어린이집 표준보육과정 고시문. 보건복지부

보건복지부(2020). 제4차 어린이집 표준보육과정 해설서. 보건복지부.

보건복지부(2021). 2021년 보육사업 안내. 보건복지부.

보건복지부, 육아정책연구소(2016). 보육교사 양성과정 및 보육실습 매뉴얼 연구. 보건복지부 · 육아정책연구소.

보건복지부, 중앙육아종합지원센터(2020). 2019 개정 누리과정, 보육일지 개선방향 및 일지 양식 예시.

보건복지부, 한국보육진흥원(2017). 양성교육 기관에서의 보육실습지도.

보건복지부, 한국보육진흥원(2017). 어린이집에서의 보육실습지도.
보건복지부, 한국보육진흥원(2020). 2020 어린이집 평가 매뉴얼. 한국보육진흥원.
(사)한국보육교사교육연합회(2018). **보육교사1급승급교육**. 경기: 양성원.
신애선, 임경례, 신애란(2021). **보육교사(인성)론**. 경기: 양서원.
신혜원, 민성혜, 김의향, 신윤승(2016). **보육교사론**. 경기: 양서원.
윤매자, 강순희, 이종숙, 이현주(2017). **보육실습**. 경기: 공동체.
이기숙(2013). **유아교육과정**. 경기: 교문사.
이소희, 이숙희, 이정혜, 장명림, 도미형(2006). **보육실습**. 경기: 양서원.
이순형, 김유미, 김은영, 김진경, 김태연, 서주현, 안혜령(2015). **아동생활지도**. 서울: 학지사.
이인원, 윤정임, 이태분, 최윤지, 이현아(2020). **아동관찰 및 행동연구**. 경기: 양성원.
이정아, 황유진, 이기영(2021). **예비 영유아교사를 위한 보육실습**. 경기: 어가.
이종신 외(2020). **제4차 표준보육과정에 따른 6주 보육실습**. 서울: 창지사.
이종신, 최현정, 한남주, 허정경, 안선화, 윤서연(2020). **6주 보육실습**. 서울: 창지사.
임승렬(2012). **보육실습**. 경기: 공동체.
임승렬, 김연미, 홍진경(2017). **보육실습**. 경기: 공동체.
저자 전남련, 김재환, 성은숙, 이은임, 김기선, 이효수(2012). **보육과정**. 경기: 양서원.
전남련(2010). **보육실습 이론과 실제**. 경기: 양서원.
전남련, 정명희(2015). **보육실습의 이론과 실제**. 경기: 양서원.
중앙육아종합지원센터(2019). 2019 개정누리과정 시범 어린이집 운영 사례집. 보건복지부.
중앙육아종합지원센터, 어린이집 안전공제회.
키즈티처빌(2020). 함께여서 행복한 영아보육. 키즈티처빌.
한국보육진흥원(2013). 양성교육기관에서의 보육실습 지도. 한국보육진흥원.
한국보육진흥원(2017). 어린이집에서의 보육실습 지도. 한국보육진흥원.

Armstrong, T.(1993). *7 Kinds of Smart: Identifying and Developing Yours Many Intelligences*. New York: Plume/Penguin.
Bredekamp, S. & Rosegrant, T.(1992). *Reaching potentials: Transforming early childhood curriculum and assessment* (vol. 1). Washington DC: NAEYC.
Shearer, C. B.(1996). *The MIDAS Handbook of Multiple Intelligences in the Classroom*. Ohio: Greyden Press.

Whaley, K. L.(2005). Programs for Infant and Toddlers. In J. L. Roopnarine, & J. E. Johnson (Eds.), *Approaches to early childhood education* (4th ed.). NJ: Pearson Merrill-Prentice Hall.

꼬망세미디어(2021). www.edupre.co.kr

보육교직원 국가자격증 http://chrd.childcare.go.kr

중앙육아종합지원센터 http://central.childcare.go.kr

찾아보기

ㄱ

감각 · 탐색영역 / 246
건강진단 결과서 / 28
과학영역 / 255
관찰 / 263
관찰 절차 / 264
교사의 직무 / 283
교수전략 / 290
교수행동 / 292
교실환경 관리 / 284
교육 / 283
국가자격제도 / 75
기록방법 / 272

ㄴ

놀이관찰 / 288

ㄷ

돌봄 / 283

ㅁ

문서관리 / 284
미술영역 / 257

ㅂ

보육계획안 작성 / 121
보육실습 / 13
보육실습 평가회 / 71
보육실습생 / 13
보육실습생 서약서 / 26
보육실습생 신상카드 / 24
보육실습생 자기소개서 / 26
보육실습생의 역할 / 45
보육실습생의 윤리규정 / 48
보육실습생의 자세 / 45
보육실습일지 / 191
보육인력 국가자격증 / 75
비참여관찰 / 269

ㅅ

사건표집법 / 271
성범죄 경력 조회 및 아동학대 관련 범죄 전력 조회 동의서 / 28
수 · 조작영역 / 254
시간표집법 / 270
신체영역 / 244
실내환경 / 200
실습지도교사의 사전교육 / 32
실외놀이영역 / 249, 258
실외환경 / 201
쌓기영역 / 253

ㅇ

언어영역 / 245, 251
역할 · 쌓기영역 / 247
역할영역 / 252
연간 보육계획안 / 125, 153
영아 놀이중심 활동계획안 / 175
영아 보육계획안 / 124
영아반 놀이지원 / 243
원장의 사전교육 / 31
월간 보육계획안 / 129, 157
유아 놀이중심 활동계획안 / 182
유아 보육계획안 / 153
유아반 놀이지원 / 250
음률영역 / 256
일일 보육계획안 / 139, 168

ㅈ

자연관찰 / 266
재정관리 / 285
주간 보육계획안 / 135, 163

ㅊ

참여관찰 / 268

ㅌ

통제관찰 / 267

ㅍ

평정척도법 / 279
표본기록 / 275
표현영역 / 248

ㅎ

학부모상담 / 283
행동목록법 / 277
행사 / 284

0~2세 표준보육과정 / 85
3~5세 누리과정 / 89

저 / 자 / 소 / 개

▪ 이신주

신라대학교 대학원 교육학박사
현, 수성대학교 유아교육과 교수
〈저서〉 영유아 언어교육, 놀이지도, 영유아 프로그램 개발과 평가 외 다수

▪ 김수진

동신대학교 대학원 사회복지학과 석사 졸업
조선대학교 대학원 교육학과(유아교육 전공) 박사 수료
초당대학교 대학원 사회복지학과 박사 수료
현, 국공립 동구용산모아엘가어린이집 원장
〈논문〉 동화를 활용한 공정성 교육활동이 유아의 이타성 및 공동체의식에 미치는 영향 외 다수

▪ 김희은

계명대학교 대학원 유아교육과 박사수료
현, 수성대학교 유아교육과 겸임교수
모이스쿨스영재교육원장

▪ 이인원

한국교원대학교 대학원 교육학박사
현, 계명문화대학교 유아교육과 교수
〈저서〉 아동관찰 및 행동연구, 유아교육기관 운영관리, 아동권리와 복지 외 다수

▪ 최혜영

대구가톨릭대학교 대학원 문학박사
현, 국공립 디에트르 어린이집 원장
〈저서〉 누리과정과 연계한 로봇활용 유아코딩 놀이지도 외 다수

보육실습

1판 1쇄 인쇄 — 2022년 3월 2일
1판 1쇄 발행 — 2022년 3월 4일

저　　자 - 이신주 김수진 김희은 이인원 최혜영
발 행 인 - 강철원
발 행 처 - 양성원
주　　소 - 경기도 파주시 검산로 173번길 29-20
전　　화 - 031-946-3861(代)
팩　　스 - 031-946-3864
이 메 일 - tnwpub@naver.com
홈페이지 - tnwpub.co.kr
출판등록 - 2015년 8월 31일 제 2015-000211 호

ISBN 979-11-6126-428-8

정가 19,000원

※ 저자와 협의하여 인지는 생략합니다.
※ 저작권법 제136조(벌칙)에 따라 위반자는 5년 이하의 징역 또는
5천만 원 이하의 벌금에 처하거나 이를 병과할 수 있습니다.